回収率を5%ずつ
底上げしていく

レース質マトリックス

馬券教本

立川優馬
Yuma Tachikawa

はじめに

基礎理論から実践へ

本書は私が提唱する予想理論「レース質マトリックス」を活用して、回収率の底上げを図ることができるようなテクニックやマインドセットをまとめたものです。

前作『レース質マトリックス　競馬は全て二択である』では、「レース質マトリックス」の基礎理論をまとめました。執筆に当たり、どのような内容にすると読者の方々の役に立てるかについて、編集担当の方と相談をしたことを覚えています。

今回のようなテクニック集にするか、コースごとのレース質をまとめたものにするか、重賞ごとのレース質をまとめたものにするかなど検討を重ねた結果、まずは基礎理論をしっかりとお届けしようと考え、馬場状態ごとのレース質や、コース形態を根拠にしたレース質、競馬の構造上生じるレース質、そしてねらいとなる馬キャラの設定などを解説する形にしました。

普段、サロンで私の解説を聞いたり、noteやコンビニプリントで予想をご覧になったりしている方は、私が基礎理論をベースにした上で、レースごとに様々な要素を加味してレース質を設定し、当該レースで最も好走しやすい馬をピックアップしていることをご存じかと思います。その手法は、一つのレースだけを切り取って見れば、特定のレース質における「好走パターン」を見つけ出すテクニック、つまり、「攻略法」や「馬券術」の類に近いと言えるでしょう。

ただそれは、予想の最終的なアウトプットの形であって、「攻略法」や「馬券術」の背景にはそれを支える基礎理論があります。例えば、あるレースで「内枠・先行」が有利だというとき、単に内枠が有利なのではなく、コース形態や馬場状態から外枠が不利であることを根拠とする内枠有利である場合があります。また、単に先行が有利なのではなく、道中ラチ沿いを走れることがポイントで、直線でよい進路を選べることが重要である場合があります。

こうしたことをしっかりとお伝えするために、前作では予想にすぐに役立つテクニックを集めたものではなく、それらを読者のみなさまが自ら生み出せるように基礎となる理論を執筆することにしたのです。

前作の発売から2年半が経ち、私の理論や予想を様々な場やメディアで公開する機会をいただきました。「レース質マトリックス」がどのような理論であるか、ある程度周知されてきたと自負している部分もあります。

前作を読んでくださり、日ごろの私の予想をご覧いただいている方には、理論をベースにした具体的なテクニックを集めたものを提供しても、その意図や背景を十分にご理解いただけるはず。そう考えて、本書では「回収率を5%ずつ底上げする」をキーワードに、多様なテクニックやマインドセットを紹介することにしました。

前作を理論編とするなら、今回は実践編に当たる内容になります。大きな配当を当てて、結果として回収率が上がるのではなく、競馬の仕組みを知ることで意図的に回収率を底上げしていく。毎週の競馬を楽しみながら、競馬と共に人生を歩んでいくために役立つ情報が詰まっています。

今週末からの予想にぜひ生かしてみてください。

第1章 回収率100%超を目指すとはどういうことか

第2章 レース質マトリックスの基本

C O N T E N T S

写真／橋本健　馬柱提供／競馬ブック　※特に断りのない限り本文中のデータ集計期間は2021.1.1～2023.6.30

効果的に使いこなすための

本書の見方

**第3章以降はフォーマット形式で、
テーマに沿って解説していきます。
ここで、その使い方をチェックしてください。**

馬キャラとレース質

第1項 勝負レー① 差し馬を軸にして回収率を底上げ

Step1 先行馬と差し馬が望んだ位置を取り切れる確率について考えよう

Step2 先行馬と差し馬が望 ② を確保できなかったと 値の差を考えよう

Step3 「先行馬」は過剰人気し く、「差し馬」は過剰不人気しやすいと覚えよう

競馬は「逃げ・先行」有利が基本だが…

競馬を競技として見るなら、基本的に「逃げ・先行」が有利です。レースというものがほかよりも先にゴールラインに飛び込むことを勝利条件にしている以上これは当然のことで、何も競馬に限ったことではありません。
また、後述するように、先行することで競走馬は多くの優位を得ることができます。したがって、大くくりでみてレースに勝ちやすい戦法が「逃げ・先行」であることは間違いありません。
ただし、予想として「逃げ・先行」と「差し・追込」のどちらを馬券の軸に据えるとよいかという点については、「差し・追込」であると考えます。

1 先行馬と差し馬がそれぞれ望んだ位置を取り切れる確率

「先行馬が先行できないケース」と「差し馬が差せないケース」とを比較したとき、望んだ位置を取れない可能性は前者のほうが高くなります。

表は2022年一年間を通した東京競馬場の芝全コースの脚質別成績です。これを見てどのような感想をもつでしょうか。「直線が長い東京でも逃げ・先行馬は回収率がプラスである」「ほかの競馬場と比べて見ないと分からない」など、様々かと思います。
では、感想の前に、このデータをどのように見るかを考えてみます。一般的には、次のように捉えている方が多いのではないかと思います。

③

東京競馬場芝レース 脚質別成績

分類	1着数	2着数	3着数	着外数	勝率	連対率	複勝率	単勝回収率	複勝回収率
逃げ	40	36	21	175	14.7%	27.9%	35.7%	223	141
先行	92	95	87	617	10.3%	21.0%	30.8%	106	84
中団	93	91	98	1211	7.7%	15.2%	23.3%	44	62
後方	34	34	49	902	3.3%	6.7%	11.5%	22	49

㋐逃げ馬の成績
㋑先行馬の成績
㋒差し馬の成績
㋓追い込み馬の成績

本データはよく集計に使われるTargetで出していますが、そこでは「逃げ」「先行」「中団」「後方」という項目名になっています。
私は、こうした脚質別成績を次のように捉えています。

㋐結果として逃げることになった馬の成績
㋑逃げなかったけれど、比較的前に位置取った馬の成績
㋒逃げも先行もしなかったけれど、それなりの位置を取った馬の成績
㋓逃げも先行もしなかったうえに、位置を取れなかった馬の成績

もう少し詳細に説明するとこうなります。

①メインテーマ
そのページで取り上げるテーマ。もし、知らない知識だったら、しっかり理解することで回収率を5%は底上げできることでしょう。

②3つのステップ
メインテーマをスムーズに理解するために、3段階で説明しています。③の本文は、このステップにしたがって展開されます。

③本文解説
②の3ステップにしたがって解説。文章だけでなく、データやイメージ図などをふんだんに取り入れることで、知識として定着しやすくなっています。

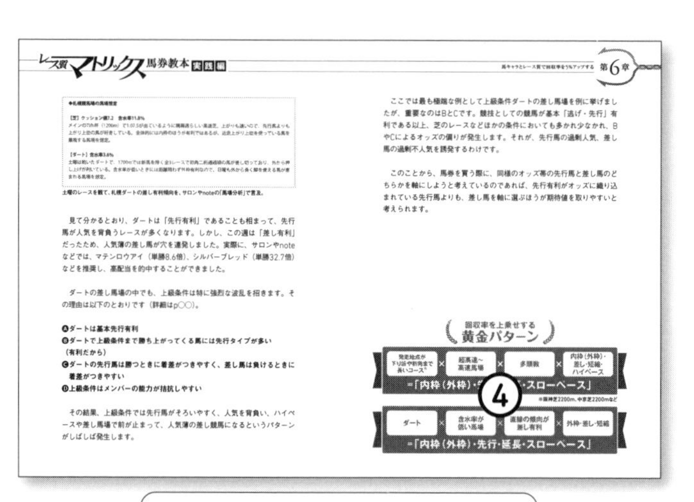

レース質マトリックス馬券教本 実践編　　馬キャラとレース質で回収率を5%アップする　第6章

土曜のレースを観て、札幌ダートの差し有利傾向を、サロンやnoteの「馬場分析」で言及。

見て分かるとおり、ダートは「先行有利」であることも相まって、先行馬が人気を背負うレースが多くなります。しかし、この週は「差し有利」だったため、人気薄の差し馬が穴を連発しました。実際に、サロンやnoteなどでは、マテンロウアイ（単勝8.6倍）、シルバーブレッド（単勝32.7倍）などを推奨し、高配当を的中することができました。

ダートの差し馬場の中でも、上級条件は特に強烈な波乱を招きます。その理由は以下のとおりです（詳細はp○○）。

Ⓐダートは基本先行有利
Ⓑダートで上級条件まで勝ち上がってくる馬には先行タイプが多い（有利だから）
Ⓒダートの先行馬は勝つときに着差がつきやすく、差し馬は負けるときに着差がつきやすい
Ⓓ上級条件はメンバーの能力が拮抗しやすい

その結果、上級条件では先行馬がそろいやすく、人気を背負い、ハイペースや差し馬場で前が止まって、人気薄の差し競馬になるというパターンがしばしば発生します。

ここでは最も極端な例として上級条件ダートの差し馬場を例に挙げましたが、重要なのはBとCです。競技としての競馬が基本「逃げ・先行」有利である以上、芝のレースなどほかの条件においても多かれ少なかれ、BやCによるオッズの偏りが発生します。それが、先行馬の過剰人気、差し馬の過剰不人気を誘発するわけです。

このことから、馬券を買う際に、同様のオッズ帯の先行馬と差し馬のどちらかを軸にしようと考えているのであれば、先行有利がオッズに織り込まれている先行馬よりも、差し馬を軸に選ぶほうが期待値を取りやすいと考えられます。

④黄金パターン

その項目で解説したテーマで、特に顕著なレース質を示すパターンを3要素または4要素で紹介。本書全体で35パターン収録しています。

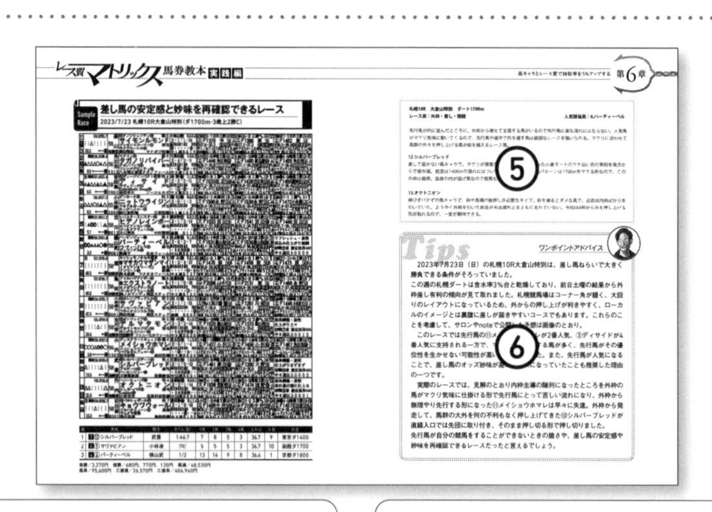

レース質マトリックス馬券教本 実践編　　馬キャラとレース質で回収率を5%アップする　第6章

Sample Race
差し馬の安定感と妙味を再確認できるレース
2023/7/23 札幌10R大倉山特別（ダ1700m・3歳上2勝C）

着	馬名	騎手	タイム					上がり	人気	前走
1	⑫シルバーブレッド	武豊	1:46.7	7	8	5	3	36.7	9	東京ダ1400
2	①サヴァビアン	小林凌	クビ	5	5	5	3	36.7	10	函館ダ1700
3	⑥パーティーベル	横山武	1/2	13	14	9	8	36.6	1	京都ダ1800

単勝／3,270円　複勝／680円、770円、130円　馬連／48,530円
馬単／95,600円　三連複／26,570円　三連単／406,960円

札幌10R　大倉山特別　ダート1700m
レース質：外枠・差し・短縮　　人気推奨馬：6.パーティーベル

12.シルバーブレッド

13.オクトニオン

Tips　ワンポイントアドバイス

2023年7月23日（日）の札幌10R大倉山特別は、差し馬ねらいで大きく勝負できる条件がそろっていました。
この週の札幌ダートは含水率3%台と乾燥しており、前日土曜の結果から外枠差し有利の傾向が見て取れました。札幌競馬場はコーナー角が緩く、大回りのレイアウトになっているため、外からの押し上げが利きやすく、ローカルのイメージとは裏腹に差しが届きやすいコースでもあります。これらのことを考慮して、サロンやnoteで公開した予想は画像のとおり。
このレースでは先行馬の⑪メイショウホマレが2番人気、③ディサイドが4番人気に支持される一方で、［…］る馬が多く、先行馬がその優位性を生かせない可能性が高い［…］た。また、先行馬が人気になることで、差し馬のオッズ妙味が［…］になっていたことも推奨した理由の一つです。
実際のレースでは、見解のとおり内枠主導の隊列になったところを外枠の馬がマクリ気味に仕掛ける形で先行馬にとって苦しい流れになり、外枠から無理やり先行する形になった⑪メイショウホマレは早々に失速。外枠から発走して、馬群の大外を何の不利もなく押し上げてきた⑫シルバーブレッドが直線入口では先団に取り付き、そのまま押し切る形で押し切りました。
先行馬が自分の競馬をすることができないときの脆さや、差し馬の安定感や妙味を再確認できるレースだったと言えるでしょう。

⑤事前見解

サロンやnoteで示した見解文。後付けではなく、レース前に、どのようにレース質を分析し、予想を展開していたかがわかります。

⑥ワンポイントアドバイス

サンプルレースについての、立川優馬氏によるワンポイントアドバイス。事前見解とレース後見解を併せ読むことで、理解が深まります。

第1章

回収率100%超を目指すとはどういうことか

競馬における「勝利」の定義

競馬における「勝利」は人によって違います。したがって、そこに至るアプローチも当然違ってきます。

みなさんにとって、「競馬に勝つ」とはどのような状態を表すでしょうか。この質問に対して最も多い回答は、「年間回収率100％を超えること」ではないかと思います。実際に、私のサロンに入会される方の8割が、自己紹介において、サロンで叶えたいヴィジョンとして「年間回収率100％超」を挙げています。残りの2割の方は「100万馬券を獲ること」や「競馬や予想について勉強すること」など様々ですが、共通するのは「結果的に競馬を通してお金を増やすこと」にあります。つまり、多くの人にとって、競馬は「お金を増やす手段」の一つとして捉えられており、「競馬に勝つ」＝「お金が増える」と定義されていると言えます。

では、どのくらいお金が増えると「勝った」と感じられるのでしょうか。例えば、1月1日に口座に入れた金額が、1年間通して競馬を楽しんだ結果、12月31日に1円でも増えていたら「勝った」と感じられるでしょうか。それが100円なら、10,000円ならどうでしょうか。

また、「お金が増える」にはその過程があります。年間で回収率が100％を超えるデータどおりに機械的に馬券を買って回収率をプラスにする人もいるでしょう。同様に、一か月で2～3レースに厳選した勝負レースで回収率をプラスにする人、飛びそうにない人気馬の複勝に大金を張り続けて回収率をプラスにするという人もいるかもしれません。あるいは、予想家の予想に丸乗りし続けて回収率をプラスにする人もいるでしょう。

このように、私たちは何となく「競馬に勝ちたい」と言いますが、その定義は想像以上に曖昧です。「最近競馬に勝てないんですよ」「競馬に勝っている人はどうやっているのでしょうね」と競馬仲間と話しているとき、互いが想像していることは実は全く違っているかもしれません。

私にとって「競馬に勝つ」ということは、一言でまとめると以下のようになります。

毎週競馬を楽しんで、馬券を買いたいレースを全て買って、
1年間でお金が減っていない状態

私はこのことを「持続可能な競馬ライフ」と表現することがあります。このことを実現するためには、例えば、次のようなことが必要になります。

毎週必ず競馬ができるだけの時間と資金の確保
勝つために勝負レースを絞らずとも戦えるだけの予想力の向上
たくさんのレースを限られた時間で予想することができる予想理論の構築

もうお察しかと思いますが、「レース質マトリックス」は、この目標の達成のため、私にとっての「競馬に勝つ」ことを実現するためにつくり出した予想理論になります。これから本書で解説していくテクニックも全てこの「勝利」の定義に準じたものです。

つまり、「簡単に、時間を掛けず、たくさんのレースをできる限り高精度で予想するための実践集」になっています。

今、本書を手に取っている方は、間違いなく「競馬に勝ちたい」と考えているはずです。本書には、あなたが「競馬に勝つ」ために役立つ知識や情報をまとめています。この実践教本を読む前に、自分にとって「競馬に勝つ」とはどういうことかを考えてみてください。そして、あなたにとっての「競馬に勝つ」ことを実現するために必要なものを取捨選択して、目的に応じて活用してください。

予想力の向上は理論の積み重ねの上にある

前作において、過去データを基盤としたデジタル予想の急速な普及の一因は、「回収率」という概念を一般化したところにあると解説しました。アナログ予想の時代に、予想が的中率ベースで語られていたころ、低い的中率でも勝てるという考え方がいかにエポックメイキングであったかは想像に難くありません。

このデジタル予想の急速な普及は、ある弊害をもたらしました。それは、「回収率」を含めたデータ全般が、単なる過去の結果集計の枠を超えて、競馬予想における真理であるかのように扱われてしまったということです。

例えば、ある重賞で過去5年8枠の馬が好走していることが、今年の重賞でも8枠が走る根拠とされることがあります。しかし、データが表しているのは「過去5年は結果として8枠の馬が好走したこと」に過ぎません。レースは独立事象ですから、過去のデータ自体は「今回8枠が好走するかどうか」とは何の関係もありません。ルーレットで黒が5回連続で出たから、次も黒が出ると言っているのと大差ないことです。

もちろん、過去5年で8枠が好走していることには理由があります。本来、そうした好走理由こそが重要で、データ上の数字はその好走理由を裏付けるものとして扱われるべきです。そして、そこで明らかになった好走理由は、「そのレースがどのような質であるのか」ということの論理的な根拠となり、次のレースにも生かされていくわけです。

「レース質マトリックス」の特徴は、そうしたロジカルなアプローチにあり、単なる過去の傾向を基にしたデータ予想や安易なトラックバイアスとは一線を画すところです。例えば、「レース質マトリックス」では、以下のような要素を組み合わせて予想を組み立てます。

競馬の構造上生じる根本的な傾向
当該レースが行われる時期やメンバーなどによって生じるレース傾向
コースの形態や馬場造成などによって生じる枠や脚質、ローテ面でのバイアス
当日の天候や馬場状態、ペースなどによって生じる有利不利

こうしたレースの質を方向付ける根拠を知らないまま、単なる過去事象の積み重ねを根拠とした期待値予測に身を委ねるのは、予想を放棄しているのに等しいと考えています。特に競馬初心者にとっては、さながら石器時代の人間が急に銃を手にしたようなものであり、使い方は何となく分かっても、実際に予想を組み立てたり、理論を修正・改善したりしていく際にうまくいかないということは多いのではないでしょうか。

アナログ予想の時代から、デジタル予想全盛期を経た今、期待値予測の時代にないがしろにされたこうしたロジカルな適性予想というアプローチは、単なる回収率を引き上げる方法論ではなく、競馬への理解を深め、確固とした予想技術を身に付けるために有効であると言えるでしょう。

回収率100%を超えることの意味

回収率を上げるためにはいくつかの道順があります。少し競馬に詳しい方や、様々な予想家の理論を見てきた方は、自身の回収率を見通すためには、「全体の的中率×的中時の1レース当たりの回収率（合成オッズ）」をどのように調整するかが重要であることはご存じでしょう。その中でこのような言葉を聞いたことはないでしょうか。

「的中率を下げて、回収率を上げる」
「的中率15%で回収率120%の予想理論が理想」

結論から言うと、これは予想家の理屈です。最終的な年間回収率をプラスに見せるために最も有効な手段が、的中率を下げてでも期待値を追って、回収率の向上を目指すことであるわけです。これも回収率至上主義が生んだ歪みの一つですね。簡単に言うと、「連敗数を高配当でカバーする」ということなのですが、これは数字上のロジックに過ぎません。

例えば、的中率ごとの連敗確率を考えてみましょう。的中率15%であれば、5連敗する確率は約44%、10連敗する確率は約20%となります。どのような買い目や資金配分であるかにもよりますが、たとえこの予想の年間回収率が100%を超えていても、この予想方法を取った方の多くは途中で資金がショートすると思います。1日のレース数は最大で36レースですが、もしこの10連敗の20%を1日で2度引いたら、次の日に同じ予想で馬券を買い続けることができる方はどの程度いるでしょうか。

勝率と連敗確率

	1敗	5連敗	10連敗	15連敗	20連敗
的中率10%	90%	59.05%	34.87%	20.59%	12.16%
的中率15%	85%	44.37%	19.69%	8.74%	3.88%
的中率20%	80%	32.77%	10.74%	3.52%	1.15%
的中率25%	75%	23.73%	5.63%	1.34%	0.32%
的中率30%	70%	16.81%	2.83%	0.48%	0.08%

もちろんそれを実践できる予想家は存在します。しっかりとした資金管理の下、レースを選びかつある程度の試行回数を担保できれば、資金をショートさせずに年間を走り切り、理論どおりに年間回収率100%超で着地することはできるでしょう。ただ、それは一握りの人間だけです。一般の競馬ファンは資金面で連敗に耐えられないし、ちょっとした手違いで大きな配当を取り逃すこともありえます。というより、そもそもそういうスタンスで競馬に臨んでいないのです。「目の前のレースを当てたい」「今日1日の収支をプラスにしたい」、その積み重ねの先に「回収率100%超え」を求めているのです。

私は一般の競馬ファンが回収率100%超えを目指すなら、次の3つを徹底することが一番の近道になると考えています。

①20～30%程度の的中率を確保すること
②レースの試行回数を増やすこと
③無駄な買い目を削ること

換言すれば、小手先の技術で回収率をコントロールすることはあまり考えずに、確固とした予想理論に基づいて予想効率や馬券効率を上げて試行数（馬券を買うレース数）を増やすことが結果として回収率の向上につながるということです。

「レース質マトリックス」が「持続可能な競馬ライフ」を実現するために開発された予想法であることは前述のとおりです。本書では、「レース質マトリックス」を活用して予想効率や馬券効率をより向上させるためのテクニックをまとめています。私が運営するサロンのメンバーからは、「年間回収率が改善した」という声が多く寄せられます。それは、100万馬券のような高配当を取ったからではなく、毎週の競馬の収支を少しずつ改善した結果、年間回収率が底上げされたものです。

本書を手に取るみなさんも大きな配当で回収率を引き上げるのではなく、自身のベースとなる回収率を底上げする、そのようなイメージで読み込んでいただけると幸いです。

マインドセットで
回収率を5%
底上げする
コラム
1

バイアスの根拠を明確にする重要性に気付く

レース質はそれぞれ根拠とするものが違います。例えば、内枠の馬に有利な要素があることを根拠にする「内枠有利」と、外枠の馬の不利が致命的であることを根拠にする「内枠有利」はその性質が違います。

結論から言うと、レース質の根拠が穴馬に有利な要素である場合は人気馬を押さえることをオススメします。それは、能力差があれば、人気馬が穴馬の有利を覆して好走することができるためです。

一方で、レース質の根拠が人気馬に不利な要素である場合は、人気馬を消して高配当をねらいにいくのがよいでしょう。レース質に影響を与えるほどの不利な要素は、簡単には跳ね返すことができないためです。

具体的には、第3章第2項の「外枠が物理的に間に合わない条件での内枠ねらい」が分かりやすいでしょうか。この項目における「内枠・先行（差し）」のレース質は、外枠の馬が馬群の外を回すとどう足掻いても内枠先行馬とのポジション差を埋め切ることができないことを根拠にしています。したがって、外枠に人気馬が入った場合は、チャンスレースと捉えて人気馬を軽視し、内枠の馬だけで馬券のフォーカスを組むことが正着となります。

この考え方を応用すれば、荒れるレースと荒れないレースの判別をすることも可能です。

不利を根拠に設定されているレース質において、人気馬が不利を被るレースでは、波乱度が非常に高くなります。対して、有利を根拠に設定されているレース質において、穴馬が有利を得るだけのレースでは、穴馬同士の決着はそれほど多くは望めません。

この辺りは、高速馬場では内枠が有利ですが外枠の人気馬も走れてしまうのに対し、内荒れ馬場では内枠が不利なため、外枠の穴馬がまとめて走ることをイメージすれば分かりやすいかと思います。

こうした点からも、各種バイアスの根拠を明確にしておくことが重要になってくるのです。

第2章

レース質マトリックスの基本

「レース質」とは何か

「レース質」は、次の4つのファクターで構成されており、それぞれ大きく2択で判断しています。「レース質マトリックス」では、この4つのファクター×2択の組み合わせで、当該レースの質を簡略的に表現します。

①枠のバイアス：内枠が有利か、外枠が有利か
②脚質のバイアス：先行が有利か、差しが有利か
③ローテのバイアス：距離短縮が有利か、距離延長が有利か
④レースペース：ハイペースになるか、スローペースになるか

例えば、サロンやnoteで公開している予想では、「レース質：内枠・先行・短縮・ハイペース」というような形で表記しています。このうち、③と④は特段レースに影響があると判断した場合にのみ表示しています。

以下では、どのようにしてこの「レース質」を設定し、馬券の軸になる馬や、馬券のフォーカスに加える馬を絞り込んでいくか、予想の手順に沿って解説していきます。

レース質マトリックスの予想手順

手順① 「レースがもつレース質」を検討する

施行時期やコースなどが変わりにくい重賞のレース質や、競馬という競技が構造上もっているレース質を確認します。

各重賞がもつレース質

例

フェブラリーS：
「外枠・差し・短縮・ハイペース」

立川優馬 @tachikawayuma · 9月1日

小倉2歳Sのもつレース質は「外枠・差し・ハイペース」。

・発走地点から下り続けるレイアウトかつ先行馬が多いメンバーでハイペースに
・競馬の構造上、世代限定短距離重賞は差し有利が基本
・先行馬で内がごちゃつく＋内が荒れた馬場で外枠有利

ハイペースの2歳戦なら、内空け馬場でも外枠有利。

9 133 1万

Xでポストした小倉2歳Sのレース質

理由

芝発走のGⅠ＋短距離質の馬が出走してくる＋前哨戦の根岸Sから距離延長ローテになるなどの理由から、テンに流れる→中盤緩む→末脚勝負という形で馬群の外からの押し上げが効きやすい。また、ハイペースで上がりが掛かるため、距離短縮ローテが恵まれやすい

世代限定戦がもつレース質

例

世代限定短距離戦:「内枠（外枠）・差し・短縮・ハイペース」

理由

新馬・未勝利の短距離戦は先行有利のため、能力が足りない馬が恵まれて勝ち上がりやすい。その結果、世代限定短距離の1勝クラスやOPなどには恵まれて勝ち上がった先行馬がそろいやすく、ペースが引き上がる。新馬・未勝利の差し不利の中で勝ち上がってきた馬は能力が高いことが多く、ハイペースを利して差しが届きやすい

そのほか、「ダート上級条件の差し有利」「第3場のハイペース傾向（リーディング下位、減量騎手が多いため）」などがあります。レースがもつレース質は、レース検討の端緒となるものなので、覚えておくと便利です。

なお、最新の各重賞のもつレース質については、毎週のXでポストしているのでご参考ください。

手順② 「コースがもつレース質」を検討する

「直線距離」「急坂の有無」「最終コーナーの形態」「発走地点の地形」「初角までの距離」「コースの起伏」「各競馬場の方角的な位置関係」などのコース形態やレイアウトによって生じるレース質を確認する。

各コースがもつレース質

例

中山芝1600m:
「内枠・先行・短縮・スローペース」

理由

■中山芝1600mは1コーナー横のポケット地点から発走する（**発走地点の地形**・図①）

■2コーナーまでの距離は240m程度（**初角までの距離**）。最もペースの上がる2F目にコーナーに入るため、外枠の馬は外を回らされて位置取りを下げやすく、押して位置を取りに行くとオーバーペースになりやすい（図②）

■内枠の馬が位置を取りやすいことから、道中の馬群が内から迫り出す雁行形になることが多く、その場合、馬群は必然的に縦長となる（図③）

■向正面から4コーナーにかけて下り坂になっており、段階的にペースが上がる流れになりやすい（**コースの起伏**）

■ラップが緩むところがないため、後続が押し上げるタイミングがなく、縦長のまま4コーナーに入ることになる（図④）

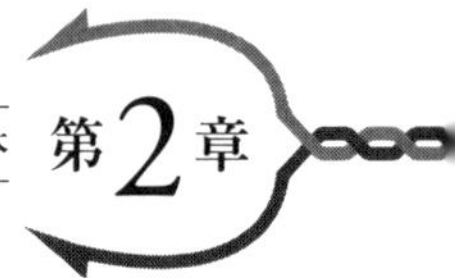
第2章

中山芝1600mのレース質のメカニズム

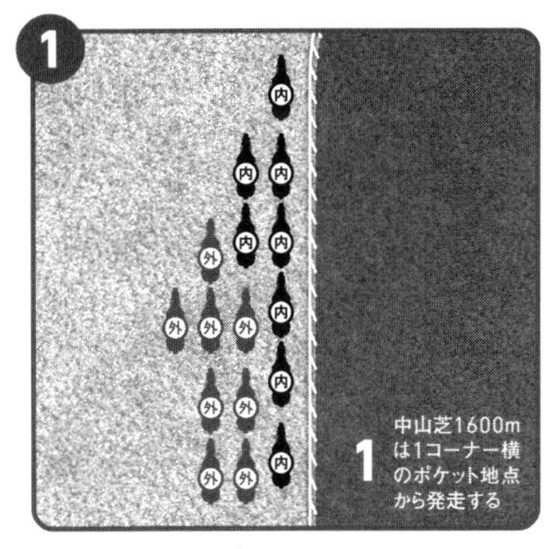
1
1
中山芝1600m
は1コーナー横
のポケット地点
から発走する

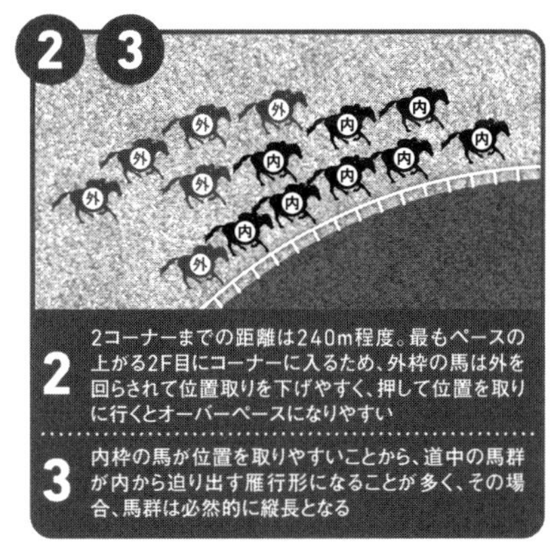
2 3
2
2コーナーまでの距離は240m程度。最もペースの
上がる2F目にコーナーに入るため、外枠の馬は外を
回らされて位置取りを下げやすく、押して位置を取り
に行くとオーバーペースになりやすい
3
内枠の馬が位置を取りやすいことから、道中の馬群
が内から迫り出す雁行形になることが多く、その場
合、馬群は必然的に縦長となる

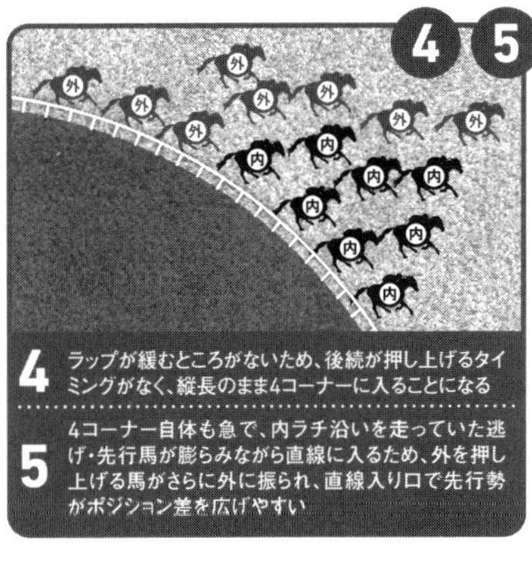
4 5
4
ラップが緩むところがないため、後続が押し上げるタイ
ミングがなく、縦長のまま4コーナーに入ることになる
5
4コーナー自体も急で、内ラチ沿いを走っていた逃
げ・先行馬が膨らみながら直線に入るため、外を押し
上げる馬がさらに外に振られ、直線入り口で先行勢
がポジション差を広げやすい

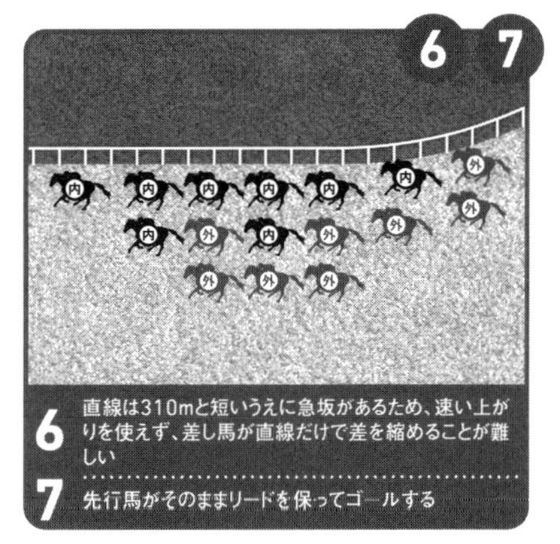
6 7
6
直線は310mと短いうえに急坂があるため、速い上が
りを使えず、差し馬が直線だけで差を縮めることが難
しい
7
先行馬がそのままリードを保ってゴールする

■4コーナー自体も急で、内ラチ沿いを走っていた逃げ・先行馬が膨らみながら直線に入るため、外を押し上げる馬がさらに外に振られ、直線入り口で先行勢がポジション差を広げやすい（**最終コーナーの形態**・図⑤）

■直線は310mと短いうえに急坂があるため、速い上がりを使えず、差し馬が直線だけで差を縮めることが難しい（**直線距離、急坂の有無**・図⑥）

■ラストの急坂で持続力を求められるため距離短縮ローテ有利（**急坂の有無**）

■内枠から位置を取った先行馬（特に短縮馬）がそのままリードを保ってゴールする（図⑦）

「レース質マトリックス」では、このような形で全てのコースに「コースがもつレース質」を設定しています。レース質の根拠となるコース形態やレイアウトについては、詳細を理論編である前著でまとめているので、そちらも併せてご参考ください。

なお、レースに影響するのは、競走馬が加速する地点のレイアウトになります。レースの中で主に加速が行われるのは、「**発走地点**」「**3～4角**」「**正面直線**」の3地点なので、「レース質マトリックス」ではこの3地点の形態や起伏などをレース質の根拠としています。

手順③ 「直前の傾向」を確認して、レース質を調整する

直前の馬場状態やバイアス、枠の並び、メンバー構成、風の影響などの諸要素に応じてレース質を調整します。

主な「直前の傾向」

馬場状態	超高速馬場、高速馬場、内荒れ馬場、内空け馬場、先行馬場、差し馬場など
直前の枠や脚質のバイアス	枠別成績の偏り、脚質別成績の偏りなど
枠の並びと隊列	先行馬の入っている枠の位置、縦長馬群or凝縮馬群など
メンバー構成	出走頭数、先行馬の数、騎手の特性など
風の影響	直線が追い風or向かい風、3～4角が追い風or向かい風など

馬場状態によるレース質の調整

例

超高速馬場の小倉芝1800m
「内枠・先行・延長」

理由

・初角まで短いレイアウトで内枠から位置を取りやすい
・時計が速い馬場のスパイラルカーブで、4角で外に振られると距離ロスが大きい
・高速決着になるので、物理的に差し馬が間に合わない
・追走力が求められるので、追走力を補完できる距離延長ローテ有利

出走馬の枠の並びによるレース質の調整

例

先行馬が内枠に並んだ阪神ダート1400m
「外枠・差し・短縮・ハイペース」

理由

・阪神ダート1400mは芝発走で外枠から先行しやすいコースである
・先行しにくい内枠から無理に出していこうとするとペースが引き上がる
・ハイペースになるので、先行馬が苦しくなるとともに上がりが掛かる
・先行馬が止まることで直線で内はごちゃつくので外を押し上げる差し馬が有利
・上がりが掛かることで持続力を求められるため、持続力を補完できる距離短縮ローテ有利

手順④ レース質を診断し、当該レース質における好走モデルを設定する

手順①～③を通してレース質を診断し、それに合致する好走モデルを設定します。

例A）高速馬場の福島芝1800m＝「内枠・先行・延長・スローペース」

➡1～4枠に入っている馬のうち、今回距離延長ローテで自然と位置が取れて、スローペースを利して先行できる馬

例B）乾燥した東京ダート1600m＝「外枠・先行・短縮」
➡5～8枠に入っている馬のうち、近走先行→今回距離短縮ローテでも位置が取れる馬

このときにレース質に反する馬はあらかじめ検討から除外することになります。例えば、例Aのケースで外枠差し馬は、人気や能力に関係なく「消し」となります。そうすることで、予想の手間を省くとともに、レース質に合致する馬を検討する時間を長く取ることができます。

ちなみに、このときに下図のように、「レース質に合わせて出走馬を整理した図表」＝「マトリックス」を活用しており、そのイメージ図が「レース質マトリックス」という予想理論の由来となっています。

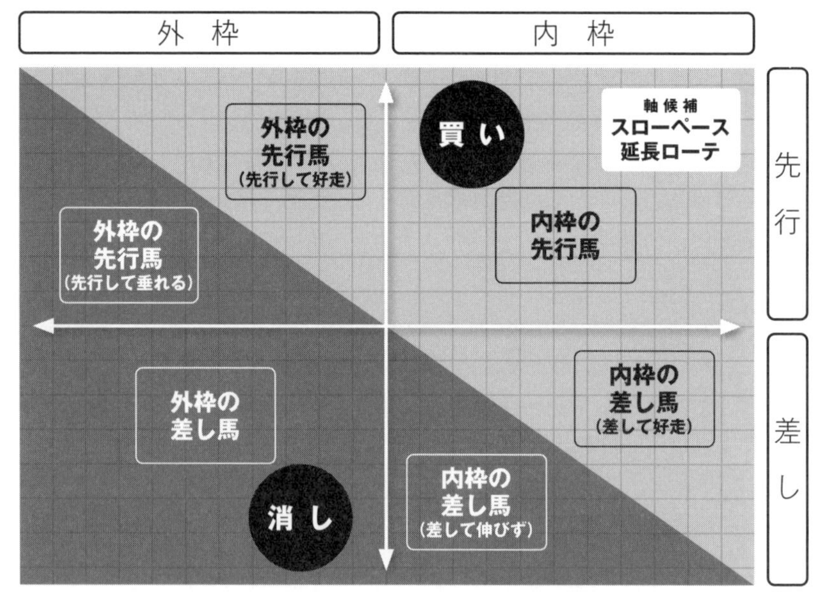

レース質マトリックスのイメージ（このレースのレース質は「内枠・先行・延長・スローペース」）

手順⑤ 出走馬の中から好走モデルに該当し、買い要素が高い「馬キャラ」を選ぶ

レース質マトリックスでは、全ての馬の特徴を大きく4つに分けて分類しています。この分類を「馬キャラ」と呼んでいます。

差して届かない馬キャラ

- **枠や馬場の後押しが必要なタイプ**
- **直線では確実に差してくるタイプ**
- **マクリが得意なタイプ**
- **時計が掛かる（速い）馬場でパフォーマンスを上げるタイプ　など**

条件

- 向正面を6番手以下、あるいは出走頭数の3分の2以上の位置取りで追走している
- 上記の条件該当時に、4角通過順より最終着順が4つ以上高い
- 上がり3Fが常にメンバー上位（5位以内目安）である

伸びずバテずの馬キャラ

- **枠や馬場の後押しが必要なタイプ**
- **自分の時計は堅実に走るタイプ**
- **位置が取れたときに好走するタイプ**
- **時計が掛かる（速い）馬場でパフォーマンスを上げるタイプ　など**

条件

- 向正面を3～10番手、あるいは出走頭数の中央3分の1の位置取りで追走している
- 上記の条件該当時に、4角通過順に比べて最終着順が±3以内である
- 上がり3Fがメンバー中位（3～7位目安）である

逃げれば簡単に止まらない馬キャラ

■単騎で行けるとしぶといタイプ
■番手からでも競馬できるタイプ
■控えても競馬ができるタイプ　など

条件

・向正面を1～2番手で追走している
・上記の条件該当時に、4角通過順が1番手で、最終着順が5着以内
・過去に逃げて速い全体時計で好走したことがある

追走力特化の馬キャラ

■位置が取れたときに好走するタイプ
■マクリが得意なタイプ
■時計が速い馬場でパフォーマンスを上げるタイプ　など

条件

・芝ならハイペースや高速馬場、ダートならハイペースや雨馬場を先行して好走経験がある
・マクリ（向正面・3～4角OK、内マクリ除く）の戦法で好走した経験がある
・上記の条件該当時に、4角通過順に比べて最終着順を3つ以上下げていない

手順④の例Bの場合は、レース質が「外枠・先行・短縮」なので、主に「伸びずバテずの馬キャラ」や「逃げれば簡単に止まらない馬キャラ」を評価することになります。その理由は次のとおりです。

㋐乾燥した東京ダートは先行有利のため、芝発走で位置を取りやすい外枠が有利
㋑外枠の優位性は先行できることにあるので、「差して届かない馬キャラ」は外枠有利の恩恵に与れない
㋒乾いたダートでは持続力が求められるため、「追走力特化の馬キャラ」

は持続力不足で直線で失速する可能性が高い
㊗外枠の馬の中で、「伸びずバテずの馬キャラ」や「逃げると簡単には止まらない馬キャラ」は外枠の優位性を生かしていつもより楽に位置を取れそうだ

以上がレース質に合った「馬キャラ」を選ぶ手順になります。「馬キャラ」は当該レース質に合致するタイプの馬のモデルケースです。出走各馬の個性を「馬キャラ」の条件に当てはめて、そのキャラに該当するかを確認することになります。各馬キャラの詳細については巻末の用語解説を併せてご参考ください。

ここでは分かりやすいように手順で分けていますが、多くの場合手順①～③は独立したものではなく、ほぼ同時に検討していくことになります。ただし、「レース質マトリックス」においては、優先順位としてより直近の傾向（当日の状況やバイアス）を重視するので、手順①＜手順②＜手順③のように補正を掛けていくというようにイメージをしてください。

「レース質マトリックス」の理論の根底には、新馬未勝利レベルを除けば、レース結果に大きく影響するほど競走馬同士の能力差はないという考え方があります。コンマ何秒の着差は、どのような位置を追走したか、直線でどのような進路を通ったかなど、わずかな違いで簡単にひっくり返るということです。したがって、馬個体の能力比較をするよりも、レース自体を予想し、そのレースの質に適性が合う馬をねらうほうが効率的であると考えているわけです。

マインドセットで
回収率を5%
底上げする
コラム

2

先行馬が先行できない条件で買い目から削る判断力を養う

レースに出走している競走馬の中で、特に馬券的な期待値が低いのは「逃げられなかった逃げ馬」や「先行できなかった先行馬」です。第6章第1項で解説しているとおり、先行馬は先行することの優位性を生かして初めて、ほかの馬と勝負が可能になります。つまり、直線で同じ位置からヨーイドンで走り出すと差し馬に勝てない馬たちなのです。これをもって、「レース質マトリックス」では「先行馬は基本的に脚が遅い馬である」と表現することがあります。

先行馬が先行できない可能性が高い条件では、先行馬を買い目から削ることで、回収率を底上げすることが可能です。

例えば、先行馬には隊列面の問題があります。内枠主導の隊列では、外枠先行馬は常にコーナーで外々を回されるため、距離ロスが大きく、差し馬に対して十分なポジション差を確保することが難しくなります。

さらに不利なのが、外枠主導の際の内枠先行馬です。外枠先行馬が内枠に被せていくことで、内枠先行馬は位置を悪くするうえに、馬群に包まれる競馬を強いられることになります。先行している理由が、気性面や砂被りを避けることである場合、前に馬を置くこと自体が致命的な不利になる可能性があります。

特に芝発走のダートの内枠に入った先行馬は、そもそも内枠から先行しにくいうえに、先行しやすい外枠の馬に被せられるため、自分の得意の戦法を取ることができません。含水率が高い馬場や高速馬場で内枠主導の隊列になるケース以外では、芝発走のダートの内枠先行馬を積極的に買う理由はないということです。

以上のことから、内枠主導の隊列の外枠先行馬は割引、外枠主導の隊列の内枠先行馬は消し対象と考え、買い目の構築に反映させるのがオススメです。

また、このように好走パターンでグルーピングしたときに、同居できない枠順や脚質の組み合わせは存在します。予想の根拠を明らかにすることで、こうした組み合わせに気付くことができるので意識してみてください。

第3章

馬場状態で 回収率を5%アップする

馬場状態

第1項 小倉ダートは含水率別の出し入れで回収率を底上げ

含水率によってレース質が一変する

ダートは基本的に含水率が高くなるほど時計が速くなり、含水率が低くなるほど時計が遅くなります。これは、日本のダートがいわゆる「砂」であり、水分を含むほど脚抜きがよくなるためです。よく砂浜に例えられますが、乾いた砂浜の走りにくさと、海水で湿った波打ち際の走りやすさの違いをイメージしていただければ、大きくはズレないでしょう。

「レース質マトリックス」では、芝ダート問わず、時計が速くなるほどラチ沿い有利、つまり逃げ先行でラチを頼って走る馬や、内枠からラチに沿ってロスなく走る馬が有利になるとしています。これは競走馬の走ることができる時計や上がりには限界があり、外を回すと物理的に間に合わなくなるからです。

こうした傾向は、元の時計が速い競馬場やコースほど顕著になります。本項では、中央競馬全ダートの中で、最も時計が速く、追走力が求められる小倉ダートのねらい方に焦点を当てて解説していきます。

1 小倉ダートのコース形態や特徴を確認しよう

小倉ダートは、全ダートコースの中で最も追走力を問われるコースです。ローカル競馬場で比較しても、最も時計が速く、上級条件であれば良馬場のダート1700mで1分43秒台が容易に出るほどです。

その要因はいくつかありますが、例えば以下のことが挙げられます。

Step 1 小倉ダートのコース形態や特徴を確認しよう

Step 2 小倉ダート1700mで含水率が高いと「ラチ沿い先行有利」が顕著になるメカニズムを理解しよう

Step 3 小倉ダート1700mで含水率が低くなると「外枠差し（先行）有利」になるメカニズムを理解しよう

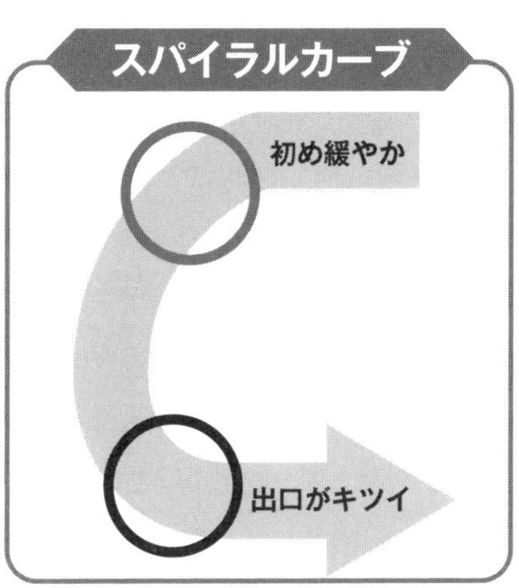

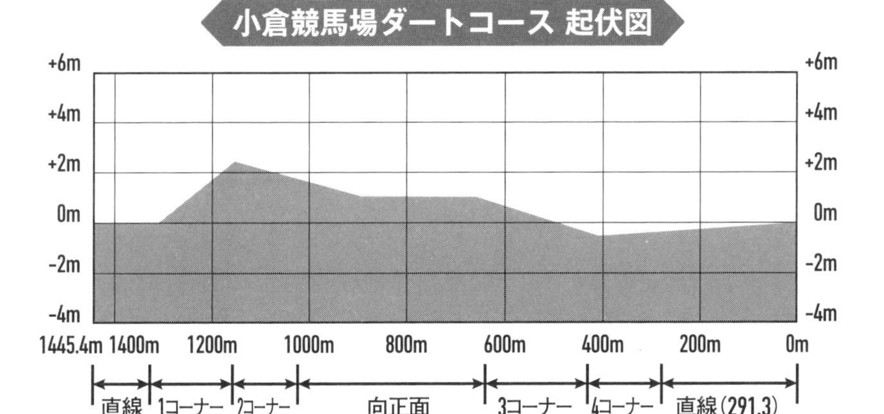

Ⓐ向正面から直線入口に掛けて下り続けるレイアウトであること
Ⓑ3～4角がスパイラルカーブであること
Ⓒ直線が約290mと短いコースであること

基本的には、距離を問わず、向正面の下り坂を利用してスピードに乗ったまま3角に突入し、スパイラルカーブを押っつけ通しで回って、直線に入ってからはほぼ平坦コース（緩やかな上り）を惰性で粘り切るというのが好走パターンになります。したがって、ダートコースの中でも特に「先行有利」傾向が強いコースになっています。

小倉ダートはこうした好走パターンのコースであることから、含水率が高くなるとラチ沿い先行有利傾向が強くなり、含水率が低くなると外枠有利傾向が強くなるという特徴をもっています。ここでは、なぜそのような傾向が出るのかをⒶ～Ⓒのコース形態を基に、小倉ダート1700mを例にして解説していきます。

2 小倉ダート1700mで含水率が高いと「ラチ沿い先行有利」が顕著になるメカニズムを理解しよう

小倉ダート1700m、福島ダート1700mの平均ラップ

コース	平均ラップ
小倉ダート1700m	6.98-11.12-11.91-**12.88-12.55-12.26**-12.48-12.71-13.07
福島ダート1700m	7.05-11.11-11.80-12.61-12.77-**12.35**-12.56-12.62-12.85

※良馬場、1勝クラス以上

小倉に限らず、ローカルのダート1700mでは、多くの場合後半の4～2F地点は加速地点に当たり、特に残り4F地点からペースが上がり始めます。コースによって誤差はありますが、これは大まかに言うと3角入り口付近から仕掛けが始まると言い換えることができます。つまり、ダート1700mでは「3～4角を加速し続けながら曲がる」ことになるわけです。

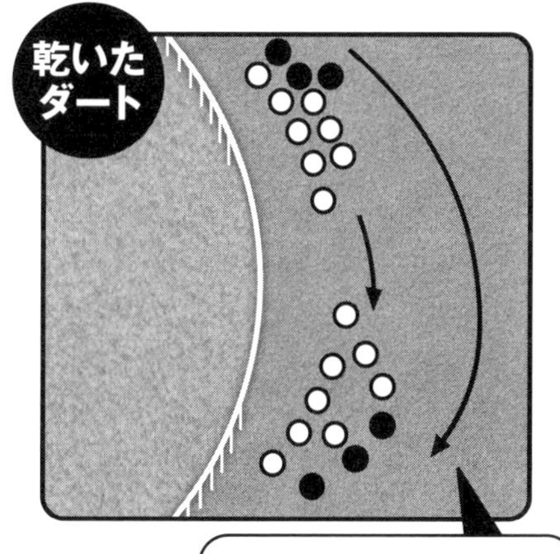

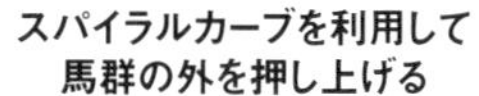

スパイラルカーブを利用して
馬群の外を押し上げる

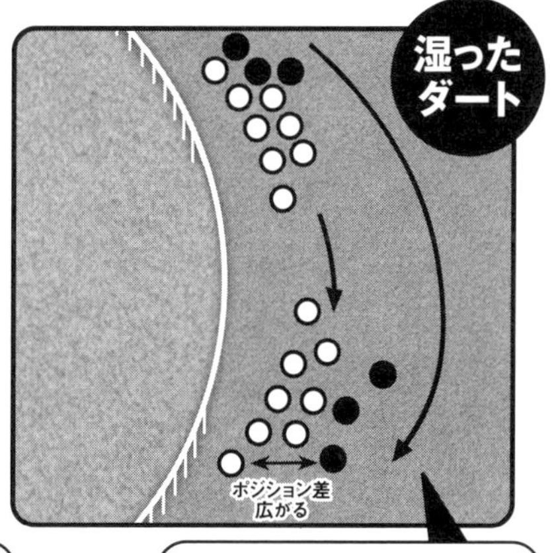

小倉ダート1700mは、向正面が下り坂になっているので、後半6F目→5F目→4F目と徐々に加速しながらコーナーに突入することになります。その結果、3角入口地点に当たる後半4F目で最速ラップを刻み、あとは減速していってラスト1Fを落とすという流れになります。この流れが、小倉ダートにおける特殊なレース質の原因となっています。

さて、前提として、ダート1700mで差し馬や外枠の馬が好走するためには、前述のように加速しながら馬群の外をマクリ上がってくる必要があります。直線が短いコースがスパイラルカーブになっている理由の一つには、差し馬や外枠の馬が勢いをつけて外を回しやすくし、馬群が外に広がりやすくするということが挙げられます。つまり、直線が短いことによる内枠有利を緩和したり、競走馬が有利な内枠に殺到して事故が起こらないようにしたりするために、直線が短いコースではスパイラルカーブが導入されているということです。このおかげで、押っつけながらも差し馬や外枠の馬がマクリ上がり、内枠先行馬を捕らえることができるわけです。

一般的にダートは含水率が高くなると脚抜きがよくなり、時計が速くなります。時計が速いダートになると、良馬場のときよりも速い速度でコーナーに飛び込むことになり、馬群の外を回そうとする馬の遠心力が強くなります。小倉では3角入り口付近が最加速地点なので、外枠の馬や差し馬はここで大きく外に振られることになります。

その結果、直線入り口において、ラチ沿いピッタリを通した逃げ馬や内枠の馬とのポジション差が逆に開くことになってしまい、短い直線だけでは物理的に間に合わないという状況に陥ります。つまり、含水率の高い小倉ダート1700mではコース形態を理由にした「外枠不利」「差し不利」が生じ、結果として「ラチ沿い先行有利」となるわけです。

3 小倉ダート1700mで含水率が低くなると「外枠差し（先行）有利」になるメカニズムを理解しよう

対して、ダートは含水率が低くなると乾いた砂でパワーが必要になり、時計が遅くなります。小倉ダート1700mでは向正面の下りで加速したまま3角に突入しますが、このとき含水率の低い乾いたダートだと、突入速度が遅くなるとともに、5F目以降の減速幅も大きくなります。

その結果、先行馬の速度が削がれて外を回す馬の押し上げを許すことになるので、スパイラルカーブの遠心力を使って勢いよく外をマクリ上がってくる差し馬が、直線入口で先行馬とのポジション差を埋めることができ、短い直線の中でも差し届くという状況が起こるのです。

具体的な例として、2022年1回小倉3、4日目が参考になるかと思います。3日目が含水率2.7%（ゴール前）と乾いたダートだったのに対し、4日目は朝から雨が降り、稍重スタートで午後からは重馬場にまで馬場状態が悪化しました。その際の上位入線馬の分布を見ると、乾燥していた（含水率が低かった）3日目は外枠有利だったのに対し、重になった（含水率の高かった）4日目は内枠有利に推移していることが分かります。含水率の高さによってこれほど極端な傾向が出るのが小倉ダート1700mの特徴なの

22年1回小倉3、4日目 上位入線馬の枠・脚質の比較

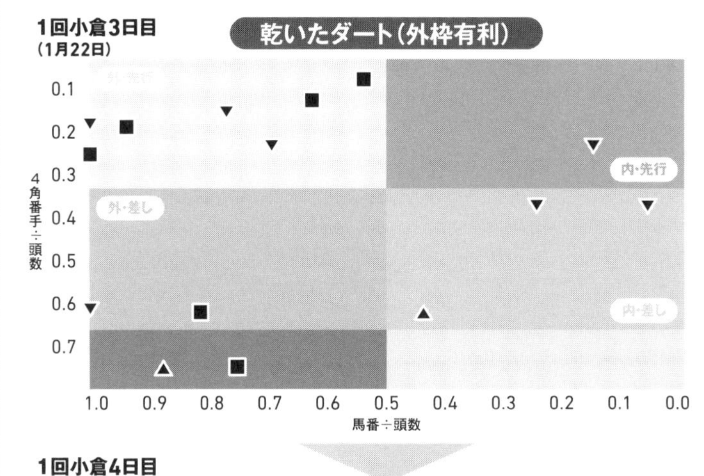

1回小倉4日目
(1月23日)

外・先行
内・先行
外・差し
内・差し
4角番手÷頭数
0.1
0.2
0.3
0.4
0.5
0.6
0.7
1.0 0.9 0.8 0.7 0.6 0.5 0.4 0.3 0.2 0.1 0.0
馬番÷頭数

湿ったダート(内枠有利)

立川優馬氏が主宰するオンラインサロン『競馬と共に人生を歩むサロン』で提供されているレース質分析ツール。内と外、先行と差しのどちらが優勢かを可視化することができる。上図の場合、乾いたダートだった1月22日は真ん中から左側に、湿ったダートだった1月23日は真ん中より右側にマークが多くついており、22日は外枠が、23日は内枠が有利だったことがみてとれる。

です（前ページのレース質分析ツール参照）。

なお、この傾向はダート1000mや2400mでも同様です。特に1700mに続いて試行数の多い1000mでは、発走地点が向正面ということもあり、Ⓐ～Ⓒの要素がそのままコースの特徴になっています。テンの速度（テン1Fが速い馬有利）と含水率を確認するだけで8割方攻略できるのでぜひ覚えておいてください。

回収率を上乗せする
黄金パターン

小倉ダート × 含水率低い馬場 × 外枠主導
=「外枠・先行・短縮」

小倉ダート × 含水率高い馬場 × 内枠主導 × 先行馬が多いメンバー
=「内枠・先行・延長・ハイペース」

小倉ダ1000m枠順別成績（良馬場）

枠番	着別度数	勝率	連対率	複勝率	単勝回収値	複勝回収値
1枠	7-4-12-77/100	7.0%	11.0%	23.0%	50	71
2枠	7-6-9-78/100	7.0%	13.0%	22.0%	101	74
3枠	12-9-7-97/125	9.6%	16.8%	22.4%	45	57
4枠	10-12-6-103/131	7.6%	16.8%	21.4%	72	48
5枠	18-16-11-140/185	9.7%	18.4%	24.3%	53	67
6枠	11-14-23-141/189	5.8%	13.2%	25.4%	40	69
7枠	13-14-17-145/189	6.9%	14.3%	23.3%	36	64
8枠	22-25-16-130/193	**11.4%**	**24.4%**	**32.6%**	**128**	**111**

小倉ダ1000m枠順別成績（重～不良）

枠番	着別度数	勝率	連対率	複勝率	単勝回収値	複勝回収値
1枠	4-3-4-29/40	**10.0%**	**17.5%**	**27.5%**	**122**	**147**
2枠	3-5-2-30/40	7.5%	20.0%	25.0%	85	133
3枠	2-6-3-53/64	3.1%	12.5%	17.2%	29	77
4枠	6-6-8-46/66	9.1%	18.2%	30.3%	50	122
5枠	6-7-5-56/74	8.1%	17.6%	24.3%	51	71
6枠	8-4-5-60/77	10.4%	15.6%	22.1%	260	118
7枠	5-3-9-61/78	6.4%	10.3%	21.8%	53	53
8枠	6-6-4-62/78	7.7%	15.4%	20.5%	60	62

Sample Race

乾いた小倉ダート1700mなら迷わず外枠

2022/7/24 小倉10R 岩国特別（ダ1700m・3歳上2勝C）

馬番	印・オッズ	斤量・騎手	馬名・血統	厩舎・成績	3走前	2走前	前走
1	(55.1)56.7 ◎◎⋮⋮⋮△◉ 4.9	54 今村 1001	シニスターミニスター 牡3 キングズソード キングスベリー③ 鹿毛 キングヘイロー ヒダカBU 日進牧場	寺島 0.0.0.0 2-0-0-2 900 中2週0000	1阪⑦3・5 1勝 12ト8 天ダ1556 藤岡康56 H36.4-41.3 ノットゥルノ2.3 498 2 1 6 CW 85.1 38.1 11.6	4中京②6・5 1勝 15ト6 左ダ1247 今村50 H36.0-36.7 モズリッキー0.8 498 8 1 3 CW 69.0 37.5 11.3	3小②7・3 1勝 13ト1 右ダ1454 今村50 H37.0-38.4 0.7ケイアイメビ 498 13 1 1 CW 81.9 37.5 11.9
2	B (57.9)56.3 ⋮⋮⋮⋮⋮⋮⋮ 43.0	57 加藤祥 1126	ダンカーク 牡4 ススカルビコン ルミナーラ① 栗毛 ヴィクトワールピサ 中京 永井啓弐 社台牧場	杉山晴 1.1.1.1 2-1-3-11 900 中6週1000	2阪⑥4・10 1勝 9ト5 三ダ2095 加藤祥57BO S37.2-38.4 アドマイヤベ1.8 518 1 1 3 栗坂 53.8 39.5 12.5	3中京⑦5・28 1勝 11ト1 天ダ1530 加藤祥57BA M37.5-39.4 0.1レッドシリウ 518 10 1 5 CW 84.4 38.0 11.8	4中京①6・4 柴富2勝 16ト11 天ダ1537 加藤祥54B M38.4-39.1 タイセイドレ2.6 518 1 1 3 速攻 中間軽め
3	(58.2)58.6 ⋮△⋮◎△○⋮ 11.4	57 秋山真 0014	ディープインパクト 牡4 ゼンノミチザネ イーデンズコーズウェイ(米) 鹿毛 Giant's Causeway 大迫久美子 村上欽哉	武幸 0.1.0.1 1-1-1-9 820 中1週0112	2阪⑧4・23 1勝 15ト1 左ダ1251 吉田隼57A H34.6-38.5 ケイセイイーグル 454 4 1 2 CW 53.1 36.9 11.2	2東⑥5・8 2勝 16ト6 左ダ1250 吉田隼57A M36.2-36.6 アルメイダミ1.4 450 11 1 5 栗坂 56.8 41.4 12.8	3小⑥7・9 インディア 2勝 12ト5 右ダ1439 秋山真57A M35.9-37.4 アラジンバロ1.2 458 11 1 6 栗坂 54.7 38.7 12.4
4	(51.7)55.2 ⋮△⋮⋮⋮⋮⋮ 29.5	57 荻野極 0001	キングカメハメハ 牡4 レッドロムルス レッドクラウディア④ 栗毛 アグネスタキオン 東京HR ノーザンファーム	辻野 0.0.0.0 2-0-0-15 900 中5週0000	2小③2・19 1勝 16ト8 右ダ1465 斎藤56 M37.0-38.6 シゲルヒカル1.1 448 13 1 1 栗坂 53.1 38.8 12.8	1新③4・23 1勝 14ト11 右ダ1482 荻野極57 M36.5-39.7 アクセル1.7 454 7 1 1 栗坂 58.1 42.5 13.0	笠松①6・14 根尾川 7ト1 左ダ1299 渡邊57 M -39.5 0.1アイリスクオ 456 7 1 3 CW 84.2 38.7 12.2
5	(56.6)58.6 ⋮⋮⋮▲⋮▲⋮ 19.0	57 岩田望 初騎乗	カジノドライヴ 牡6 フェブタイズ ヒシマンハッタン(米) 鹿毛 マンハッタンカフェ 小倉 釘田義広 中村雅明	川村 0.0.0.8 1-1-1-23 960 中1週1108	1阪⑧3・20 2勝 16ト8 天ダ1534 鮫島駿57 M38.2-38.8 ラズルダズル1.3 520 10 1 10 栗坂 60.4 44.4 13.7	2阪③4・2 2勝 14ト9 天ダ1537 松本55 M37.7-38.7 アジャストザ1.0 520 3 1 7 ゲート 1回	3小⑥7・9 インディア 2勝 12ト4 右ダ1437 松山57 M35.6-37.6 アラジンバロ1.0 522 5 1 8 栗坂 55.6 41.1 13.5
6	(58.1)59.0 △⋮⋮⋮⋮⋮△ 14.3	55 高倉 0112	カネヒキリ 牝5 ジョウショーリード パシティア① 黒鹿 シンボリクリスエス 熊田義孝 和木一則	服部 1.0.1.4 2-2-4-19 900 中2週1135	1阪⑥2・27 2勝 16ト11 左ダ1270 高倉55△ H35.3-39.3 エターナリー1.2 474 1 1 8 栗B 84.7 38.6 11.7	4中京③6・11 牝2勝 12ト5 天ダ1533 高倉55 S38.7-36.0 ランスオブア0.6 478 10 1 8 栗B 79.5 36.8 11.6	3小②7・3 西部2勝 12ト2 右ダ1466 高倉55▲ S38.4-37.1 ディパッセ0.6 476 12 1 4 栗B 85.5 38.7 11.5
7	B (60.3)59.9 ⋮⋮△⋮⋮⋮⋮ 26.6	57 中井 1121	ベルシャザール 牡6 キョウワウォール ツルハチクイーン① 黒鹿 ラムタラ 浅川昌彦 協和牧場	飯田雄 0.1.1.2 2-1-4-13 900 ・4カ月休養・・ 中14上-6月1011	2小⑤2・26 早鞆2勝 16ト5 右ダ1457 柴山56BA M38.0-37.3 リキサントラ0.6 484 15 1 3 栗坂 55.1 40.3 12.9	1阪⑧3・20 2勝 16ト3 天ダ1523 中井57BA M38.7-37.7 ラズルダズル0.2 484 7 1 5 栗坂 56.3 40.9 12.8	リフレッシュ・放牧 仕上がりまずまず 初戦③着 推定馬体490 中9週以上1023
8	B (56.4)57.5 △⋮▲△○△△ 8.0	52 坂井瑠 初騎乗	アロゲート 牝3 シェイリーン アーメンハレルヤ(米) 芦毛 Montbrook 吉田和美 タウン＆カントリーH	池添学 0.0.0.0 2-1-1-1 900 中1週0000	1阪⑦3・5 1勝 12ト5 天ダ1543 福永54BA H37.2-39.7 ノットゥルノ1.0 482 11 1 4 栗坂 53.2 38.3 11.9	2東⑩5・22 1勝 16ト3 左ダ1246 ルメール54BA M35.6-36.7 イグザルト0.8 484 1 1 3 栗坂 53.8 38.8 11.5	3小④7・10 1勝 15ト1 右ダ1454 松山52B H36.1-38.5 0.2ベルアア 486 14 1 1 栗坂 54.4 39.4 12.1
9	(58.7)58.1 ▲▲○⋮▲▲▲ 5.3	54 川田 初騎乗	ビッグアーサー 牡3 グットディール マリアヴァレリア④ 鹿毛 サンデーサイレンス 安原浩司 ノーザンファーム	須貝尚 1.0.0.2 2-0-1-4 900 ・2カ月半休養・ 中9週0000	2阪⑫5・1 端午S 11ト5 左ダ1237 ルメール56△ M35.9-35.5 リメイク0.5 492 4 1 4 栗坂 52.6 38.4 12.8	2東⑧5・15 青竜S 13ト7 天ダ1370 ルメール56△ M35.2-37.7 ハセドン1.5 490 9 1 7 栗坂 52.3 37.7 12.6	馬体調整・放牧 仕上がり上々 初戦④着 推定馬体500 中9週以上1000
10	(56.1)57.8 ○△◎◎▲◎○ 4.3	57 松若 1237	ダイワメジャー 牡4 サンライズグリット テーオールネサンス② 栗毛 クロフネ 小倉 松岡隆雄 ヤナガワ牧場	音無 0.0.1.0 2-2-3-7 900 中2週1122	2阪⑤4・9 1勝 10ト3 天ダ1539 松若57◎ M37.2-38.8 ジャスパード0.7 466 7 1 1 栗坂 51.1 37.2 12.6	2新⑪4・24 1勝 11ト4 天ダ1531 松若57○ M37.9-37.7 タイセイヴィ1.0 460 2 1 2 栗坂 52.9 38.7 12.9	3小②7・3 1勝 12ト1 右ダ1450 松山57◎ M36.7-37.6 0.1ニューダイア 458 6 1 2 栗坂 51.1 37.2 12.2
11	(54.7)56.7 ⋮⋮⋮⋮⋮△⋮ 34.5	57 北村友 0001	キズナ 牡5 モンサンイルベント セクシーディナー(米) 鹿毛 キングダローリアス 山下新一 川島牧場	飯田祐 1.4.0.1 2-4-1-10 900 中1週0211	1阪⑨3・12 2勝 13ト10 三ダ2081 坂井瑠57 H35.9-39.7 カネコメノボ2.1 502 5 1 8 CW 85.2 38.7 11.9	2阪③4・2 2勝 14ト12 天ダ1539 坂井瑠57 M37.7-38.9 アジャストザ1.2 500 9 1 9 CW 83.8 37.6 11.7	3小⑥7・9 インディア 2勝 12ト6 右ダ1440 北村友57 M36.9-37.1 アラジンバロ1.3 496 9 1 10 CW 69.0 37.7 11.7
12	(57.7)59.4 ⋮⋮⋮⋮⋮⋮⋮ 41.0	57 西村淳 0001	キズナ 牡5 ジロー オッティマルーチェ② 鹿毛 Fusaichi Pegasus エムズレーシング 社台ファーム	岡田 1.1.0.2 2-5-1-15 900 中3週0200	1阪4 2・20 川西2勝 左前挫跖のため仲裁発表前取消	4中京①6・4 柴富2勝 16ト8 天ダ1532 松山54 M39.3-37.8 タイセイドレ1.4 478 6 1 7 栗坂 55.0 39.8 12.0	3東⑥6・25 夏至S 2勝 16ト5 三ダ2069 西村淳57 H36.6-39.6 カフジオクタ1.2 480 9 1 2 栗坂 54.6 39.2 12.2
13	B (54.2)56.8 ⋮○△⋮△⋮⋮ 11.8	52 和田竜 初騎乗	ドレフォン 牝3 タガノクリステル タガノキャンドル① 黒鹿 アグネスタキオン 八木良司 新冠タガノファーム	長谷川 2.1.0.0 2-1-2-5 900 中1週0112	2阪④4・3 未勝利 16ト10 左ダ1286 酒井学54 H36.6-39.2 ワックスリリ1.8 474 1 1 1 栗坂 53.0 38.7 12.5	1福⑥5・1 牝未勝 15ト1 右ダ1474 鮫島駿54B M36.7-37.8 0.8ラブミーデ 478 1 1 2 栗坂 54.4 39.1 12.3	3小⑥7・9 牝1勝 16ト1 右ダ1443 松山52BA H35.2-38.3 0.4マテンロウル 474 2 1 2 栗坂 52.8 38.7 12.6
14	B (59.9)56.7 ⋮⋮⋮⋮⋮⋮⋮ ☆	57 藤懸 1215	マジェスティックウォリアー 牡5 リュクスウォリアー リュクスメジャー③ 鹿毛 ダイワメジャー 田畑富士 庄野牧場	平田 0.0.0.0 2-2-1-9 900 ・2カ月放牧・・ 中8週0000	3東⑦6・26 清里2勝 16ト7 左ダ1248 藤懸57BA H35.1-37.5 フジノタカネ0.6 502 4 1 3 栗坂 55.1 39.8 12.1	2東⑪4・23 2勝 16ト6 左ダ1253 藤懸57BA S36.9-35.8 タイセイサム1.6 506 10 1 6 栗坂 56.1 40.5 12.0	3中京⑤5・21 2勝 16ト15 左ダ1263 藤懸57△ H36.9-37.3 メイショウオ2.5 506 9 1 5 栗坂 53.0 38.3 11.9
15	(59.8)59.3 ▲▲△▲◎⋮▲ 8.2	57 松山 1201	アジアエクスプレス 牡4 ラルフ ロサモスカータ① 栗毛 ヴィクトワールピサ GETNEXT 須崎牧場	荒川 0.0.0.1 2-3-3-10 900 中2週0003	4中京①6・4 柴富2勝 16ト6 天ダ1531 西村淳55△ M38.0-38.6 タイセイドレ2.0 488 12 1 9 栗坂 53.4 38.7 12.9	3阪②6・19 2勝 10ト2 天ダ1531 松山57▲ M38.9-37.7 ピュアジャッ0.9 484 7 1 5 栗坂 54.4 39.8 13.3	3小②7・3 西部2勝 12ト4 右ダ1467 松山57◎ S38.6-37.0 ディパッセ0.7 478 2 1 2 栗坂 54.9 39.9 13.1
16	(61.3)60.9 △⋮▲△⋮⋮△ 19.3	57 幸 0100	キズナ 牡5 レガーメペスカ プリンセスペスカ⑤ 黒鹿 チーフベアハート 山田尚太郎 藤原牧場	松永昌 0.1.0.1 2-2-3-5 900 ・3カ月半休養・ 中14上-6月0010	2中京⑧3・19 矢作2勝 16ト2 天ダ1521 小沢55△ M37.4-37.6 プラーレン0.3 508 12 1 5 栗坂 53.2 38.6 12.6	2阪⑥4・10 吹田2勝 13ト4 天ダ1536 小沢57▲ M38.3-38.8 メイショウミ0.3 508 8 1 5 栗坂 52.9 38.4 12.6	馬体調整・放牧 仕上がりまずまず 初戦⑩着 推定馬体510 中9週以上1020

着	馬名	騎手	タイム(差)	1角	2角	3角	4角	上がり	人気	前走
1	8 ⑯レガーメペスカ	幸	1:44.5	1	1	1	1	38.1	5	阪神ダ1800
2	5 ⑨グットディール	川田	3/4	4	5	4	4	37.9	1	東京ダ1600
3	8 ⑮ラルフ	松山	ハナ	3	3	3	2	38.2	7	小倉ダ1700

単勝／960円　複勝／290円、150円、310円　馬連／1,720円
馬単／4,090円　三連複／6,110円　三連単／32,860円

小倉10R　岩国特別　ダート1700m
レース質：外枠・先行・短縮

そこまでテンに速い馬はおらず、隊列はすんなり決まってハイペースにはならない。外枠の延長馬が被せていく隊列になるので、位置を悪くする内枠は不利。外から位置を取って粘り込むか、先行馬が通ったラインを通す好位組が恵まれるレース質。

16.レガーメペスカ
逃げると簡単には止まらない馬キャラで、控えても競馬ができるタイプ。この並びで大外枠なら、内の延長馬を見ながら外の2列目を追走できる。小倉ダート1700mへの距離短縮ローテで控えて3着好走が2度ある。休み明けこそねらい目の馬。

15.ラルフ
伸びずバテずの馬キャラで、枠や馬場の後押しが必要なタイプ。前走は乾いた小倉ダートでスローな流れの外枠先行決着を2枠から4着はむしろ評価。隊列面でも先行馬を追い掛けて好位を取れそうな並びがよく、早めの仕掛けからジリジリと脚を伸ばす。

Tips

ワンポイントアドバイス

2022年7月24日の岩国特別は、乾いた小倉ダート1700mの特徴がよく出たレースになりました。この日の朝時点の含水率は4.5%、メイン周辺までにはさらに乾いて3%台のパサパサのダートになることは想定できました。乾いた小倉ダート1700mであれば、迷わず外枠ねらいから入るのが基本です。

サロンとnoteで公開した予想は上記のとおり。

レースでは、大外枠の⑯レガーメペスカが出脚よくハナを切る外枠主導の隊列になり、被せられる内枠勢は位置を下げる形に。ラップとしてもラスト5Fが12.2-11.8-12.3-12.5-13.3という小倉らしい消耗ラップになったので差し馬の出番はなし。初角1～4番手を追走した馬が1～4着を独占する決着で、⑯レガーメペスカが5番人気で逃げ切り。1番人気の⑨グットディールを2着に挟んで、7番人気の⑮ラルフがなだれ込みました。

小倉ダート1700mのコース形態と含水率の低いときの「外枠有利」を知っていれば、1番人気との組み合わせでも3連複61倍を簡単に仕留めることができたのです。

馬場状態

第2項 外枠が物理的に間に合わない条件での内枠ねらいで回収率を底上げ

時計が速いほど外枠は不利になりやすい

競走馬が現実的に走ることができる時計や上がりはある程度決まっています。クラスによって出せる時計の速さも変わってきますし、馬固有の適性で対応できる上がりの範囲も変わってきます。現在では、過去の実績や血統などから「高速巧者」、「道悪巧者」などを判断することが一般的になっているので、そうした考えが予想に反映され、オッズにも織り込まれてきています。ただし、馬場がよくて、ペースが速ければ、際限なく速い時計が出せるというわけではありません。

時計面がレース質に影響を与えるパターンの中で分かりやすいものの一つで、「物理的に間に合わない外枠不利」＝「内枠・先行（差し）」があります。具体的なコースを例に考えてみましょう。

① 芝において外枠が物理的に間に合わない条件

小倉芝1200mは2コーナーの引き込み線、高低差でいうとほぼ頂上地点から下り続けるレイアウトになっており、直線平坦も相まって非常に速い時計が出やすいコースです。このコースのレコードタイムは1.05.8。2022年のCBC賞でテイエムスパーダが記録したものです。このレースは3回小倉開幕週の超高速馬場で行われました。勝ったテイエムスパーダは逃げてラチ沿いを通って押し切り。2着には道中は内を追走し4角→直線で

Step 1 芝において外枠が物理的に間に合わない条件を覚えよう

Step 2 ダートにおいて外枠が物理的に間に合わない条件を覚えよう

Step 3 外枠が物理的に間に合わない条件の具体例を身に付けよう

2022/7/3 小倉11R CBC賞（芝1200m）

着	馬名	騎手	タイム(差)	1角	2角	3角	4角	上がり	人気	前走
1	3⑤テイエムスパーダ	今村	1:05.8			1	1	34.0	2	阪神芝1200
2	4⑧タイセイビジョン	川田	3 1/2			14	12	33.5	3	中山芝1200
3	1②アネゴハダ	藤懸	1/2			3	3	34.4	1	東京芝1400

単勝／500円　複勝／190円、170円、160円　馬連／1,770円
馬単／3,170円　三連複／2,320円　三連単／12,160円

最内を差したタイセイビジョン、3着には1枠2番から同じくラチ沿い3番手を追走したアネゴハダが入線しました。つまり、上位3頭は全て内ラチ沿いを距離ロスなく通してきた馬だということです。これは偶然ではなく、1.05.8という極限の時計で走り切るためには、距離ロスを最小限に抑えて走るしかなかったのです。

馬場造成技術が向上した現在では、こうした状況は少なからず起こっています。例えば、同じ小倉芝1200mで決着時計が1.07.0以下の高速決着だったレースの結果を見ていきます。

2022年以降、該当レースは6レース。このうち、9番枠から外に入って馬券に絡んだ馬は3頭のみで、全て1～2番人気でした。また、そのうち2頭は2番手以内を追走、つまり先行してラチ沿いを走っているとともに、人気上位に支持されるような能力上位の馬だったということです。唯一16番枠から差して3着と好走したのは2022年北九州記念のナムラクレアで、

小倉芝1200mで1.07.0以下の時計だったレース（2022年）

日付	レース名	着順	枠	馬	馬名	タイム(差)	通過順位		上がり	人気
2022.7.2	秋吉台特別	1着	8	12	シゲルカチョウ	1.07.0	2	2	34.3	1
		2着	7	10	ニシノデフィレ	クビ	3	2	34.2	2
		3着	6	8	テンジュイン	1/2	6	4	34.1	6
2022.7.3	3歳上1勝C	1着	4	4	カフジテトラゴン	1.06.8	2	2	34.2	1
		2着	2	2	ポメランチェ	2	1	1	34.7	3
		3着	6	8	タムロキュラムン	ハナ	4	3	34.3	8
2022.7.3	CBC賞	1着	3	5	テイエムスパーダ	1.05.8	1	1	34.0	2
		2着	4	8	タイセイビジョン	3 1/2	14	12	33.5	3
		3着	1	2	アネゴハダ	1/2	3	3	34.4	1
2022.7.23	大牟田特別	1着	2	3	マッドクール	1.06.9	2	2	33.7	1
		2着	1	2	ヨシノイースター	1 1/4	1	1	33.9	2
		3着	2	4	エクロール	1 1/2	4	3	33.9	7
2022.8.21	耶馬渓特別	1着	2	2	スノーテーラー	1.06.9	11	11	33.1	6
		2着	6	7	カフジテトラゴン	3	2	1	34.9	1
		3着	3	3	ブレスレスリー	1 1/2	7	4	34.7	2
2022.8.21	北九州記念	1着	1	1	ボンボヤージ	1.06.9	7	5	33.5	16
		2着	2	3	タイセイビジョン	1 1/4	13	13	33.3	3
		3着	8	16	ナムラクレア	クビ	10	8	33.6	1

時計が速くなるほど
物理的に外枠は不利。
ラチ沿いを走った馬が
上位を占めています。

直線で内に突っ込んでのもの。このレース以降、シルクロードSを勝ち、高松宮記念2着と好走しており、やはりこれも能力上位でありながら間に合わなかったゆえの3着であると考えられます。

このように、超高速馬場では、内枠勢がラチ沿いを通して非常に速い決着時計でゴールしてしまうので、馬群の外を回してその時計を上回ることが物理的に不可能という状況が生じてしまうのです。

2 ダートにおいて外枠が物理的に間に合わない条件

芝と同様に、ダートにおいても外枠が物理的に間に合わない馬場は存在します。

ダートでは雨が降って含水率が高くなるにつれて、時計や上がりが速くなるのが一般的です。そうなると、そもそも先行有利であるダートにおいて、速い時計で走破する逃げ先行馬を、差し馬はそれ以上の時計や上がりで差し切らなくてはなりません。このとき、3～4角や直線で外を回してしまうと、たとえ末脚の余力はあっても、距離ロス分で物理的に間に合わないという状況が出てきます。その結果、先行馬がそのまま残したり、内枠から内ラチ沿いを追走した差し馬が経済コースを通してギリギリ差し届いたりするケースが増えてくるのです。

また、芝では上がり3F32秒台やまれに31秒台という極限の上がりを使って差し切ることができてしまうシーンも見られますが、ダートではどれだけ速くとも上がり3F34秒台程度、先行馬との上がり差も芝に比べると小さくなるので、芝に比べてより外枠差し不利が顕著になります。

その結果、必然的に含水率の高いダートのレース質は「内枠・先行」が多くなります。例外的に、含水率が高くなると差しが決まりやすい東京コースなどでは「内枠・差し」で取ることも増えてきます。

芝の場合は開幕直後や野芝のみの馬場造成など、高速馬場が発生する時期が限定的ですが、ダートの場合は雨が降って含水率が高くなればいつでも高速馬場が発生するのでより効果的に活用することができます。

③ 外枠が物理的に間に合わない条件の具体例

芝においては、特に以下のような条件では「外枠が物理的に間に合わない」という状況が生じやすくなります。

**■野芝のみで時計が速く、クッション値の高い芝
（夏の小倉や新潟、秋の中山など）**

■高速芝でかつ直線が短いコース（ローカル芝コースなど）

**■高速芝でかつ3～4角がスパイラルカーブになっているコース
（函館、福島、中京、小倉など）**

**■高速芝でかつ発走地点から下り続ける短距離コース
（小倉芝1200m、中山芝1200mなど）**

**■高速芝でかつ内枠主導で縦長隊列になるレース
（内枠に先行馬がそろったレースなど）**

こうした条件では、レース質としては「内枠・先行」や「内枠・差し・ハイペース」などで取り、外枠の馬を全て切り捨てて、内枠の馬だけで馬券のフォーカスを組むのがオススメです。

ダートにおいては、特に以下のような条件では「外枠が物理的に間に合わない」という状況が生じやすくなります。

**■高速決着になりやすく追走力が求められるコース
（新潟ダート1800m、小倉ダート1700mなど）**

**■含水率が高いと高速上がりが求められるコース
（東京ダート1400mや2100mなど）**

■含水率が高く、かつ直線が短いコース（ローカルダートコースなど）

■含水率が高く、かつ3～4角がスパイラルカーブになっているコース
（函館、福島、中京、小倉など）

■含水率が高い1150m以下のコース
（ローカルダート1000m、福島ダート1150mなど）

■含水率が高く、かつ内枠主導で縦長隊列になるレース
（内枠に先行馬がそろったレースなど）

こうした条件では、レース質としては主に「内枠・先行」、高速上がりが求められる東京コースや、ハイペースで前が苦しくなるレースでは「内枠・差し（・ハイペース）」で取り、外枠の馬を全て切り捨てて、内枠の馬だけで馬券のフォーカスを組むのがオススメです。

回収率を上乗せする
黄金パターン
超高速～高速芝
×
中山1200～1800mやローカル1200～1800m
×
良馬場
×
内枠主導
=「内枠・先行（差し）」
含水率の高いダート
×
東京1300～1400mやローカル1000～1400m
×
内枠主導
×
先行馬が多いメンバー
=「内枠・差し・ハイペース」

Sample Race

高速ダートにおいて外枠を嫌うだけで…

2023/5/14 東京12R BSイレブン賞（ダ1400m・4歳上3勝C）

枠・馬番	予想・単勝	斤量・騎手	血統・馬名	調教師・成績	過去走1	過去走2	過去走3／コメント
1・1	関西(59.8)61.0 ▲▲▲△△△○▲ 6.9	58 松山 1011	キタサンブラック 牡4 テーオーステルス エーシンエムディー③ 鹿毛 キングカメハメハ 小笹公也 栄進牧場	東村健 0.0.2.0 3-1-2-4 1500 ・4カ月休養・・ 中14上6月0000	1中①1・5門松3勝16ト10 西ダ1255 松山57 H36.4-37.0 ⑮13 14 外 ヴァルキュリ1.0 530 3 1.5 CW 82.5 37.4 11.6	1中④1・14雄江3勝16ト3 西ダ1239 松山57 H34.9-36.8 6 6 5 内 ドンフランキ0.9 534 7 1.5 栗P 83.6 39.6 11.6	リフレッシュ・放牧 仕上がりまずまず 初戦③着 推定馬体530 中9週以上0101
2・2	関西(58.5)62.3 △・・・・・・△ 18.5	56 団野 初騎乗	アメリカンフェロー 牝4 コルドンルージュ シャンパンルーム 鹿毛 Broken Vow サンデーR ノーザンファーム	斉藤崇 0.0.1.0 3-1-1-2 1500 ・③・・・・☆・ 中6週00000	6中③12・10大山2勝16ト1 大ダ2003 Dイーガン54 M37.2-39.2 2 3 2 2 内 0.4 7セダハーブ 500 14 1.2 栗坂 53.4 38.6 12.3	1中④1・9雅S 3勝16ト12 大ダ1542 Dイーガン55 M36.9-39.0 1 1 1 1 オディロン1.3 502 11 1.2 栗坂 51.5 37.7 12.1	2中3・25鈴鹿3勝16ト3 大ダ1577 西村淳54 S37.2-36.2 1 1 1 1 マリオロード0.3 502 11 1.2 栗坂 52.3 37.5 12.2
3・3	(58.2)60.8 ・・・△・・・・ 17.5	58 Mデムーロ 3101	ハーツクライ 牡5 インヴァリアンス ダマユラ① 栗毛 Tamayuz G1レーシング 追分ファーム	尾関 0.0.0.1 3-5-1-10 1500 ・・・・・①・・ 中2週2104	1中④1・9鳥羽2勝14ト2 西ダ1248 坂井瑠58C H36.1-37.2 2 1 1 中 フォーチュン0.3 482 10 1.6 栗坂 54.1 38.6 12.5	1東②1・29 2勝16ト7 西ダ1254 坂井瑠58C H36.5-36.8 10 10 10 中 フォーヴィス0.7 490 15 1.4 栗坂 53.8 38.3 12.4	2東①4・22 2勝16ト1 西ダ1248 Mデムーロ58C M36.4-36.3 ⑧6 6 外 ヘブリエヴェー 486 15 1.2 栗坂 55.3 39.9 12.8
2・4	関西(59.7)58.4 ・・・・・・・・ 39.3	58 松岡 1000	スクリーンヒーロー 牡5 ウインアキレウス ウインアキレア③ 鹿毛 コンデュイット ウイン コスモヴューファーム	加用 0.0.0.3 3-3-4-12 1500 ☆・⑪・・・・・ 中5週0101	1中⑤1・14雄江3勝16ト11 西ダ1251 国分優58 H34.5-38.4 2 2 2 内 ドンフランキ2.1 504 3 1.7 栗坂 54.9 39.8 12.5	1阪③2・18播磨3勝16ト8 西ダ1252 国分優55 H34.5-38.8 3 2 2 内 ワルツフォー1.2 506 2 1.8 栗坂 54.5 39.7 12.6	2阪④4・2心斎3勝15ト13 西芝内A1209 国分優58 M34.3-35.1 1 1 1 メイショウホ0.9 508 11 1.0 栗坂 56.2 40.5 12.5
3・5	関西(60.4)62.3 ○▲△▲・◎◎○ 5.9	58 ルメール 0001	キズナ 牡5 イフティファール ピサノレインボー① 黒鹿毛 Rainbow Quest ノースヒルズ 飛野牧場	大久保龍 0.0.0.1 3-1-2-2 1500 ④・・・・・・・ 中7週1000	5阪①11・5 1勝16ト1 西ダ1249 川田57 H35.8-37.3 ⑦6 6 外 0.1 7リークポン 474 4 1.1 栗坂 51.6 38.3 13.0	6阪⑧12・28樅特2勝16ト1 西ダ1245 川田57 H34.9-37.4 5 4 4 外 0.4ヴァーサ 478 16 1.3 栗坂 52.3 37.7 12.2	1阪⑥3・19鳴門3勝16ト4 西ダ1239 ルメール58 H35.2-36.6 8 8 6 外 ケイアイロベ0.5 474 11 1.2 栗坂 51.0 37.4 12.3
赤・6	関西(59.7)61.4 △△△○・△△ 8.8	58 戸崎 0010	ドレフォン 牡4 ウナギノボリ ノンキ② 黒鹿毛 サンデーサイレンス 小田切有一 中原牧場	音無 0.0.0.1 3-1-2-14 1500 ・・・・・③・・ 中2週1114	1東④2・19 1勝15ト1 東ダ1122 国分恭58 H35.9-36.3 ⑫12 9 外 0.4ルールシェー 462 15 1.4 栗坂 52.6 38.8 13.6	2中①3・11伊良2勝16ト1 東ダ1117 鮫島駿58 H36.4-35.3 13 12 12 外 0.1イルデレーヴ 468 15 1.1 栗坂 54.5 38.3 12.7	2東②4・23鎌倉3勝15ト3 西ダ1247 戸崎58 H37.8-35.5 13 13 13 外 フォーヴィス0.5 464 6 1.2 栗坂 52.4 38.2 12.4
4・7	関西(62.2)62.7 △・▲◎△△△ 11.3	58 水口 2246	シニスターミニスター 牡4 フルム サンタテレサ① 黒鹿毛 ドリームジャーニー 西武ホースレーシング 高橋F	浜田 0.0.0.4 3-2-5-6 1500 ・⑤・・・・☆・ 中6週0001	1中⑧1・28伊賀3勝16ト3 東ダ1119 水口55 H36.1-35.8 15 15 16 外 サンライズホ0.5 472 3 1.7 栗坂 54.3 39.7 12.8	2中②2・26ブラ3勝16ト3 東ダ1115 水口55 H34.6-36.9 13 14 15 中 スズカコテキ0.5 474 5 1.5 栗坂 53.5 39.0 12.3	3中3・25春風3勝16ト5 東ダ1105 水口58 H34.9-35.6 ⑫13 12 外 ヴァガボンド0.7 474 4 1.6 栗坂 55.5 40.2 12.3
4・8	関西(60.3)55.8 ・・・・・・・・ 24.5	58 横山典 2024	ルーラーシップ 牡5 アルメイダミノル メジロマリアン③ 芦毛 メジロベイリー 吉岡實 レイクヴィラファーム	北出 1.0.0.1 3-0-3-10 1500 ・10カ月休養・ 9カ月上0000	3阪④6・26花S 3勝16ト11 西ダ1254 横山典57 H35.1-38.1 3 5 6 外 オーヴァーネ1.0 522 2 1.3 栗坂 56.5 40.1 12.3	3小⑥7・16日刊3勝16ト16 七ダ1484 横山典55 H35.5-41.9 4 4 7 11 外 ミステリオー4.6 528 4 1.1 栗坂 52.9 38.1 11.8	蹄病・放牧 仕上がりまずまず 初戦⑧着 推定馬体528 中9週以上0012
5・9	(61.0)57.9 ・・・・◎・・ 12.8	58 横山武 1011	ホッコータルマエ 牡4 フルオール ゴールドフォレスト① 鹿毛 ゴールドアリュール 林正道 藤本ファーム	斎藤誠 1.0.0.1 3-0-2-4 1500 ⑨・・・・・・☆ 中7週0001	1中⑥1・15 2勝16ト4 大ダ1536 石川裕57 M37.0-38.4 1 1 1 1 中 ロスコフ0.1 470 1 1.6 南W 84.3 38.6 11.8	1東③2・4 2勝16ト1 大ダ1374 横山和58 H35.6-37.0 6 3 3 外 シェマフストーク 472 9 1.1 南W 69.0 38.9 11.9	2中3・18韓国3勝16ト16 大ダ1554 戸崎58C M38.6-41.4 2 3 4 6 中 パワーブロー5.2 464 15 1.3 南W 82.6 37.6 11.3
黄・10	(63.4)63.1 ◎◎◎▲○△◉ 3.4	58 レーン 2001	ドゥラメンテ 牡4 イグザルト インドリヤ 黒鹿毛 Stormy Atlantic 青山洋一 シンボリ牧場	田中博 0.1.0.1 3-3-2-8 1500 ・2カ月放牧・・ 中8週0001	5東⑦11・26シャ3勝14ト7 西ダ1241 レーン56 M36.1-35.7 6 7 7 外 ロードシュト0.9 506 11 1.1 栗坂 55.4 39.8 12.6	1東④2・5錦糸3勝16ト2 西ダ1243 Mデムーロ58 M36.8-35.5 ⑤5 6 中 ジレトール0.3 506 2 1.3 栗坂 53.3 38.7 12.1	2中①3・11中京3勝16ト4 西ダ1235 吉田隼58 H35.9-36.0 5 6 4 外 テイエムアト0.2 504 13 1.1 栗坂 55.0 39.6 12.6
6・11	関西(60.4)57.7 △・・・・・・△ 31.0	58 浜中 0102	スピルバーグ 牡5 タイキフォース アッシュベリー① 栗毛 Any Given Saturday 大樹ファーム ビクトリーホース	牧浦 0.0.0.0 3-2-2-6 1500 ・4カ月休養・・ 中14上6月1001	6阪⑤12・17Y②2勝16ト1 西ダ1249 泉谷57 H35.5-37.3 4 6 4 内 0.7 7フォーチュン 496 2 1.3 栗坂 55.3 40.8 12.7	1中①1・5門松3勝16ト13 西ダ1259 浜中58 H35.8-37.8 8 8 7 外 ヴァルキュリ1.4 498 8 1.6 栗坂 55.9 41.1 13.1	リフレッシュ・放牧 仕上がり良好 初戦④着 推定馬体500 中9週以上1112
6・12	(62.1)59.5 ・・・・・・・ ☆	58 岩部 初騎乗	ケイムホーム 騸7 ケイアイビリジアン プラチナレイン① 栗毛 アグネスタキオン ケイアイスタリオン ナガワ牧場	奥平雅 0.0.0.3 3-2-2-17 1500 ・1年6カ月休養 1年6カ月上0000	4東⑧10・31秋嶺3勝16ト5 東ダ1180 柴田善57 M36.8-35.8 ⑭12 中 コパノマーキ0.8 526 10 1.8 中間騎め	5東④11・14錦秋3勝14ト5 西ダ1247 嶋田57 M36.9-35.7 8 8 8 内 ケイアイター0.3 528 3 1.7 中間騎め	脚部不安・放牧 もうひと追い欲しい 初戦⑦着 推定馬体500 中9週以上1113
7・13	(60.3)58.5 ・・・・・・・ 32.2	56 永野 0002	ヴァンセンヌ 牝5 ビップエレナ ミュージー 芦毛 El Prado 鈴木邦英 宮内牧場	田島俊 0.1.3 3-0-1-15 1500 ・2カ月半休養 中10週0000	4東⑨10・30秋嶺3勝16ト4 東ダ1181 永野55 M36.1-36.3 8 11 外 レッドゲイル0.9 476 16 11.4 南W 66.0 36.5 11.2	2中②2・26ブラ3勝16ト11 東ダ1122 永野53 H35.0-37.2 16 16 16 外 スズカコテキ1.2 474 1 11.4 南B 82.4 36.8 11.9	リフレッシュ・放牧 仕上がりまずまず 初戦⑮着 推定馬体480 中9週以上0005
7・14	(60.2)60.4 ・・・・・・・ 31.0	58 岩田康 初騎乗	ロードカナロア 騸5 ヴェイルネビュラ リングネブラ④ 鹿毛 ハーツクライ 吉田勝己 ノーザンファーム	大竹 0.0.0.1 2-0-0-12 1600 ・・・・・・・☆ 中7週1003	1中②1・7寿S 3勝13ト6 三芝A2008 和田竜58 S37.1-34.5 8 8 8 8 中 ヤマニンサル0.6 500 1 1.9 南W 70.0 38.0 11.8	1中⑦1・21初富3勝14ト12 三外C2020 石橋脩56 S37.9-36.2 ⑤5 7 8 内 スルーセブン1.0 500 2 11.0 南W 71.5 39.4 12.0	2中3・18韓国3勝16ト10 大ダ1514 横山武58 M37.9-38.0 10 10 9 8 中 パワーブロー1.2 498 14 1.8 南W 53.4 37.7 11.6
8・15	B (61.4)62.7 ▲△○・▲▲▲ 7.2	58 菅原明 0101	ロードカナロア 牡6 ライフレッスンズ レジネッタ④ 鹿毛 フレンチデピュティ 金子真人HD 追分ファーム	国枝 1.0.0.2 3-2-0-8 1500 ・・・・・・②・ 中2週0000	1中⑧1・22江戸3勝16ト15 東ダ1128 戸崎58 H34.6-38.2 9 8 8 内 ジャスパーゴ1.9 512 6 1.6 栗坂 52.9 38.1 12.1	2中①3・11中京3勝16ト5 西ダ1235 丸山58B H35.5-36.3 6 4 4 内 テイエムアト0.2 502 9 11.2 栗坂 52.6 38.3 12.6	2東②4・23鎌倉3勝15ト2 西ダ1245 菅原明58B H35.6-36.9 3 3 3 中 フォーヴィス0.3 502 12 1.7 栗坂 52.9 38.8 13.1
桃・16	(61.8)58.9 ・◎△・▲▲・ 14.4	58 横山和 0101	マンハッタンカフェ 騸7 オーバーディリバー ウインクリアビュー④ 黒鹿毛 キングカメハメハ 池谷誠一 川島牧場	萩原 1.0.0.0 3-2-1-8 1500 ・3カ月半休養・ 中14上6月1003	2札⑦9・3日高3勝14ト2 五芝C1289 横山和57 H36.8-35.1 4 4 3 1 外 シャイニーロ0.2 484 6 1.5 札ダ 66.2 37.7 12.2	1東②1・29節分3勝12ト10 天芝D1346 横山和58 S37.1-33.4 ①10 10 内 レッドモンレ1.0 486 9 1.9 南W 85.1 40.1 12.9	馬体調整・放牧 乗り込み入念 初戦⑤着 推定馬体486 中9週以上2215

着	馬名	騎手	タイム（差）	1角	2角	3角	4角	上がり	人気	前走
1	4⑦フルム	水口	1:22.6			7	7	35.5	8	中山ダ1200
2	2④ウインアキレウス	松岡	1.1/4			2	2	36.4	11	阪神芝1400
3	3⑥ウナギノボリ	戸崎	1/2			12	10	35.1	3	東京ダ1400

単勝／2,590円　複勝／520円、1,220円、260円　馬連／48,180円
馬単／102,890円　三連複／111,670円　三連単／1,021,960円

東京12R　BSイレブン賞　ダート1400m
レース質：内枠・差し

先行馬の少ないメンバーで、集団のまま直線を向いてからの末脚勝負になる。とにかく速い上がりを使えることが条件で、上がり3Ｆ35秒前後が目安。道中は距離ロスなく内目を追走して、直線で大外に持ち出して差してくる馬が恵まれるレース質。

7.フルム
差して届かない馬キャラで、直線では確実に差してくるタイプ。前走は先行勢が上位を占める中、5着まで差してきたのは強い競馬。距離延長ローテで追走力を補完しつついつもより位置が取れるのはよく、鞍上も直線で大外に持ち出す競馬を得意にしている。

6.ウナギノボリ
差して届かない馬キャラで、直線では確実に差してくるタイプ。ハイペースの前走を上がり3Ｆ35.5でまとめたのは秀逸で、今回の緩めの流れならもう一段速い脚が使えそう。単純な末脚比べになればメンバートップ。

Tips

ワンポイントアドバイス

2023年5月14日のBSイレブン賞は、高速馬場の内枠決着の典型的なレース。この日はサロンのリアル観戦会で、京都競馬場でサロン生と共に競馬を楽しんでいました。

迎えた東京12Rは東京ダート1400m戦。含水率が高い馬場になると上がりが出やすく差しが決まりやすいのが特徴です。黄金パターンにも合致しており、高速決着になれば道中外を回す馬は距離ロスが響いて物理的に間に合わないと見て予想を組み立てました。

サロンやnoteで公開した予想は上記のとおり。

レースは3勝クラスということもあり、1.22.6の高速決着。明らかに能力が足りない馬以外は全て上がり3F35～36秒台を使う、高速上がり勝負になりました。この時計では、外を回して差すにはさらに速い時計を出さなくてはならず、物理的に難しい。高速馬場のラチ沿い先行馬が粘り込むところを、内枠から道中で内を通した⑦フルムが8番人気で差し切り。3着にも道中ラチ沿いを通した3番人気の⑥ウナギノボリが追い込んで3着。上位を先行してラチ沿いを通した馬と内枠の馬で独占しました。

物理的に外枠が間に合わない馬場で外枠を嫌うだけで3連複11万馬券の高配当が望めるとあれば、気分が沈みがちな雨予報も楽しみになるのではないでしょうか。

馬場状態

第3項 外が伸びる芝のねらい方を覚えて回収率を底上げ

「外差し」と「前崩れ」

開催が進むにつれて馬場の内目が荒れていき、直線で外を通す馬が伸びやすくなる状態になることがあります。一般的に「外差し」と呼ばれる馬場で、ローカルの開催後半にしばしば見られます。

以前は中央4場でも見られることがありましたが、馬場造成が進化し続けている昨今、中央4場ではほとんど見かけなくなり、タフな芝が特徴だった中京芝などもよほどの雨に当たらない限り、基本は内枠有利の傾向が続くようになっています。それでも、発生した場合は大穴がねらえる条件であることは変わりないので、やはり触れておかなければならないでしょう。

「レース質マトリックス」では、「内荒れ馬場」と分類していますが、こうした馬場になったとき、どのようなレースで、どのような馬をねらうとよいのかについて、本項では解説していきます。

1 「外差し」と「前崩れ」とは違うことを理解しよう

「レース質マトリックス」においては、「外差し」とは、「内荒れ馬場において発生する外枠差し有利の強いバイアス」と定義しています。このバイアスは以下の2点を理由に発生します。

Step 1　「外差し」と「前崩れ」とは違うことを理解しよう

Step 2　「外差し」と「前崩れ」それぞれの特徴を覚えよう

Step 3　「外差し」と「前崩れ」のねらい方をマスターしよう

Ⓐ3～4角の内目が荒れていて、内外の速度差が出るため、直線入口までに馬群が凝縮しやすい

Ⓑ直線の内目が荒れていて、内外の速度差が出るため、相対的に外のほうが速い上がりを使いやすい

「レース質マトリックス」では、脚質のバイアスは「直線入口で逃げ・先行馬が築いているポジション差を、直線距離の中で差し・追い込み馬がどれだけ詰めることができるか」によって判断されるので、単に外が伸びるという話ではなく、いかに差し馬がポジション差を詰められるのかが重要になるわけです。

例えば、2021年の高松宮記念では、上位4着まで外枠差し馬が占める「外差し」決着になりましたが、逃げて5着に粘ったモズスーパーフレアの松若騎手は、レース後に以下のようなコメントを残していました。

内枠から質の良いスタートが切れました。リズム良く運べましたが、4コーナーでは内の悪い馬場に滑りながら加速することになりました。それでもよく頑張っています。

つまり、直線の馬場差ではなく、4角で滑って加速しきれず、直線入口までに後続勢に十分なポジション差を築くことができなかったのが敗因だということです。

ここでポイントになるのは、「内外の速度差が出る」という点です。これは単純に馬場の走りやすさによる速度差なので、内を走る馬（多くの場合、先行馬）がバテるということではありません。先行馬は止まらないが、外を回すほうが伸びる状況であるということです。

しばしば、ハイペースによって先行馬が止まる「前崩れ」と混同されることがありますが、根本的に「外差し」と「前崩れ」は違うということを覚えておいてください。

2 「外差し」と「前崩れ」それぞれの特徴を覚えよう

基本的に「外差し」には以下のような特徴があります。

- **3～4角→直線入口の区間で、差し馬が馬群の外を押し上げることで発生する**
- **直線入り口時点での馬群の形は、前後に凝縮し、前部が横に大きく広がった逆三角形型になる**
- **直線では、内の集団と外の集団が入れ替わる形で差してくる**
- **能力のある馬は内からでも好走できる**

「外差し」発生のための重要な要素は、直線の馬場の良し悪し以上に、「3～4角で先行馬が差を縮められやすいバイアス」が発生していることです。また、「外差し」の流れで間に合わない差し馬は、直線入り口で間に合う位置まで押し上げられていないことがほとんどです。

一方で、「前崩れ」には次のような特徴があります。

- **直線で先行馬の脚が上がり、急激に失速することで発生する**
- **直線入り口では先行馬が加速しているので、馬群は縦長のままで逃げ馬を頂点にした三角形型になる**

・**後方で我慢して、脚を残した馬だけが差してくる**
・**能力差がある馬でも先行すると潰れる**

改めて定義するのであれば、「ハイペース戦やタフな馬場状態のときに、先行馬がオーバーペースで失速し、内が詰まることで、直線外目を通した差し・追い込み馬が差し届くレース展開」となるでしょうか。

したがって、直線入り口時点では届かない位置にいる馬が、差し切るようなシーンが見られます。また、馬単体で差してくることから、「追い込み→追い込み→逃げ」のような極端な脚質同士の決着パターンも増えてきます。

なお、ダートの差し競馬は多くがこの「前崩れ」により発生するので、波乱になることが多くなります。

以上のことから、「外差し」と「前崩れ」のそれぞれにおいて、求められる能力を以下のように分類できます。

上がりの速さの要求度　「外差し＜前崩れ」
操縦性や追走力の要求度　「外差し＞前崩れ」

ここまでくれば、それぞれどのような馬をねらうべきかはおのずと明らかになります。

3 「外差し」と「前崩れ」のねらい方を区別しよう

「外差し」と「前崩れ」のそれぞれのねらい方をまとめると以下のようになります。

「外差し」のねらい方

馬のタイプ｜自分で動いて馬群の外を押し上げられる馬（マクれる馬）

・馬柱で言えば「12-11-9-6着」というような位置取りで好走経験のある馬をねらう
・上がりが掛かる馬場で好走経験がある馬（上がり上位でなくてもOK）をねらう
・外を回す騎手（松山騎手、武豊騎手など）やマクリが得意な騎手（丹内騎手、横山和騎手など）が騎乗している馬をねらう

枠　　順｜枠なりに馬群の外を回せる外枠

・基本的には6～8枠に入っている馬をねらう
・外枠に先行馬が入って「外枠主導」の隊列になると「外差し」が決まりやすい

買 い 方｜外枠BOXや外枠フォーメーションなど、内枠が絡まないフォーカス

・内と外が入れ替わる形で差してくるので、外差しになるときにはまとめて走りやすい
・能力がある馬は内枠からでも好走できるが、人気を背負うので消すほうが馬券妙味が大きい

「前崩れ」のねらい方

馬のタイプ｜他力本願で直線まで脚を溜められる馬（差して届かない馬）

・馬柱で言えば「16-16-15-6着」というような位置取りで好走経験の

ある馬をねらう
・コンスタントに上がり上位を使っている馬（上位着順でなくてもOK）をねらう
・外を回す騎手や控える競馬を好む騎手（藤岡佑騎手、丸田騎手など）が騎乗している馬をねらう

枠　順｜枠はあまり気にせず、差しに徹することができる馬

・内が詰まるので直線は外に出したいが、ハイペースでは直線バラけるので内枠からでも外に出しやすい
・外々を回すと距離ロスが大きく間に合わないケースがあるので、高速馬場では内枠ねらいがよい

買い方｜差し馬を軸にして人気の先行馬に流すフォーカス

・脚が残っている馬だけが差してくるので、逃げ先行馬が残すケースが少なくない
・強い先行馬が前を掃除した際の漁夫の利というケースでは差し馬を3列目でねらう

回収率を上乗せする 黄金パターン

ローカル芝（中京除く）×内荒れ馬場×1200m×外枠主導
＝「外枠・差し・短縮（・ハイペース）」（外差し）

発走地点が下り坂×内荒れ馬場×多頭数×外枠主導
＝「外枠・差し・短縮・ハイペース」（前崩れ）

Sample Race

外が伸びる馬場での黄金パターン

2023/5/20 新潟11R 大日岳特別（芝1200m・4歳上2勝C）

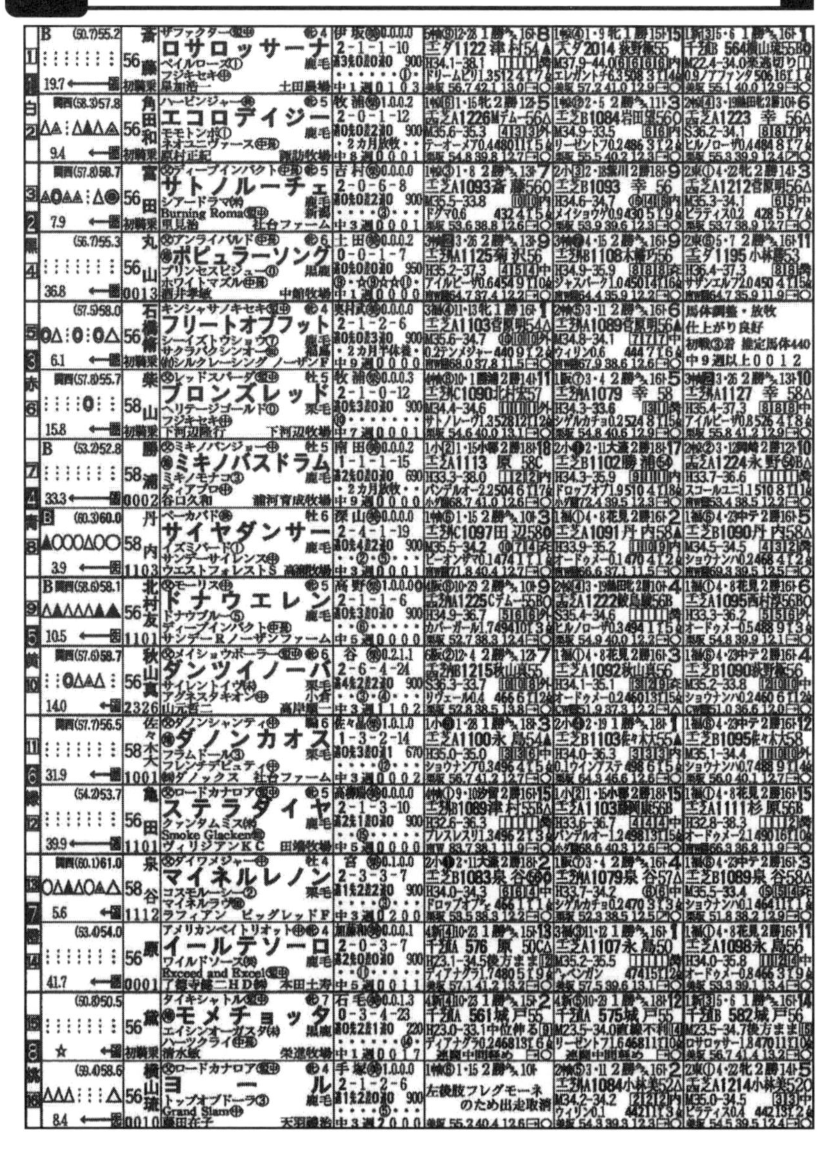

枠番 馬番	印・オッズ	斤量 騎手	馬名・血統	厩舎・成績	3走前	2走前	前走
1 1	B (50.7)55.2 19.7	56 斎藤 初騎乗	サファクター 牝4 ロサロッサーナ ペイルローズ① 鹿毛 フジキセキ 早川治一 土田農場	伊坂 0.0.0.0 2-1-1-10 900 ・・・・・・①・ 中1週0103	5中京③12·28 1勝 16ト8 三ダ1122 津村54▲ H34.1-38.1 ①①①内 ドリームビリ1.3 512 4↑7 栗坂 56.7 42.1 13.0	1中京④1·9 牝1勝 15ト15 六ダ2014 荻野極55 M37.9-44.0 ⑥⑥⑥内 エレガントチ6.3 508 3↑14 栗坂 57.2 41.0 12.9	1新③5·6 1勝 16ト1 千直B 564 横山琉55B M22.4-34.0 楽逃切り 0.9アブアンダ 506 16↑1 栗坂 55.1 40.0 12.9
白 2	関西(58.3)57.8 △▲：△▲△△ 9.4	56 角田和 初騎乗	ハービンジャー 牝5 エコロディジー モモトンボ① 鹿毛 ネオユニヴァース 原村正紀 諏訪牧場	牧浦 1.0.0.2 2-0-1-12 900 ・2カ月放牧・・ 中8週0001	1小倉⑥1·15 牝2勝 12ト5 右芝A1226 Mデムー56△ M35.6-35.3 ④③③外 テーオーメア0.4 480 11↑5 栗坂 54.8 39.8 12.7	1小倉⑫2·5 2勝 11ト3 三芝B1084 岩田望56○ M34.9-33.5 ⑥⑥内 リーゼントフ0.2 486 3↑2 栗坂 55.5 40.2 12.3	2阪神④3·19 桶田記2勝 10ト6 右芝A1223 幸56△ S36.2-34.1 ⑧⑧⑦内 ヒルノローザ0.4 484 8↑7 栗坂 55.3 39.9 12.4
3 2	関西(57.8)58.7 ▲◎▲▲：△◉ 7.9	56 富田 初騎乗	ディープインパクト 牝5 サトノルーチェ シアードラマ 鹿毛 Burning Roma 新冠 里見治 社台ファーム	吉村 0.0.0.0 2-0-6-8 900 ・・・・③・・・ 中3週0001	1小倉③1·8 2勝 13ト7 三芝A1093 斎藤56○ M35.5-33.8 ⑩⑩内 ドグマ0.6 432 4↑5 栗坂 53.6 38.8 12.6	2小③2·18 紫川2勝 18ト9 三芝B1093 幸56 H34.6-34.7 ⑬⑭⑯内 メイショウゲ0.9 430 5↑9 栗坂 53.9 39.6 12.3	2東①4·22 牝2勝 14ト3 右芝A1212 菅原明56△ M35.3-34.1 ⑥⑤中 ビラティス0.2 428 5↑7 栗坂 53.7 38.9 12.7
黒 4	(56.7)55.3 36.8	56 丸山 0013	アンライバルド 牝6 ポピュラーソング プリンセスビジュー① 黒鹿 ホワイトマズル 酒井孝敏 中館牧場	土田 0.0.0.2 0-0-1-7 950 ⑨・☆⑨☆☆①・ 中1週0000	3中京②3·26 2勝 13ト9 三芝A1125 菊沢56 H35.2-37.3 ④⑤④中 アイルビーザ0.6 454 9↑10 南W 54.7 37.4 12.2	3中京⑦4·15 2勝 16ト9 三芝B1108 木幡巧56 H34.9-35.9 ⑧⑧⑧外 ジャスパーク1.0 450 14↑16 南W 54.4 35.9 12.2	2東⑤5·7 2勝 16ト11 三ダ1195 小林勝53 H36.4-37.3 ⑧⑧外 サザンエルフ2.0 450 4↑15 南W 54.7 35.9 11.9
5 3	(57.5)58.0 ◎△：◎：◎△ 6.1	56 石橋脩 初騎乗	キンシャサノキセキ 牝4 フリートオブフット シーイズトウショウ① 鹿毛 サクラバクシンオー 黒鹿 ㈲シルクレーシング ノーザンF	奥村武 0.0.0.0 2-1-2-6 900 ・2カ月半休養・ 中9週0000	3中京④11·13 牝1勝 16ト1 三芝A1103 菅原明54△ M35.6-34.7 ⑪⑩⑩外 0.2テンメジャー 440 9↑2 南W 68.0 37.8 11.5	2中山⑤3·11 2勝 16ト6 三芝A1089 菅原明56▲ M34.8-34.1 ⑦⑦⑦中 ウィリン0.6 444 7↑6 南W 67.9 38.6 12.6	馬体調整・放牧 仕上がり良好 初戦③着 推定馬体440 中9週以上0012
赤 6	関西(57.8)55.7 ：：：：◎：： 15.8	58 柴山 初騎乗	レッドスパーダ 牡5 ブロンズレッド ヘリテージゴールド① 栗毛 フジキセキ 下河辺隆行 下河辺牧場	牧浦 0.0.0.3 2-1-0-12 900 ⑲・・・・・・・ 中7週0001	4中京⑧10·1 勝浦2勝 14ト11 三芝C1090 北村宏57 M34.4-34.6 ⑪⑪⑪外 サトノレーヴ1.3 528 12↑12 栗坂 54.6 40.0 13.1	1阪⑦3·4 2勝 16ト5 三芝A1079 幸58 H34.3-33.6 ⑬⑪外 シゲルカチョ0.2 524 8↑15 栗坂 54.8 40.6 12.9	3中京②3·26 2勝 13ト10 三芝A1127 幸58△ H35.4-37.3 ⑧⑧⑧中 アイルビーザ0.8 526 4↑8 栗坂 55.8 41.2 12.9
7 4	B (53.2)52.8 33.3	58 勝浦 0002	ミキノバンジョー 牡5 ミキノバスドラム ミキノモナコ③ 鹿毛 ディアブロ 谷口久和 浦河育成牧場	南田 0.0.0.2 1-1-1-15 690 ・2カ月放牧・・ 中9週0000	1小②1·15 小郡2勝 18ト18 三芝A1113 原58C H33.3-38.0 ⑪⑫⑫内 バンデルオー2.2 504 6↑17 小倉 68.7 41.0 12.6	2小❶2·11 大濠2勝 18ト17 三芝B1102 勝浦54 H34.3-35.9 ⑨⑩⑪内 ドロップオブ1.9 510 4↑18 小倉 72.4 39.5 12.3	2阪②3·12 岡崎2勝 12ト10 右芝A1224 永野58B△ H33.7-36.6 ⑪⑪⑪外 スコールユニ1.1 510 8↑11 南W 53.4 38.5 12.2
青 8	B (60.3)60.0 ▲○○○△○○ 3.9	58 丹内 1103	ベーカバド 牡6 サイヤダンサー イズミバード① 鹿毛 サンデーサイレンス ウエストフォレストS 高瀬牧場	深山 0.0.0.0 2-4-1-19 900 ・・②・⑤・・・ 中3週0001	1中山⑤1·15 2勝 10ト3 三芝C1097 田辺58◎ M35.5-34.2 ⑩⑦④外 ビーオンザマ0.1 474 1↑1 南W 71.8 40.4 12.7	1福①4·8 花見2勝 16ト2 三芝A1091 丹内58▲ H33.9-35.2 ⑪⑩⑨内 オードゥメー0.1 470 4↑2 南W 66.6 37.1 11.5	1福⑥4·23 中テ2勝 16ト5 三芝B1090 丹内58△ M34.5-34.5 ④③②外 ショウナンハ0.2 468 4↑2 南W 69.3 39.5 12.5
9 5	B 関西(58.6)58.1 △▲△△△△▲▲ 10.5	56 北村友 1101	モーリス 牝5 ドナウエレン ドナウブルー⑤ 鹿毛 ディープインパクト サンデーR ノーザンファーム	高野 1.0.0.0 2-1-1-6 900 ・・⑥・・・・・ 中5週0000	4阪⑧10·29 2勝 10ト9 右芝A1225 Cデムー55B○ H34.9-36.7 ⑤⑥⑥外 カバーガール1.7 494 10↑3 栗坂 52.7 38.3 12.4	2阪④3·19 桶田記2勝 10ト4 右芝A1222 鮫島駿56B S35.4-34.6 ⑪⑪⑪外 ヒルノローザ0.3 494 1↑5 栗坂 54.9 40.0 12.2	1福①4·8 花見2勝 16ト6 三芝A1095 西村淳56B○ H33.3-36.2 ⑤⑤⑥外 オードゥメー0.5 488 9↑3 栗坂 54.8 39.9 12.1
黄 10	関西(57.6)58.7 ：：◎△▲△： 14.0	56 秋山真 2326	メイショウボーラー 牝6 ダンツイノーバ サイレントイヴ 栗毛 アグネスタキオン 小倉 山元哲二 高岸順一	谷 0.2.1.1 2-6-4-24 900 ・・③・④・・・ 中3週1102	6阪②12·4 2勝 12ト7 右芝B1215 秋山真55 S36.3-33.7 ⑩⑩⑧外 リヴェール0.4 466 6↑12 栗坂 52.8 38.5 13.8	1福①4·8 花見2勝 16ト3 三芝A1092 秋山真56 H34.1-35.1 ⑬⑫⑨外 オードゥメー0.2 460 13↑15 CW 51.9 37.3 12.2	1福⑥4·23 中テ2勝 16ト4 三芝B1090 秋山真56 M35.2-33.8 ⑫⑩⑩中 ショウナンハ0.2 460 6↑12 CW 51.0 36.6 12.0
11 6	関西(57.7)56.5 31.9	58 佐々木大 1001	ダノンシャンティ 騸6 ダノンカオス フラムドール③ 栗毛 フレンチデピュティ ㈱ダノックス 社台ファーム	佐々晶 1.0.1.0 1-3-2-14 670 ・・・・⑫・・・ 中3週0002	1小❻1·28 1勝 18ト3 三芝A1100 永島54▲ H35.0-35.0 ③③⑥中 ショウナンア0.3 496 4↑5 栗坂 56.7 41.2 12.7	2小❹2·19 1勝 18ト1 三芝B1103 佐々木大55▲ H34.0-36.3 ③③③内 0.1ウインアステ 498 6↑5 栗坂 64.3 46.6 12.6	1福⑥4·23 中テ2勝 16ト12 三芝B1095 佐々木大58 M35.1-34.4 ⑪⑩⑩外 ショウナンハ0.7 488 9↑1 栗坂 56.0 40.1 12.7
緑 12	(54.2)53.7 39.9	56 亀田 1101	ロードカナロア 牝5 ステラダイヤ クァンタムミス 鹿毛 Smoke Glacken ヴィリジアンKC 田端牧場	高橋裕 0.0.0.0 2-1-3-10 900 ・・⑮・・・・・ 中5週0000	4中京①9·10 汐留2勝 16ト15 三芝B1089 津村55B△ H32.6-36.3 ⑪⑪⑪外 ブレスレスリ1.3 496 2↑3 南W 83.7 38.1 11.9	1小②1·15 小郡2勝 18ト15 三芝A1103 藤岡康56B H33.6-36.7 ④④④中 バンデルオー1.2 498 13↑15 小倉 68.6 40.3 12.6	1福①4·8 花見2勝 16ト15 三芝A1111 杉原56B H32.8-38.3 ⑪⑪②外 オードゥメー2.1 490 16↑10 南W 66.3 36.8 11.9
13 7	関西(60.1)61.0 ○△▲△○▲△ 5.6	58 泉谷 1112	ダイワメジャー 牡4 マイネルレノン コスモルーシー② 栗毛 マイネルラヴ ラフィアン ビッグレッドF	宮 0.1.0.0 2-3-3-7 900 ・・・・③・・・ 中3週0200	2小❹2·11 大濠2勝 18ト2 三芝B1083 泉谷56◎ H34.0-34.3 ⑥⑥④中 ドロップオブ 466 1↑1 栗坂 53.5 38.3 12.2	1阪⑦3·4 2勝 16ト4 三芝A1079 泉谷57△ H33.7-34.2 ⑥⑥中 シゲルカチョ0.2 470 3↑3 栗坂 52.3 38.5 12.5	1福⑥4·23 中テ2勝 16ト3 三芝B1089 泉谷58△ M35.5-33.4 ⑮⑮⑭外 ショウナンハ0.1 464 11↑1 栗坂 51.8 38.2 12.9
橙 14	(53.4)54.0 41.7	56 原 0001	アメリカンペイトリオット 牝4 イールテソーロ ワイルドソース 鹿毛 Exceed and Excel 了徳寺健二HD 本田土寿	加藤和 0.0.0.1 2-0-3-7 900 ・・・⑪・・・・ 中5週0011	4新④10·23 1勝 15ト13 千直A 576 原50C△ H23.1-34.5 後方まま ⑫ ディアナグラ1.7 480 5↑9 美坂 57.1 41.2 13.2	3福③11·12 1勝 16ト1 三芝A1107 永島50 M35.2-35.5 ⑪⑪⑪外 ヘベンガン 474 15↑12 美坂 57.5 39.6 13.1	1福①4·8 花見2勝 16ト11 三芝A1098 永島56 H34.0-35.8 ⑪②④中 オードゥメー0.8 466 3↑9 美坂 53.3 39.1 13.4
15 8	(50.8)50.5 ☆	56 黛 初騎乗	タイキシャトル 牝7 モメチョッタ エイシンオーガスタ 黒鹿 ハーツクライ 清水敏 栄進牧場	石毛 0.0.1.3 0-3-4-23 220 ・・・・・・・⑭・ 中1週0017	4新④10·23 1勝 15ト2 千直A 561 城戸55 H23.0-33.1 中位伸る ⑨ ディアナグラ0.2 468 13↑6 逆襲 中間軽め	4新⑤10·29 1勝 18ト12 千直A 575 城戸55 M23.5-34.0 直線不利 ④ リーゼントフ1.6 468 11↑10 逆襲 中間軽め	1新③5·6 1勝 16ト14 千直B 582 城戸56 M23.5-34.7 後方まま ⑯ ロサロッサー1.8 470 11↑10 美坂 56.7 41.4 13.2
桃 16	(59.4)58.6 △△△：：：△ 8.4	56 横山琉 0010	ロードカナロア 牝4 ヨール トップオブドーラ③ 鹿毛 Grand Slam 藤田在子 天羽禮治	手塚 1.0.0.0 2-1-2-6 900 ・・・・⑤・・・ 中3週2000	1中山⑥1·15 2勝 10ト 左後肢フレグモーネ のため出走取消 美坂 55.2 40.4 12.6	2中山⑤3·11 2勝 16ト2 三芝A1084 小林美52△ M34.2-34.2 ②②②内 ウィリン0.1 442 11↑3 美坂 54.3 39.3 12.3	2東①4·22 牝2勝 14ト5 右芝A1214 小林美52○ M35.0-34.5 ③③中 ビラティス0.4 442 13↑2 美坂 54.5 39.5 12.4

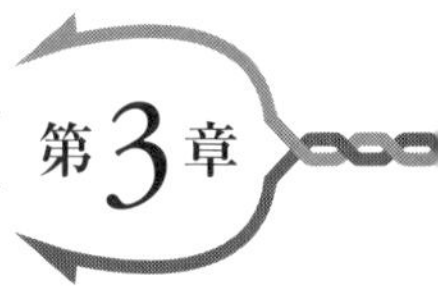

着	馬名	騎手	タイム(差)	1角	2角	3角	4角	上がり	人気	前走
1	7 ⑬マイネルレノン	泉谷	1:09.9			6	4	34.5	1	福島芝1200
2	5 ⑩ダンツイノーバ	秋山真	3/4			12	11	34.2	8	福島芝1200
3	8 ⑯ヨール	横山琉	ハナ			6	7	34.7	4	東京芝1400

単勝／410円　複勝／170円、330円、260円　馬連／2,880円
馬単／4,600円　三連複／5,230円　三連単／29,330円

新潟11R　大日岳特別　芝1200m
レース質：外枠・差し・短縮・ハイペース　**人気該当馬：13.マイネルレノン**

テンに位置を取りたい馬が多く、先行争いはやや激しくなって差しが届く流れに。逃げ候補が外枠に入って被せつつ、直線外目に進路を取ると内枠勢が進路をなくすとともに、あまり深い位置からの差しは届かない。外枠中団辺りから脚を使う馬が差し切るレース質。

16.ヨール
伸びずバテずの馬キャラで、枠や馬場の後押しが必要なタイプ。前走は上がりが速く差しが届く馬場を先行して5着に粘ったのは評価。鞍上も強化され、距離短縮ローテで持続力を補完しつつ自然に差しに回れるここはまず勝ち負け。

10.ダンツイノーバ
差して届かない馬キャラで、枠や馬場の後押しが必要なタイプ。元は中距離を先行していたが、短距離差しにシフトチェンジしてからは安定して末脚を使えている。多少追走面での心配はあるが、外枠主導の隊列に乗って4角10番手以内で回ってきてほしい。

Tips

ワンポイントアドバイス

2023年5月20日の大日岳特別は、黄金パターンに合致して「外差し」ねらいのお手本のようなレースになりました。

この日は1回新潟最終週で、馬場の内目が荒れてきており、前週から直線では外を通す馬の好走が目立ってきていました。ローカル競馬場の開催後半の内荒れ馬場、しかも16頭立てフルゲートで荒れる要素が満点。さらに、外枠に逃げ候補が2頭入って、外枠主導の隊列になることも確定。絶好の「外差し」チャンスの到来です。

サロンやnoteで公開した予想は上記のとおり。

レースでは⑭イールテソーロがロケットスタートを決めて逃げてくれたことで、外から被せる隊列になり、外枠差し馬が外を回しやすい隊列に。4角出口では馬群が凝縮して、早めに進出した1番人気の⑬マイネルレオンが直線半ばで先頭に立つと、あとはその外を通した4番人気の⑯ヨールを馬群の大外を回した8番人気の⑩ダンツイノーバが捕えたところがゴール。推奨馬ワンツースリー決着で3連単290倍の簡単な馬券になりました。

掲示板を外枠勢が占める形になったように、外が伸びる馬場での黄金パターンはかなり強力なレース質なので、逃さずにねらい撃ちましょう。

馬場状態

第4項 内を空ける馬場のねらい方を覚えて回収率を底上げ

「内空け」馬場のメカニズム

近年は馬場造成が硬めになっており、超高速馬場で開幕して、最終週まで時計が速い内枠有利の馬場のままというケースも少なくありません。前項でも触れましたが、以前に比べて内が荒れて外が伸びる馬場を見ることは稀になりました。

一方で増えてきているのが、先行馬が直線で内を空けるパターンです。硬い馬場造成も相まって、小倉などでは開催後半に時計の速い内空け馬場が発生することがあり、決着の仕方も特殊です。本項では、内を空ける馬場のメカニズムとねらい方を解説していきます。

① 内空け馬場のメカニズムと基本レース質を理解しよう

内空け馬場は主に芝で発生します。開催が連続して雨に当たると発生するので、梅雨の時期や台風の時期などにしばしば見られます。基本的には、内荒れ馬場を経由して、荒れた馬場の内目を避けようとする騎手心理が働き始めることが発生トリガーになり、一度発生するとコース替わりや開催終了まで続くことがほとんどです。

具体的には、開催後半の新潟芝コースや小倉芝コースによく見られ、近年の馬場造成が持続力寄りになっている東京芝コースでも発生します。レース映像を見ているだけだと分かりにくいですが、パトロールビデオを見

Step 1 内空け馬場のメカニズムと基本レース質を理解しよう

Step 2 内空け馬場が「内枠主導」になるときの決着パターンを覚えよう

Step 3 内空け馬場が「外枠主導」になるときの決着パターンを覚えよう

ると直線だけではなく、発走地点からすでに内を空けて走っていることが見て取れます。

内空け馬場では、コーナーでも内を空けて回るため、円周が大きくなります。また、荒れた馬場でうまく走れない馬が脱落していくことも相まって、コーナーを回るにつれて馬群が縦長になっていきます。結果として、直線入口では先行馬と差し馬のポジション差が大きく開いていることが多くなります。

「レース質マトリックス」では、脚質のバイアスを「直線入口で逃げ・先行馬が築いているポジション差を、直線距離の中で差し・追い込み馬がどれだけ詰めることができるか」で判断するので、内空け馬場では「先行有利」と判断することになります。

直線進路を選べるということは、先行馬がもつ優位性の一つになります。先行馬がもつ優位性については、第6章第1項で解説しているのでご参考ください。

また、内枠の馬が荒れた内を避けて外に迫り出しながら3～4角を回ってくることから、直線入口で馬群は大きく外に振られることになります。本来は馬場のよいところを通せるはずだった外枠の馬は、迫り出した内枠勢のさらに外を回るか、切り返して馬場の悪い内を通す必要があるので、物理的に差し届かなかったり、体力負けしたりすることが多くなります。内枠自体が有利になるわけではありませんが、外枠不利が顕著に出るため、

逃げ馬がラチ沿いを空けて走る「内空け」馬場

結果として「内枠有利」と判断することになります。

以上のことから、内空け馬場では基本のレース質を「内枠・先行」で取ることになります。また、位置を取り切ることが重要なので、自然と位置を取ることができる距離延長ローテが恵まれることがあり、主に芝中距離では「内枠・先行・延長」で取ることもあります。

馬場が荒れているにもかかわらず「内枠先行延長馬」を上位に取るのは勇気がいるかもしれません。ここは特殊馬場と捉えて、機械的に覚えてしまうのも一つの手です。

2 内空け馬場が「内枠主導」になるときの決着パターンを覚えよう

内空け馬場は基本レース質を「内枠・先行」で設定していますが、前述のとおり、隊列によって有利不利が生じるので、そのレースが「内枠主導」であるか、「外枠主導」であるかを確認して、レース質を調整することになります。

逃げ馬やテンに速い馬が内枠に入った「内枠主導」の隊列の場合は、話は非常に簡単です。内枠から内を空けて先行した馬が、直線入口でも内を空けて直線の中央部辺りに持ち出す形になるので、後続の進路取りが難しくなり、先行することの優位性を存分に生かすことができます。

Ⓐ直線入り口までに縦長の隊列になっており、「先行有利」に傾く
Ⓑ直線で内枠先行馬が直線の中央部に持ち出して、馬場のよいところを走る。その際、外枠差し馬はコーナーごとに位置取りを下げるため不利
Ⓒ内枠差し馬は、先行馬の真後ろを走れるのがベスト。それ以外は内を掬うか、内枠先行馬の外を回すことになる
Ⓓ外枠差し馬は距離ロスを承知で内枠差し馬のさらに外を回るか、進路を切り替えて馬場の悪い直線ラチ沿いを突く必要があり、いずれにせよ不利が大きい

以上の理由から、レース質は「内枠・先行（・延長)」のまま、**「内枠先行＞内枠差し＞外枠差し＞外枠先行」**という序列になります。

3 内空け馬場が「外枠主導」になるときの決着パターンを覚えよう

逃げ馬やテンに速い馬が外枠に入った「外枠主導」の隊列の場合は、少し複雑になります。外枠から被せて先行する馬につれて、外枠差し馬が位置を取ってくるので、内枠の馬は位置を下げるうえに、ひたすら馬場の悪い内目を通らされます。

Ⓐ直線入り口までにやや凝縮した隊列になっており、脚質面では「フラット」に傾く
Ⓑ直線で外枠先行馬が枠なりに直線の中央部を通して、馬場のよいところを走る。その際、位置が取れなかった内枠先行馬は脚も使えずほぼ終戦

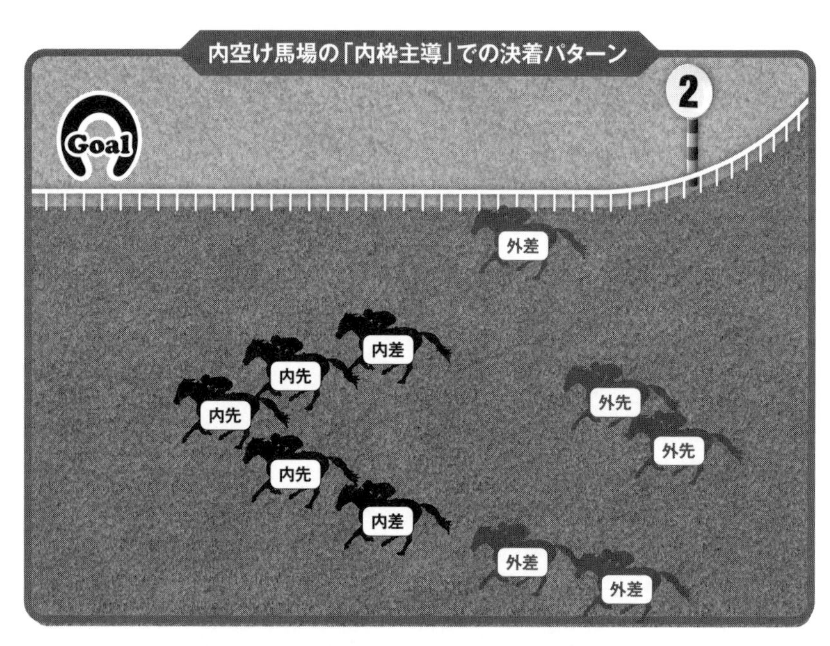
内空け馬場の「内枠主導」での決着パターン
2
Goal
外差
内差
内先
内先
外先
外先
内先
内差
外差
外差

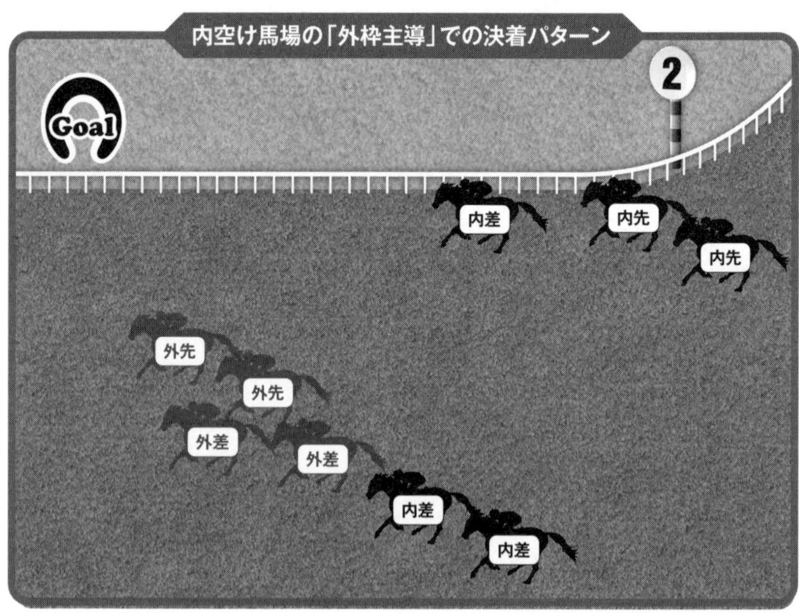
内空け馬場の「外枠主導」での決着パターン
2
Goal
内差
内先
内先
外先
外先
外差
外差
内差
内差

Ⓒ外枠差し馬は、先行馬の真後ろを走れるのがベスト。ほとんどの馬は、外枠先行馬の外を回すことになるため、距離ロスと外伸びのバランスが重要
Ⓓ内枠差し馬は距離ロスを承知で外枠差し馬のさらに外を回るか、進路を切り替えて馬場の悪い直線ラチ沿いを突く必要があり、いずれにせよ不利が大きい

以上の理由から、レース質は「外枠・先行（差し）」となり、**「外枠先行＝外枠差し＞＞内枠差し＞＞＞内枠先行」**という序列になります。外枠主導の内空け馬場では、内枠勢は全て消しというのも一つの手でしょう。

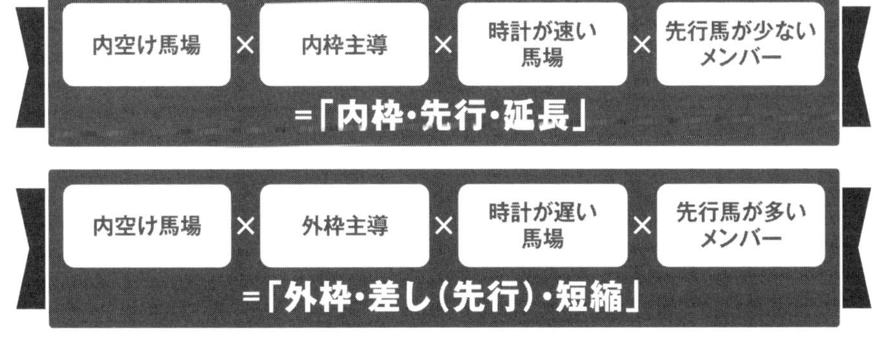

Sample Race

内空け馬場で外枠主導なら必然的にこうなる

2023/8/27 新潟11R 新潟2歳S（芝1600m・GⅢ）

枠・馬番	予想印	騎手	馬名・血統	厩舎・成績	兄弟	前々走	前走・短評
1 白 1	関西(49.6)52.9 ::::::: 26.2 ←	55 岩田康 初騎乗	キンシャサノキセキ 牡2 ホルトバージ ブレインズウーマン 鹿毛 Zensational YGGホースクラブ 谷川牧場	寺島 0.0.0.0 1-0-0-1 400 ・・⑦・①・・・ 中3週0000	姉ミーナディエルナ 姉アイランドガール⓪	3新⑤7・16新 馬12ト7 天芝B1365今村52△ S38.6-34.3 9 9 10内 エンヤラヴフ1.2 470 8ト6人 栗芝 75.5 35.5 11.9	2新②7・30未勝利 9ト1 天芝外A1474今村52 M36.3-34.4 5 5 5中 クェウインアクト 466 8ト5人 栗芝 83.7 37.5 11.5
2 黒 2	関西(53.7)55.4 :△△△::△ 13.0 ←	55 Mデムーロ 1010	ダイワメジャー 牡2 ヴァンヴィーヴ サンドスラッシュ 栗毛 Holy Roman Emperor エデンA 下河辺牧場	牧浦 0.0.0.0 1-0-1-0 400 ・①・・・・・・ 中6週0000	姉ピオニームーン⓪ 姉プリモプレミオ① 姉エールヴィフ② 姉パルティクラール	3東⑤6・17新 馬16ト3 西芝D1232Mデムーロ55△ S37.2-33.8 ⑬10 10外 ノヴァエクス0.4 490 9ト5人 栗坂 55.0 40.4 12.0	2福③7・8未勝利 7ト1 大芝A1507Mデムーロ55◎ M37.3-36.7 6 5 4 2中 0.8ミルダンドレ 488 5ト1人 栗坂 54.4 39.1 12.9
3 赤 3	関西(—)55.9 △▲△:▲◎△ 4.0 ←	55 菱田 1000	エイシンヒカリ 牡2 エンヤラヴフェイス タイキアプローズ 黒鹿 Devil's Bag STレーシング チャンピオンズ	森田 0.0.0.0 1-0-0-0 400 ・・①・・・・・ 中5週0000	兄ブルロック⑤ 兄サミットストーン④ 姉ゼットイーリス⓪ 兄カジュフェイス	3新⑥7・16新 馬12ト1 天芝B1353菱田55◎ S37.5-34.3 2 2 2内 0.8アンモード 472 6ト1人 栗坂 52.4 38.5 12.1	2番手。3角からは軽く促しつつも直線に向いてグンと加速。5馬身差圧勝。
4 青 4	関西(—)55.6 ▲○▲◎◎▲▲ 4.9 ←	55 菅原明 初騎乗	イントゥミスチーフ ㊗2 ルージュスタニング ポインビューティー 鹿毛 Giant's Causeway 東京HR ノーザンファーム	友道 0.0.0.0 1-0-0-0 400 ①・・・・・・・ 中7週0000	姉チェックエンジンライト	3新②7・2新 馬8ト1 大芝A1367坂井瑠55◎ S37.2-34.3 3 3 3中 0.2セキトバイー 492 7ト2人 栗芝 81.2 37.0 11.8	3番手で脚をため直線であっさりと勝負を決めた。瞬発力とセンスを兼備。
5 黄 5	関西(—)55.7 △:△:△△△ 16.0 ←	55 永島 1000	オルフェーヴル ㊗2 ルクスノア サトノアリシア③ 鹿毛 ハービンジャー ルクス ノーザンファーム	平田 0.0.0.0 1-0-0-0 400 ・・・①・・・・ 中4週0000	兄ルクス⓪	3新①7・22新 馬8ト1 天芝B1370永島52▲ S37.1-35.1 3 3 3内 0.5マックスセレ 466 3ト4人 栗坂 52.1 37.9 12.4	好位のイン。折り合って手応え良く。1ハロン標手前で抜け出した。好センス。
5 黄 6	関西(—)55.5 :::▲::: 58.5 ←	55 石橋脩 初騎乗	ジャスタウェイ ㊗2 ショウナンマヌエラ ダイアゴナルクロス① 黒鹿 シンボリクリスエス 国本哲秀 静内フジカワ牧場	高野 0.0.0.0 1-0-0-0 400 ・①・・・・・・ 中6週0000	兄ショウナンパンサー③ 姉ショウナンアグロス⓪ 兄ショウナンダール	3福④7・9牝新馬10ト1 天芝A1379西村淳55△ S37.9-35.1 1 1 1逃 0.1ウインディオ 460 7ト4人 栗坂 56.6 40.4 12.2	ハナを奪ってスローに持ち込む。最後まで脚取りは確かで危なげはなかった。
6 緑 7	関西(—)55.6 :::::△: 38.4 ←	55 富田 初騎乗	キズナ 牡2 ジューンテイク アドマイヤサブリナ③ 黒鹿 シンボリクリスエス 吉川潤 ヒダカファーム	武英 0.0.0.0 1-0-0-0 400 ・①・・・・・・ 中6週0000	兄ジューンベロシティ 姉ジューンオレンジ	3福③7・8新 馬9ト1 西芝A1237岩田望55△ S36.7-35.0 5 4 3中 0.2ラシェンテ 472 6ト2人 栗坂 54.4 38.8 12.4	コーナーで張ったり直線で内にモタれたりと若いが、スパッと差し切る。
6 緑 8	(50.1)52.3 ::::::: 35.8 ←	55 石川裕 1011	リーチザクラウン 牡2 ニシノクラウン ニシノテンカラット① 青鹿 オルフェーヴル 西山茂行 さとう	相沢 0.0.0.0 1-0-1-1 400 ・・③・・①・・ 中2週1010	3東⑦6・24新 馬11ト8 大芝D1510石川裕55○ S38.5-34.7 3 5 5 5外 ヴェロキラプ1.7 456 5ト7人 南W 68.4 38.5 11.9	2福⑥7・16未勝利11ト3 三芝B1117石川裕55△ M35.7-36.0 ④4 2内 オーキッドロ0.6 454 7ト4人 南W 85.6 39.4 12.5	2新④8・6未勝利 11ト1 三芝外A1098石川裕55△ H35.2-34.6 9 10 10中 クェダイメイイチ 452 7ト4人 南W 71.2 39.0 11.8
7 橙 9	(—)55.6 △:::::: 89.6 ←	55 三浦 初騎乗	マクフィ 牡2 シリウスコルト オールドフレイム① 鹿毛 ゼンノロブロイ 飯田正剛 千代田牧場	宗像 0.0.0.0 1-0-0-0 400 ①・・・・・・・ 中7週0000	姉サイモンコーラル	2福①7・1新 馬13ト1 三芝A1113丸田55△ M36.2-35.1 10 8 8内 0.2ネムレスクイ 448 4ト10人 南W 69.7 39.0 11.7	序盤は促していたが、4角の手応えは一番楽。ほぼ真一文字に伸びて、完勝。
7 橙 10	関西(—)55.6 ○▲◎○○▲◉ 8.0 ←	55 酒井学 1000	ジャスタウェイ ㊗2 ヒヒーン イイナヅケ① 鹿毛 ワークフォース 大和屋暁 ノーザンファーム	須貝尚 0.0.0.0 1-0-0-0 400 ・2カ月半休養・ 中10週0000	3阪③6・10新 馬10ト1 天芝外B1366酒井学55△ S37.2-33.9 2 2 2中 0.3ナムラエイハ 460 9ト5人 CW 85.5 38.7 11.6	2番手でスムーズに。1ハロン標手前で先頭に立ち、速い上がりで押し切った。	馬体調整・放牧 仕上がり良好 初戦①着 推定馬体460 中9週以上0000
8 桃 11	(—)55.8 ▲△▲△△△▲ 5.2 ←	55 大野 1000	リアルインパクト 牡2 クリーンエア シルヴァンソング 青鹿 Street Cry ゴドルフィン ダーレーJF	上原博 0.0.0.0 1-0-0-0 400 ・・・・・①・・ 中2週0000	兄シルヴァーヌス⓪ 兄ハーシェル① 姉エピックポエトリー 兄ムーンフォレスト	2新④8・6新 馬10ト1 天芝外A1357大野55 S36.6-33.8 ②3 4内 0.1ナファロア 460 2ト8人 南W 68.8 39.2 12.4	直線で進路なく、外に持ち出すロスもあったが、1ハロン過ぎから鋭く差し切る。
8 桃 12	(—)55.7 ◎◎○▲▲○○ 6.0 ←	55 北村宏 初騎乗	ダイワメジャー ㊗2 アスコリピチェーノ アスコルティ② 黒鹿 Danehill Dancer サンデーR ノーザンファーム	黒岩 0.0.0.0 1-0-0-0 400 ・2カ月放牧・・ 中8週0000	兄アストンクリントン① 兄アスコルターレ 姉アスコルティアーモ	3東①6・24新 馬16ト1 西芝D1228ルメール55◎ S37.6-33.3 1 1 1中 0.4レッドセニョ 464 5ト1人 南W 83.4 38.1 11.8	リズム重視で後方直線2ハロン標で外へ。坂を上り鮮やかに差し切る。マイルでも

着	馬名	騎手	タイム(差)	1角	2角	3角	4角	上がり	人気	前走
1	8⑫アスコリピチェーノ	北村宏	1:33.8			5	5	33.3	1	東京芝1400
2	5⑥ショウナンマヌエラ	石橋	1			1	1	34.2	10	中京芝1600
3	8⑪クリーンエア	大野	1			5	7	33.6	4	新潟芝1600

単勝／370円　複勝／160円、1,060円、200円　馬連／16,310円
馬単／23,930円　三連複／27,870円　三連単／181,860円

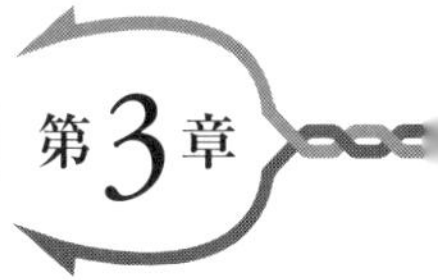

新潟11R　新潟2歳S　芝1600m
レース質：外枠・差し・短縮　　**人気該当馬：12.アスコリピチェーノ**

世代限定戦ではあるが12頭立ての新潟外回りなら、緩めの流れからの高速上がり勝負になる。差し経験がある馬のうち、長めの距離経験があるほうが恵まれやすいのも特徴。直線は外目をスムースに伸びてこられる馬が差し届くレース質。

11.クリーンエア
前走は内を器用に立ち回り、直線では前が壁になって位置取りを落とした後、外に出して一気に差し切る瞬発力を見せた。上がりの数字の字面以上に内容の濃い競馬だったので、外枠からスムースに進路取りができるここは前進を期待する。

2.ヴァンヴィーヴ
高速馬場の1400mを差して上がり最速→上がりの掛かる1800mを好位置から上がり最速と、全く違う競馬で結果を出している経験はメンバー上位。高速上がりの担保もあり、距離短縮ローテで持続力を補完しつつ自然に差しに回る形はこのレースの王道パターン。

Tips

ワンポイントアドバイス

2023年8月27日の新潟2歳Sは、例年、内空け馬場で行われるレースの代名詞のようになっています。この年も例にもれず、分かりやすい内空け決着になりました。

新潟2歳Sは2回、3回新潟連続開催を経て3回開催6日目に当たるため、内がひどく荒れた状態で行われるのが常です。同日9Rに同コースで行われた五頭連峰特別で掲示板を外枠勢が独占しており、直線内が伸びないことに気付いた騎手たちが内を空けることは予想できました。

サロンとnoteで公開した予想は上記のとおり。

レースでは5枠から逃げた10番人気の⑥ショウナンマヌエラが直線3分どころに出して粘り込むところを、その外を通した1番人気の⑫アスコリピチェーノが差し切り。さらにその外を回した4番人気の⑪クリーンエアは距離ロスが響いて逃げ馬を捕え切れずの3着。

着順を見ると、「外枠差し→外枠先行→外枠差し→外枠先行→外枠差し→内枠差し→内枠差し」という並びで入線しており、まさに外枠主導の内空け馬場の典型的なレース展開になったことが分かります。

内空け馬場はイレギュラーが多く、勝負するには向きませんが、予想する際には内枠主導になるか、外枠主導になるかを判断してフォーカスを調整すると正答に近づくことができます。

馬場状態

第5項 強力なレース質から全体の馬場傾向を見抜いて回収率を底上げ

ライバルより先に馬場傾向を見抜く

現代競馬では、トラックバイアスなど、コースの内外や先行差しの傾向を予想に反映させている人は少なくありません。競馬ファンだけでなく、若手を中心に騎手にもそうしたバイアスの有利不利の意識が働き、以前に比べると、馬場のよいインにこだわったり、荒れた内を避けて内を空けたりするシーンがしばしば見られるようになりました。

こうした馬場傾向はみんなが気づけばオッズに織り込まれてきます。したがって、いち早く馬場傾向を見抜くことは、回収率の向上につながると言えるでしょう。本項では、レースを見る前に馬場傾向を推測するための方法の一つを紹介します。

1 各競馬場には、強力なレース質をもつコースがあることを知ろう

レース質マトリックスでは、各競馬場の各コースに「コースがもつレース質」を設定しています。これは、発走地点の地形や急坂の有無、直線の長さなどを考慮して設定しているもので、予想をする際には、「コースがもつレース質」をベースに予想を組み立てていくことになります。

この「コースがもつレース質」には、特殊な条件で強いバイアスをもつものが存在します。例えば、天皇賞（秋）が行われる東京芝2000mは、外枠不利による「内枠・先行」のレース質が強く出ます。これは発走地点

Step 1 各競馬場には、強力なレース質をもつコースがあることを知ろう

Step 2 強力なレース質をもつコースの結果から、ほかのコースの傾向を推測しよう

Step 3 バイアスの偏りを参考にして開催全体の傾向を見通そう

が2角のポケットにあり、初角まで約126mと非常に短く、コースに直角に合流する形になるので、外枠の馬が非常に位置を取りにくいためです。コース形態がレース質に及ぼす影響については前著でも解説しているので省略しますが、重要なのは東京芝2000mが非常に強い「内枠・先行」というレース質をもっており、東京の全ての芝コースの中で最も内枠先行有利に傾きやすいコースであるということです。

② 強力なレース質をもつコースの結果から、ほかのコースの傾向を推測しよう

では、「内枠・先行」が強く出る東京芝2000mで、外枠差し決着が頻発したらどうでしょう。東京芝2000mの「コースがもつレース質」はコース形態によるものですから、レース質とかけ離れた結果になるのだとしたら、それはほかの部分に理由があるということになります。例えば、馬場状態です。内が荒れて直線で内を通す馬が止まってしまうような馬場になっていたら、東京芝2000mでも外差し決着になることはあるでしょう。

そのときには、東京芝2000mがもつ「内枠・先行」という強力なレース質を覆すほど、「直近の傾向」としての馬場状態が悪化していると判断することができます。

では、東京競馬場の芝コースの中で最も内枠先行有利になりやすい東京芝2000mが外枠有利、差し有利に傾いているとき、ほかのコースはどう

なるでしょうか。強力なレース質を覆すほどのバイアスですから、当然、より外枠有利、より差し有利に傾くことになるでしょう。つまり、実際のレースを見なくても、東京芝2000mで外差しが決まるような日は、全てのコースのレース質を「外枠・差し」をベースに考えてよいということが分かるのです。

これは逆でも同様です。東京芝コースで最も「外枠・差し」のレース質が強いのは、東京芝1600mです。ここが内枠先行で決まるようなことがあれば、東京芝1800mや2000mなどそもそもレース質が「内枠・先行」のコースは強く内枠先行有利のバイアスが出るであろうことが推測できます。

このように、強力なレース質をもつコースを知っておくことで、ほかのコースのレース質を事前に知ることができ、一般の競馬ファンが気づく前に馬券に生かすことができるのです。

次ページの表に、各競馬場で強力なレース質が発生するコースとその理由を一言コメントでまとめておきます。

3 バイアスの偏りを参考にして開催全体の傾向を見通す

前述のようなレース質の偏りは、芝においては馬場の荒れを原因として傾向が変わることが多く、ダートにおいては含水率の高低に応じて傾向が変わることが多いので、その判断に役立てるイメージで活用すると便利です。

また、それを逆手に取って、極端なバイアスが生じる馬場状態のときの傾向を見て、開催全体の傾向を把握することもできます。

例えば、2023年1～2回開催の札幌ダートでは、開催を通じて非常に強いバイアスが生じていました。それは、札幌ダート（特に1700m）の外

強力なレース質が発生するコース一覧

コース	レース質	理由
東京芝1600m	外枠・差し・短縮	中盤に緩みやすいため
東京芝2000m	内枠・先行	ポケット発走のため
東京ダ1300m	内枠・先行	初角まで短いため
東京ダ1600m	外枠・先行（・差し）・短縮	芝発走＋中盤に緩みやすいため
中山芝1600m	内枠・先行・短縮	ポケット発走のため
中山ダ1200m	外枠・先行	芝発走のため
京都芝1200m	内枠・先行	初角まで短いため
京都ダ1400m	外枠・先行・短縮	芝発走のため
阪神芝1200m	内枠・先行	初角まで短いため
阪神芝2000m	内枠・先行	発走地点が上り坂＋初角まで短いため
阪神芝2200m	内枠（・外枠）・差し・短縮	発走地点が下り坂＋初角まで長いため
阪神芝2600m	内枠（・外枠）・差し・短縮	発走地点が下り坂＋初角まで長いため
阪神ダ1400m	外枠・先行・短縮	芝発走のため
函館芝1800m	内枠・先行	初角まで短いため
函館芝2000m	外枠・差し・短縮	発走地点が下り坂＋初角まで長いため
札幌芝1500m	内枠・差し・短縮	ポケット発走のため
福島芝1800m	内枠・先行	初角まで短いため
福島芝2000m	外枠・差し・短縮	発走地点が下り坂＋初角まで長いため
新潟芝1000m	外枠・先行	外ラチを頼れるため
新潟芝1600m	外枠・差し	高速馬場＋進路取りしてから追い出せるため
新潟芝2000m内	内枠・差し	初角まで長い内回りのため
新潟ダ1200m	外枠・先行	芝発走のため
中京芝1200m	内枠・先行	発走地点が上り＋スパイラルカーブのため
中京芝1400m	内枠・先行	発走地点が上り＋スパイラルカーブのため
中京芝2200m	内枠・差し	主に多頭数時、初角まで長いため
中京ダ1400m	外枠・先行・短縮	芝発走のため
中京ダ1900m	内枠・差し	主に多頭数時、初角まで長いため
小倉芝1800m	内枠・先行	初角まで短いため
小倉芝2000m	外枠・差し・短縮	発走地点が下り坂＋初角まで長いため

枠有利傾向です。1回札幌1、2日目に強い「外枠差し有利」が出ていたことから、気づいて馬券に生かしていた方もいらっしゃるのではないでしょうか。この傾向が一過性のものではなく、開催通じて強いバイアスであることを確信したのは、8月5、6日の1回開催5、6日目でした。

この週は雨の影響で土曜は重馬場、日曜は不良馬場まで馬場状態が悪化していました。通常ダートにおいては、含水率が高くなるほど時計が速くなり追走力を問われるようになるので、「内枠先行有利」に傾いていくのが常です。ところが、この週の札幌ダートは重～不良馬場でありながら「外枠有利」が出ていたのです。このことから、今年の札幌開催が終わるまで、よほどのことがない限り札幌ダートは「外枠有利」が続くと考えて間違いないと判断しました。

実際の今年の札幌開催のダート1700m枠順別成績を見ると別表のとおりです。

このうち、内枠から好走した馬の多くはペースが流れた際の差し追い込み馬が多く、直線では馬群の外を通していました。したがって実際はこの数字以上に外枠有利が強く出ていたと考えてよいでしょう。

2023年札幌 枠順別成績

枠	着別度数	勝率	連対率	複勝率	単勝回収値	複勝回収値
1枠	4-2-5-38/49	8.2%	12.2%	22.4%	49	67
2枠	0-2-2-46/50	0.0%	4.0%	8.0%	0	34
3枠	3-10-3-73/89	3.4%	14.6%	18.0%	31	40
4枠	11-0-9-78/98	11.2%	11.2%	20.4%	110	55
5枠	9-7-4-78/99	9.1%	16.2%	20.2%	65	93
6枠	4-12-11-72/99	4.0%	16.2%	27.3%	24	121
7枠	9-7-10-74/100	9.0%	16.0%	26.0%	95	73
8枠	10-10-7-73/100	10.0%	20.0%	27.0%	53	62

　このように少しマクロな視点でレース質を眺めてみると、場合によっては開催全体の傾向が見えてくることがあるので、注視してみてください。

回収率を上乗せする
黄金パターン

ポケット発走の芝が外枠決着 × 今回初角まで長いコース × 先行馬が多いメンバー × 外枠主導

=「外枠・差し・短縮」

芝発走のダートが内枠決着 × 今回ダート発走のコース × 含水率の高い馬場 × 内枠主導

=「内枠・先行（差し）」

Sample Race

レース質どおりに馬券を買うことの大切さ

2023/8/20 札幌12R 3歳以上1勝クラス(ダ1700m)

枠・馬番	印・オッズ	斤量・騎手	馬名・血統	厩舎・成績	前走	2走前	3走前
1 白 1	(53.2)52.9 ：：：：△：： 29.3 ←	嶋田 55 初騎乗	⊗トーセンラー 牡3 アナザームーン ムーンライトソナタ④ 吉田好雄 サクラバクシンオー 山田牧場	水野 0.0.0.0 0-0-1-10 0 ・・・③・・⑪・	1新⑥5・21未勝利16ト9 壬芝B1109佐藤翔53C M35.6-35.3 ⑨⑨⑪外 スマートメイ0.6 458 3ト7人	2福⑥7・16未勝利16ト3 壬芝B1114柴田善56CA M36.1-35.3 ⑤⑥⑦中 シルバーダイ0.3 454 1ト4人	1札⑤8・5未勝利16ト10 壬芝A1107柴田善56C M35.8-34.9 ⑬⑭⑭外 マテンロウワ0.6 456 1ト14人
2 黒 2	関西(55.4)54.8 △▲：△：：▲ 11.2 ←	吉田隼 58 1103	ドレフォン 牡4 トーホウデュラン ラクアミ③ 東豊物産 ダイワメジャー ノーザンF	石坂公 0.0.0.1 1-1-1-10 400 ・2カ月半休養・	1京⑦5・13 1勝16ト3 孟ダ1253 鮫島駿58△ H35.4-37.6 ④③④外 プレーヴジャ0.3 484 1ト7人	3阪⑬6・10 1勝16ト8 孟ダ1246 幸 58 H34.9-37.5 ⑨⑦⑦外 サンライズワ0.9 484 4ト10人	馬体調整・放牧 仕上がりまずまず 初戦⑦着 推定馬体488 中9週以上0113
3 赤 3	(50.2)50.3 ：：：：：：： 49.3 ←	▲鷲頭 55 初騎乗	⊗ナカヤマフェスタ 牡6 ヌンカプト ディアルーモ① ヌンクラブ ネオユニヴァース 不二牧場	堀内 0.1.0.4 0-1-0-36 80 ・・⑮・・・・・	6中②12・4 1勝10ト7 天ダ2034 横山琉55 M38.2-40.7 ⑦⑦⑦⑦外 レッドファー3.0 466 10ト10人	6中⑤12・17 1勝11ト8 天ダ1565 横山琉55 M40.4-38.2 ⑨⑨⑪⑪外 ハイラブハン1.4 472 7ト11人	2函③7・8 1勝15ト15 毛ダ1511 松岡58 M38.7-40.7 ⑫⑫⑪⑪外 ヤマニンエン3.8 458 8ト13人
4 青 4	(53.1)49.5 ：：▲：：：： 26.0 ←	池添 58 初騎乗	⊗ブラックタイド 牡4 ラフシー ディップトップ③ ゴドルフィン Dubawi ダーレーJF	大竹 0.0.0.2 1-1-1-5 400 ・1年2カ月休養	2東[illegible]5・14 1勝16ト16 三ダ2129 田辺56 M36.9-39.9 ④⑦⑦⑦内 インディゴブ4.5 534 12ト13人	1函③6・18奥尻1勝9ト9 芏芝A2019横山武54 S37.3-34.7 ⑥⑥⑦⑦中 フィデル1.0 532 5ト7人	ノド手術・調整放牧 本調子には今ひと息 初戦④着 推定馬体530 中9週以上0001
5 黄 5	関西(54.2)53.1 ▲△○▲：：△ 12.1 ←	松田 55 0002	シニスターミニスター 牡3 ヒロノオオゾラ ミナミ① 高原将治 ルーラーシップ アイズスタッ	宮本 0.0.0.1 1-0-1-3 400 ・・⑤⑪・・・・	1京⑩5・21未勝利16ト1 天ダ1548松若56B○ H36.6-39.2 ④②③③中 クッバックトゥザ 480 12ト2人	2函④7・9 1勝9ト5 毛ダ1479松田55B M37.6-38.0 ③③③③中 ニットウライ0.7 472 4ト2人	2函[illegible]7・15湯浜1勝14ト11 毛ダ1461松田55C M37.1-38.2 ⑨⑪⑪⑬外 オセアフラッ1.4 468 11ト8人
5 黄 6	B (51.9)50.4 ：：△：：：： ☆ ←	北海 石川倭 58 初騎乗	ドレフォン 牝4 ルミナスフラックス カンデラ③ ライオンRH ダイワメジャー ノーザンF	堀内 0.0.0.1 1-0-1-12 400 ・・・・⑪⑫・・	2東⑨5・20 1勝16ト11 孟ダ1258 吉田豊58 M37.3-36.3 ⑮⑪⑫外 ベアグッジョ2.0 482 2ト12人	1札①7・22 1勝14ト11 毛ダ1481 岩田康58 H37.7-39.5 ⑩⑩⑩⑬中 フォーワンセ1.8 492 4ト13人	1札③7・29 1勝13ト12 毛ダ1503古川吉58C S37.8-40.6 ③③⑤⑩外 サンテックス4.5 486 1ト11人
6 緑 7	関西(53.3)55.1 △：：：▲▲： 9.2 ←	横山典 55 初騎乗	アジアエクスプレス 牡3 バブルアップハート バブルウィズジョイ① 京都ホ ダイワメジャー 織田正敏	高柳瑞 1.0.0.2 1-1-1-6 400 ④・・①・・・・	1函②6・11未勝利14ト8 毛ダ1478 斎藤56 M35.6-40.5 ①①①①外 ドゥラレジリ2.5 554 1ト3人	1函[illegible]6・25未勝利10ト4 毛ダ1475 横山和56▲ M37.5-37.5 ①①①①外 フクノブルン0.4 550 10ト3人	門別[illegible]7・12デネブ賞8ト1 毛ダ1499 永島53○ H37.3-39.6 ①①①①外 0.8ニシノシャイ 550 1ト1人
6 緑 8	関西(53.7)54.8 ▲○○○○○◎ 2.9 ←	☆佐々木大 57 初騎乗	⊗ドゥラメンテ 牡5 アルシオーネ ラッシュライフ② 安原浩司 サクラバクシンオー 三嶋牧場	須貝尚 0.0.1.1 0-1-1-3 260 ③・②・・・・・	1京⑨5・20 1勝16ト15 壬ダ1156 武豊58▲ M37.3-38.3 ⑯⑭⑬外 ステラフィオ2.9 516 1ト1人	1函[illegible]6・24 1勝13ト3 毛ダ1441 横山和58▲ M36.2-37.6 ③③③③中 マリアナトレ0.1 514 6ト8人	2函④7・9 1勝9ト2 毛ダ1473 横山和58○ M37.2-37.6 ①①①①外 ニットウライ0.1 518 6ト1人
7 橙 9	(52.4)53.6 ：：：：：：： 30.2 ←	勝浦 58 0002	⊗リオンディーズ 牡4 ミユキザストロング オノユウ(米) 長井純一 バブルガムフェロー オリオン	小西 0.0.0.2 0-0-0-7 70 ・⑥・・⑨・⑥・	2函②7・2 1勝11ト6 毛ダ1462 小林凌大56 M37.5-37.9 ⑩⑩⑩⑩内 ロイガヴェー1.6 538 11ト8人	1札①7・22 1勝14ト9 毛ダ1479 勝浦58 H37.2-39.5 ⑦⑦⑧⑪内 フォーワンセ1.6 542 6ト10人	1札[illegible]8・6 1勝14ト6 毛ダ1461 勝浦58 M36.9-38.2 ⑨⑧⑨⑤外 ナチュラルハ0.6 538 6ト12人
7 橙 10	関西(50.5)54.2 ：：：▲△▲： 13.9 ←	▲小林勝 52 1000	⊗ラブリーデイ 牡3 クリノグローリー モエレエターナル① 栗本博晴 ゴールドヘイロー 横井哲	谷 0.0.0.0 1-0-1-8 400 ⑫・・・・①・・	1函⑪6・10未勝利16ト12 壬芝A1105小林凌大54 H34.1-36.4 ⑦⑦⑦内 スプレンディ1.2 456 13ト11人	1函⑥6・25未勝利16ト12 壬芝A1107横山琉55 H35.0-35.7 ⑨⑪⑬中 スピニングマ0.8 458 4ト6人	1札④7・30未勝利14ト1 毛ダ1481 小林勝53 S39.0-36.7 ④⑤⑤⑤外 0.2ニシノシャイ 462 6ト9人
8 桃 11	関西(53.6)54.1 ○▲▲：○○▲ 5.1 ←	和田竜 55 初騎乗	タリスマニック 牡3 ウェザーコック レッドフェザー① ゴドルフィン ディープスカイ ダーレーJF	岡田 1.0.0.1 1-1-0-4 400 ・・・・⑧・・・	2小⑥2・26 1勝16ト8 毛ダ1464 菱田56△ H36.3-39.1 ⑤⑤④③中 アイファーテ1.3 442 8ト5人	1阪[illegible]3・18 1勝15ト8 天ダ1540 河原田52 M37.8-38.1 ④③④⑥外 キリンジ1.6 438 7ト10人	1札①7・22 1勝14ト8 毛ダ1479 鮫島駿55○ H36.8-39.9 ⑥⑤④④外 フォーワンセ1.6 444 5ト3人
8 桃 12	B (53.9)54.9 △：：△：△： 16.9 ←	斎藤 58 0002	⊗フリオーソ 牡4 ブレットフライ タイキラナキラ① (株)マークス フジキセキ ビクトリーホース	菅野 0.0.1.3 1-0-2-20 400 ⑧・⑥・・④・・	1函⑥6・25 1勝14ト6 毛ダ1458丸山58B△ M38.0-37.9 ③②⑩⑨中 ローズスター0.8 500 11ト13人	2函③7・8 1勝11ト6 毛ダ1471 斎藤58B H37.4-38.8 ⑦⑦⑥⑧中 グラシアス0.8 494 7ト9人	1札③7・29 1勝13ト4 毛ダ1470 斎藤58B S38.3-37.5 ⑨⑧②④中 サンテックス1.2 506 12ト8人
8 桃 13	関西(53.4)55.3 ○○△○▲△○ 3.4 ←	☆小沢 54 1010	⊗サトノダイヤモンド 牡3 メイショウシナノ アルボナンザ④ 松本好雄 キングカメハメハ 辻牧場	大橋 1.0.0.0 1-0-1-4 400 ・⑦⑩・・③①・	3中④7・9未勝利16ト11 三芝A2165永島53△ S36.4-36.8 ①⑩⑪⑬中 ケイアイサン2.3 476 15ト9人	1札④7・30未勝利14ト3 毛ダ1484 小沢55○ S39.6-36.5 ⑩⑩⑩⑨外 クリノグロー0.3 478 1ト3人	1札[illegible]8・6未勝利14ト1 毛ダ1458 小沢55▲ M37.1-37.4 ③③②①外 0.7ルーラーリッ 482 13ト2人

着	馬名	騎手	タイム(差)	1角	2角	3角	4角	上がり	人気	前走
1	8 ⑬メイショウシナノ	小沢	1:47.7	3	3	3	2	37.4	2	札幌ダ1700
2	6 ⑨ミユキザストロング	勝浦	2	7	6	7	5	37.4	10	札幌ダ1700
3	6 ⑧アルシオーネ	佐々木	1.1/4	4	4	4	2	37.8	1	函館ダ1700

単勝／350円　複勝／150円、560円、140円　馬連／8,450円
馬単／10,440円　三連複／6,640円　三連単／48,120円

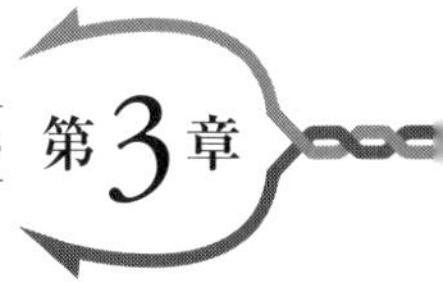

札幌12R　3歳以上1勝クラス　ダート1700m
レース質：外枠・差し・短縮　　**人気該当馬：13.メイショウシナノ**

先行馬が多めのメンバーで、テンにはある程度タイトに流れそう。外枠勢のテンが速く被せていく隊列になるので、内枠差し馬は位置が悪くする。外枠先行馬が通ったラインをトレースする形でマクリ差せる馬が前を捕えるレース質。

12.ブレットフライ
差して届かない馬キャラで、枠や馬場の後押しが必要なタイプ。速い脚はないが止まらない馬なので、前走のようにマクっていく形はよい。少し増えた体重も今回は絞れてきそうで、大外枠の馬が強気に出していくので、馬群の外々をスムースに通せる。

10.クリノグローリー
伸びずバテずの馬キャラで、枠や馬場の後押しが必要なタイプ。初ダートの前走はスローの流れを好位から押し切ったもので、ここで人気のメイショウシナノに0.3秒差をつけた。ラップからもまだ出し切っておらず、52キロも軽いので時計は詰められる。

Tips

ワンポイントアドバイス

2023年8月20日（日）札幌12R3歳以上1勝クラスは、個人的に痛恨のレースになったので反省の意味を込めて触れてみたいと思います。

この日は朝の時点での含水率4.7%と乾いた馬場。大雨に見舞われた2週前や、週末に雨の影響が残った前週で、本来は「ラチ沿い有利（内枠有利）」になってもよいところを、「外枠差し有利」の傾向が出ており、馬場が乾いた今週はより外枠差し有利に傾くであろうことは容易に推測できました。

このレースは、テンに速い馬が外枠に入り、隊列自体も外枠主導になる枠の並び。馬場が外枠有利であることが分かっていれば、あとは外枠からどの馬を選ぶのかというだけのサービス問題でした。外枠から前走純粋に差していたのは、⑨ミユキザストロングと⑫ブレッドフライの2頭のみ。この2頭を推奨すればよかったのですが、前者が10番人気、後者が8番人気でともに関東馬。しかも、鞍上は勝浦騎手と黛騎手ということで、不安に駆られた結果、差し馬としては心許ない⑩クリノグローリーを繰り上げるという予想をしてしまいました。

結果は、人気該当馬の⑬メイショウシナノが早めの騎乗で危なげなく勝ち上がり、2着には⑨ミユキザストロングが差してきました。掲示板を6枠から外の5頭が占めたにもかかわらず、唯一の掲示板外の⑫と4着の⑩を選んでしまい、頭を抱えました。レース質どおりに馬券を買うことの大切さを改めて肝に銘じたレースになりました。

マインドセットで
回収率を5%
底上げする
コラム

3

過去データの活用は近3年程度の集計期間を心掛ける

JRA-VANを始め、Targetやnetkeibaなど、過去の競走結果を元にしたデータベースを活用されている方は少なくないと思います。Webニュースや新聞記事などでも、近年の枠順別成績や脚質別成績、ローテ別成績などが取り上げられているのをよく見掛けるようになりました。競馬AIの発達に伴い、特徴量として様々な過去データを活用するケースもあり、今や予想と過去データは切っても切り離せないものとなっています。

私自身、レース質を設定する際には、コース形態や馬場造成などとともに、過去の競走データを参考にしています。その際、ポイントとなるのはどの程度の集計期間を設けるかという点です。

結論から言うと、私は過去3年程度のデータを活用するようにしています。データの総数が多いほうが信頼度が高いという考えもあるでしょう。しかし、馬場造成や騎手意識などの変化は、一般の競馬ファンが考えているより急であり、かつ大きなものになっています。

例えば、東京芝1400mの枠順別成績を見てみると、2018～2020年までの3年間では、明らかに「内枠有利」の傾向が出ています（1～4枠：単回値106円・複回値85円／5～8枠：単回値45円・複回値61円）。一方で、2021年～現在では正反対の「外枠有利」の傾向が出ているのが分かります（1～4枠：単回値69円・複回値55円／5～8枠：単回値133円・複回値83円）。

これは、東京競馬場の馬場造成が変化したことが理由であり、同じような時計や上がりが出る馬場でありながら、以前のように瞬発力が求められる馬場ではなく、より持続力が求められる馬場に変わっていることを表しています。

ここで、過去10年のデータを使ってしまうと、現状と乖離したアプローチをすることになってしまいます。

ほかにも、高速化著しい中山ダートにおいて1200mの外枠有利が薄れていたり、中京や阪神芝の馬場造成がよく、外差しになることが稀になったりするなど、一昔前の常識が通じなくなってきています。データは必ずしも集計期間が長いほうがよいとは限らないことを心に留めておいてください。

第4章

コース形態で回収率を5%アップする

コース形態

第1項 阪神芝中距離の出し入れで回収率を底上げ

発走直後の坂の存在がレース質を決める

発走地点の地形がレース質に与える影響は非常に大きいものです。これは、レースにおける最加速地点が多くの場合「テン2F目」であり、この地点が下っているか、上っているか、直線なのか、コーナーなのかによって、テンの速度やラップの形が変わってくるためです。本書では、初角までに短いコースの内枠先行有利や、ローカル芝2000mの差し有利などでも発走地点の地形について触れていますが、単純に発走地点の地形を意識するだけで予想が非常に分かりやすくなるコースがあります。それが阪神芝中距離です。

1 阪神芝中距離のコース形態について理解しよう

阪神芝コースは現在全10コースが使用されており、3000mと3200mを除くと、1200mから2600mまで200m刻みでコースが設置されています。最も施行数が多いのが芝1600mで全体の25%を占め、1200～1800mの4コースで全体の約7割。当然、この7割については様々なアプローチで攻略が進んでいますが、一方で残りの3割である2000～2600mについては触れられることがそれほど多くありません。この3割を攻略することで回収率を底上げしていく伸びしろが残されているはず。その攻略のカギとなるのが「発走地点の地形」です。

阪神芝2000～2600mの各コースには次のような特徴があります。

Step 1 阪神芝中距離のコース形態について理解しよう

Step 2 阪神芝2000、2400mと芝2200、2600mのラップの違いを確認しよう

Step 3 阪神芝中距離を簡単に攻略できる2つのレース質を覚えよう

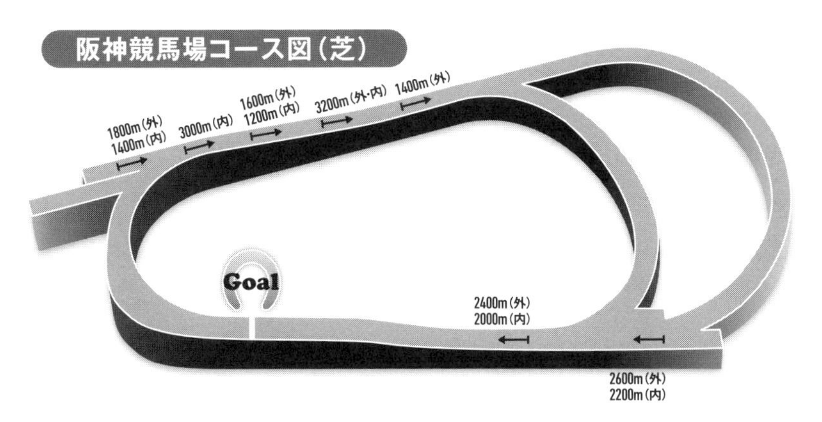

2000m：内回り・発走後すぐに上り坂
2200m：内回り・発走地点が下り坂
2400m：外回り・発走後すぐに上り坂
2600m：外回り・発走地点が下り坂

コースの特徴として内回りと外回りの違いに目が行きがちですが、実は「発走地点の地形」で見ると、2000mと2400mが同じ「発走後すぐに上り坂」、2200mと2600mが同じ「発走地点が下り坂」であることが分かります。

阪神芝中距離は、この「発走後すぐに上り坂」である2コースと、「発走地点が下り坂」である2コースでグルーピングして捉えることで、それぞれがもつレース質を捉えやすくなります。

② 阪神芝2000、2400mと芝2200、2600mのラップの違いを確認しよう

では、「発走地点の地形」の違いがレースラップにどのような影響を与えるか、各グループの平均ラップを見ていきましょう。

発走地点が上り坂のコース(阪神芝2000、2400m)

距離	平均ラップ(良馬場、11頭立て以上)	テン3F→上がり3F
2000m	12.65-11.21-**12.55**-12.49-12.22-12.17-11.94-11.67-11.65-12.10	36.41→35.42(後傾ラップ)
2400m	12.81-11.49-**12.85**-12.95-12.67-12.63-12.66-12.41-12.05-11.51-11.35-12.02	37.15→34.88(後傾ラップ)

発走地点が下り坂のコース(阪神芝2000、2400m)

距離	平均ラップ(良馬場、11頭立て以上)	テン3F→上がり3F
2200m	12.55-10.99-**11.54**-12.73-12.63-12.43-12.16- 11.91-11.68-11.76-12.09	35.08→35.53(前傾ラップ)
2600m	12.63-11.10-**11.37**-12.37-12.50-12.23-12.13-12.50-12.37-12.13-11.40-11.47-12.00	35.10→34.87(後傾ラップ)

※集計期間:2021年1月1日〜2023年6月30日

「発走後すぐに上り坂」の阪神芝2000mと2400mは3F目のラップが大きく緩むのに対し、「発走地点が下り坂」の阪神芝2200mと2600mは3F目のラップがそれほど緩まず、テン3F比較で後者のほうが1.3〜2.0秒近く速くなっているのが分かります。

ここからは、分かりやすいようにどちらも内回りである阪神芝2000mと2200mの比較で見ていきます。

阪神芝2000mでは、上り坂でペースが緩んだ後、4F目から徐々にラップを引き上げる形でレースが進行しているのが見て取れます。この形になると、差し馬が外から押し上げるタイミングがなく、馬群が縦長のまま直線入り口を迎えることになり、内枠先行有利になりやすくなります。

対して、阪神芝2200mでは、下り坂でペースが速くなった後、3→4F目で一気にラップが緩み、以降のラップの引き上げ幅も2000mと比べると小さいことが見て取れます。この形になると、まずラップが緩んだ4～5F目で先行馬と差し馬のポジション差が縮まるとともに、差し馬が外から押し上げることが可能なため、直線入り口でさらに馬群が凝縮して横に広がり、差し有利（直線は外に出すマクリの形）になりやすくなります。

「レース質マトリックス」においては、競馬における先行有利や差し有利といった脚質のバイアスを「直線入り口で逃げ・先行馬が築いているポジション差を、直線距離の中で差し・追い込み馬がどれだけ詰めることができるか」で捉えています。ここでは、各コースのテンの速度の違いが、最終的に直線入り口における先行馬と差し馬とのポジションの差に影響してくるということです。

このメカニズムについては、拙著『レース質マトリックス　競馬は全て二択である』で詳説しているのでご参考ください。

3 阪神芝中距離を簡単に攻略できる2つのレース質を覚えよう

結論から言うと阪神芝2000～2600mは、次の2つのレース質を覚えるだけで、簡単に攻略できてしまいます。

■阪神芝2000mと2400mは「内枠・先行・スローペース」
■阪神芝2200mと2600mは「内枠（外枠）・差し・短縮・ハイペース」

このレース質の違いは、大阪杯（阪神芝2000m）と宝塚記念（阪神芝2200m）を比較してみるとより分かりやすくなります。大阪杯では、過去5年全てで基本的にラチ沿い先行有利の決着になっています。対して、宝塚記念では、4日目の高速馬場で施行された2021年と2022年は先行有利になっていますが、多頭数で8日目に施行された2020年と2023年はテンに流れての差し決着になっています（2022年も勝ち馬除けば、ハイペースの差し決着）。

このように、「発走地点の地形」の違いが「テンのラップの違い」を生

阪神芝2000m脚質別成績

脚質	着別度数	勝率	連対率	複勝率	単勝回収値	複勝回収値
逃げ	33-24-7-65/129	25.6%	44.2%	49.6%	454	181
先行	52-46-46-277/421	12.4%	23.3%	34.2%	70	97
中団	24-36-43-347/450	5.3%	13.3%	22.9%	32	59
後方	8-11-24-343/386	2.1%	4.9%	11.1%	30	39
マクリ	6-4-2-10/22	27.3%	45.5%	54.5%	139	92

阪神芝2200m脚質別成績

脚質	着別度数	勝率	連対率	複勝率	単勝回収値	複勝回収値
逃げ	3-5-2-22/32	9.4%	25.0%	31.3%	364	132
先行	12-10-11-72/105	11.4%	21.0%	31.4%	53	63
中団	12-12-11-99/134	9.0%	17.9%	26.1%	89	86
後方	2-5-4-97/108	1.9%	6.5%	10.2%	5	32
マクリ	2-0-2-5/9	22.2%	22.2%	44.4%	98	68

阪神芝2400m脚質別成績

脚質	着別度数	勝率	連対率	複勝率	単勝回収値	複勝回収値
逃げ	8-3-1-38/50	16.0%	22.0%	24.0%	97	55
先行	18-23-22-102/165	10.9%	24.8%	38.2%	51	82
中団	14-16-18-97/145	9.7%	20.7%	33.1%	141	87
後方	8-5-4-126/143	5.6%	9.1%	11.9%	35	30
マクリ	1-0-3-10/14	7.1%	7.1%	28.6%	20	46

阪神芝2600m脚質別成績

脚質	着別度数	勝率	連対率	複勝率	単勝回収値	複勝回収値
逃げ	0-0-0-8/8	0.0%	0.0%	0.0%	0	0
先行	2-3-6-19/30	6.7%	16.7%	36.7%	21	75
中団	3-4-2-18/27	11.1%	25.9%	33.3%	43	73
後方	3-1-0-19/23	13.0%	17.4%	17.4%	67	30
マクリ	0-0-0-2/2	0.0%	0.0%	0.0%	0	0

2019年大阪杯。3番枠からインを進んだアルアインが9番人気で勝利。4着までの馬番は、3→6→2→1。

み出し、それが「直線入り口における馬群の形の違い」につながった結果、「阪神芝2000mと2400mは内枠先行有利」「阪神芝2200mと2600mは差し有利」という非常に明確な傾向が生じているのです。

ここで紹介したコースは前述のとおり、それほど施行数が多くありません。週に1～2レース程度なので、忘れずにねらってみてください。

回収率を上乗せする
黄金パターン

阪神芝2000m or 2400m × フラット～高速馬場 × 内枠主導（逃げ馬が内枠） × 先行馬が少ないメンバー
=「内枠・先行・スローペース」

阪神芝2200m or 2600m × 開催後半 × 多頭数 × 先行馬が多いメンバー
=「外枠（内枠）・差し・短縮・ハイペース」

Sample Race

芝2600mの差し決着は大勝負に最適

2022/3/19 阪神9R 淡路特別（芝2600m・4歳上2勝C）

枠・馬番	印・オッズ	斤量・騎手	馬名	厩舎・成績	前々々走	前々走	前走
1 1 白	(59.7)58.8 △△△：△△△ 9.1 ←圏	岩田望 55 初騎乗	⊗エイシンフラッシュ 牡5 ヴェラアズール ヴェラブランカ② 青毛 クロフネ ㈲キャロットファーム 白老F	渡辺 0.0.0.0 2-4-3-7 0 2 4 0 900 ・2カ月半休養・ 中9週 0 0 0 1	6阪⑥12・18 2勝14ト3 天ダ1522 松若57△ M37.6-36.4 ⑧⑧⑧⑧内 ナリタフォル0.1 510 7 4 坂 55.4 39.6 12.5 ○	1中京③1・9 2勝15ト7 天ダ1543 松若57△ S39.3-36.6 ⑦⑦⑧⑧外 レプンカムイ1.1 506 6 7 坂 56.3 39.2 12.3 ○	リフレッシュ・放牧 仕上がり良好 初戦②着 推定馬体516 中9週以上0 0 0 3
2 2 黒	(56.1)57.0 ▲▲▲▲▲△△ 5.7 ←圏	岩田康 55 0010	ノヴェリスト 牡4 タガノカイ ボディーダンシング① 黒鹿 ホワイトマズル 八木良司 新冠タガノファーム	宮 0.0.0.0 2-1-1-9 2 1 0 0 900 ・・・・・③・・ 中2週 0 0 0 0	2札⑧9・5 2勝13ト10 三芝C2056 古川吉54△ M37.0-39.4 ③③②⑧中 ミスミルドレ2.5 514 10 7 函 59.6 39.4 12.5 ○	1中京④1・10 2勝11ト7 三芝A2130 古川吉56△ H34.2-38.0 ②②②②外 カレンルシェ1.4 514 2 8 CW 80.2 36.9 11.9 ○	1阪⑤2・26 2勝 9ト3 外芝A2293 岩田康56△ S38.9-34.3 ②②②③内 ナムラカミカ0.5 512 4 5 坂 53.2 38.6 12.6 ○
3 3 赤	(55.5)54.8 ：：：：：：： 44.7 ←圏	荻野極 54 初騎乗	⊗キングカメハメハ 牡4 リーブルミノル サルスエラ 栗毛 マンハッタンカフェ 吉岡實 レイクヴィラファーム	本田 0.0.0.2 2-2-3-9 0 1 3 0 900 ・⑦・・⑫・・・ 中3週 0 1 2 2	4阪⑤10・23 兵庫2勝 9ト9 外芝A2283 藤岡康53△ S39.0-37.0 ②②②②内 テーオーロイ2.0 482 5 4 CW 80.9 37.8 12.6 ○	1中京⑨1・29 2勝10ト7 三芝B2147 松山54▲ M36.3-37.1 ④④⑥⑥中 ロードブレイ2.0 500 10 4 CW 69.1 37.6 11.5 △	2小⑥2・19 2勝16ト12 芝B2462 川又54 S39.8-38.7 ⑮⑮⑦⑮中 テンカハル1.8 490 15 13 CW 80.6 39.2 13.0 ○
4 4 青	(58.1)58.3 ○△○：○○○ 3.7 ←圏	団野 56 0101	⊗ロードカナロア 牡5 サトノシャローム シャムロッカー 鹿毛 O'Reilly ㈱サトミホースCノーザンF	清江 0.0.0.1 2-3-3-5 3 1 1 0 900 ・・・・・②・・ 中2週 0 0 0 1	6阪⑤12・19 2勝12ト12 三芝B2187 藤岡康57▲ S35.8-40.1 ④④③③中 ダンディズム4.9 514 3 2 CW 82.9 37.2 11.3 ○	1中京⑤1・15 2勝10ト4 三芝A2012 団野57△ S36.2-36.1 ①①①①外 ビッグリボン1.1 516 9 4 CW 81.6 36.8 11.4 ○	1阪⑤2・26 2勝 9ト2 外芝A2290 団野57△ S38.7-34.2 ①①①①外 ナムラカミカ0.2 518 3 6 CW 82.8 37.7 11.6 ○
5 5 黄	(56.3)55.4 ：：：○：：： 13.8 ←圏	藤岡康 54 初騎乗	⊗ドリームジャーニー 牡6 プレイリードリーム ザリーン③ 鹿毛 メイショウオウドウ 田所英子 大羽牧場	安達 1.0.0.0 2-1-2-9 0 0 3 0 900 ・4カ月半休養・ 中4ト6月 0 0 0 0	4阪⑤10・23 兵庫2勝 9ト7 外芝A2271 和田竜54△ S39.9-35.4 ⑧⑧⑦⑥外 テーオーロイ0.8 466 8 6 CW 87.7 40.8 12.3 ○	5阪①11・6 2勝 9ト6 外芝A2011 浜中54△ S38.8-35.3 ⑨⑨⑨⑦外 ホウオウエク0.4 468 9 5 CW 88.0 40.8 12.7 ○	リフレッシュ・放牧 仕上がり良好 初戦⑫着 推定馬体470 中9週以上0 0 1 3
6 6 緑	B (56.0)57.9 △：：▲：△△ 16.0 ←圏	富田 54 0001	⊗ハーツクライ 騸6 ダノングレーター パレスルーマー 黒鹿 Royal Anthem ㈱ダノックス ノーザンファーム	茶木 0.0.0.1 2-0-0-15 0 0 2 0 900 ・・・・・⑤・・・ 中3週 0 0 0 2	6中京④12・12 2勝12ト5 三芝A2012 坂井瑠57 S37.6-35.0 ④④③③中 オーロラフラ0.5 472 12 10 CW 83.4 38.0 11.9 ○	1中京④1・10 2勝11ト9 三芝A2130 幸57 H36.4-38.0 ①①④①中 カレンルシェ1.4 478 3 11 坂 52.8 38.7 13.0 ○	2小⑥2・19 2勝16ト5 芝B2449 富田54B S40.0-37.4 ⑮⑯⑰⑲外 テンカハル0.5 462 9 10 CW 84.6 38.2 11.6 ○
7 7 橙	(58.7)58.4 ▲○▲△▲▲▲ 4.8 ←圏	藤岡佑 53 0223	⊗ハーツクライ 牝5 ナオミラフィネ クルージンミシー① 栗毛 Mizzen Mast 新冠 塩澤正樹 ノーザンファーム	安田隆 0.0.0.1 2-4-3-13 1 0 5 0 1000 ・・・・・④・・ 中2週 0 1 0 2	5阪⑦11・27 2勝 7ト3 外芝A2451 藤岡佑55B△ S39.9-34.8 ③③③③内 マカオンドー0.5 468 1 6 CW 85.4 39.4 11.9 △	6阪③12・11 2勝 9ト3 外芝B2283 藤岡佑55B△ S39.0-35.3 ①①①①内 タイセイモン0.3 466 7 6 坂 55.2 40.1 13.4 ○	1阪⑤2・26 2勝 9ト4 外芝A2293 藤岡佑55C△ S39.2-34.1 ⑤④④⑤内 ナムラカミカ0.5 468 7 4 CW 82.6 38.6 11.9 ○
8 8	(57.0)58.2 △△：△△△△ 15.9 ←圏	秋山真 55 初騎乗	⊗ルーラーシップ 牡5 メイショウラツワン ルサビ① 鹿毛 アグネスタキオン 松本好雄 笠松牧場	南井 0.0.0.1 2-3-0-12 1 3 1 0 900 ・・・・・⑦・・・ 中3週 0 0 0 1	4中京⑥9・25 2勝12ト4 芝C2324 横山武57▲ M36.6-36.2 ②②②①内 ベス・ロー0.5 476 6 5 坂 57.4 42.0 12.4 ○	2福②11・7 2勝16ト12 芝A2421 西村淳55 S38.0-37.4 ③③②③中 ウシュバテソ1.2 480 11 4 坂 54.8 40.4 12.3 ○	2小⑥2・19 2勝16ト7 芝B2453 泉谷56 S38.3-37.8 ⑥⑥⑦⑨外 テンカハル0.9 494 12 8 CW 81.3 38.0 12.5 ○
桃 9	(54.7)57.1 ○○○○○○◎ 2.5 ←圏	川田 54 初騎乗	⊗ハーツクライ 牡4 ハーツオブシャカ ハワイアンローズ 鹿毛 キングカメハメハ ㈲CHEVAL 辻牧場	飯島 0.0.0.3 1-2-2-7 0 0 2 1 560 ⑦・・①・・・・ 中4週 0 0 0 0	2月24日生 地方成績2戦2勝 2着0回3着0回	1小③1・22 1勝15ト7 芝A1473 松若56 M37.2-35.6 ⑫⑫⑬⑬中 シティレイン0.4 452 5 10 坂 56.9 40.6 12.4 ○	2小①2・12 1勝 11ト1 芝B2386 松若56△ M38.0-35.4 ⑥⑥③②中 0.5バーディシャ 460 5 4 小 60.4 44.2 13.3 ○

着	馬名	騎手	タイム(差)	1角	2角	3角	4角	上がり	人気	前走
1	1①ヴェラアズール	岩田望	2:38.4	6	7	7	6	34.8	4	中京ダ1800
2	5⑤プレイリードリーム	藤岡康	1/2	8	8	7	6	34.9	6	阪神芝2000
3	4④サトノシャローム	酒井学	7	2	2	2	2	36.4	3	阪神芝2400

単勝／790円　複勝／320円、320円、210円　馬連／7,220円
馬単／12,290円　三連複／11,080円　三連単／70,280円

阪神9R　淡路特別　芝2600m
▶レース質　内枠・差し

頭数の割に出していく馬がいて、発走地点が下り坂のコースならテンはそれなりに流れる。中盤でがっつり緩んで上がりの掛かる差し勝負になるので、道中インを追走し、直線で外にもち出す馬が差し切るレース質。

5.プレイリードリーム
差して届かない馬キャラで、直線では確実に脚を使うタイプ。稍重馬場や時計が掛かる馬場でも相対的に上がり上位を使える馬で、このコースは向く。前2走は発走地点上り坂で先行有利の阪神芝2000mと2400mを差して届かず、条件好転のここは勝ち負け必至。

1.ヴェラアズール
初芝になるが、ダート中距離で末脚を生かす競馬をしており、レース質には合致する。血統面でもエイシンフラッシュ産駒なら芝もこなせそうで、雨で渋った馬場も速度面での不利をカバーしてくれそう。

Tips

ワンポイントアドバイス

この日は雨の影響があって、稍重で当該レースを迎えました。先だって行われた阪神5R3歳未勝利では先行有利の芝2400mにもかかわらず差しが決まっていたことから、馬場状態としても差し有利に傾いていることが分かりました。

コース形態は差し有利、馬場状態も差し有利なら何も恐れることはありません。このレースでは、近走で上がり1位を使った経験がある馬は、①ヴェラアズール（ダート）、⑤プレイリードリーム、⑨ハーツオブシャカの3頭。中でも、近5走中4度上がり3位以内を使うとともに、上がり3F33.6を使った経験もある⑤プレイリードリームは、差して届かない馬キャラの中で、直線で確実に差してくるタイプ。馬券圏内を外すことは考えられないとして6番人気ながら1番手に推奨。

対して、⑨ハーツオブシャカは単勝1.7倍の支持を受けていましたが、これまでの最速上がりが3F34.9と切れる馬ではないこと、また大外枠での距離ロスが大きいことを考慮して評価を下げ、初芝で適性は未知でも最内枠から経済コースを通れる①ヴェラアズールを2番手としました。

結果は、テン3F35.5と稍重の9頭立てにしてはしっかりと流れ、推奨の2頭は後方2、3番手のインを追走。中盤で一気に馬群が凝縮し、一団で3～4角を回る中で位置を押し上げた2頭が直線後半はマッチレースになる安心の展開でワンツー決着。9頭立てで馬連7,220円と高配当になりました。

コース形態

第2項 中京最長距離の「差し有利」で回収率を底上げ

中京最長距離のレース質

中京芝とダートの中距離には、2つのコースが設定されています。芝では2000mと2200m、ダートでは1800mと1900mの各2コース。前者は200m、後者はわずか100mの違いですが、条件がそろうと次のような特殊なレース質を現します。

中京芝2200mと中京ダート1900mの「内枠・差し（・ハイペース）」

このようなレース質になるメカニズムをコース形態から紐解いていきます。

1 中京最長距離のコース形態の特徴を知ろう

まず、各コースがどの程度使用されているかを確認してみましょう。2021年以降のレース数を比較すると、芝2200mは芝2000mの半分以下、ダート1900mはダート1800mの5分の2程度。芝2000mとダート1800mがメインコース（施行数の多いコース）として設定されているのは明らかで、芝2200mとダート1900mは距離のバリエーションの一つであるマイナーコースと言えるでしょう。

Step 1 中京最長距離のコース形態の特徴を知ろう

Step 2 中京芝2200mが「差し有利」になる条件を覚えよう

Step 3 中京ダート1900mが「差し有利」になる条件を覚えよう

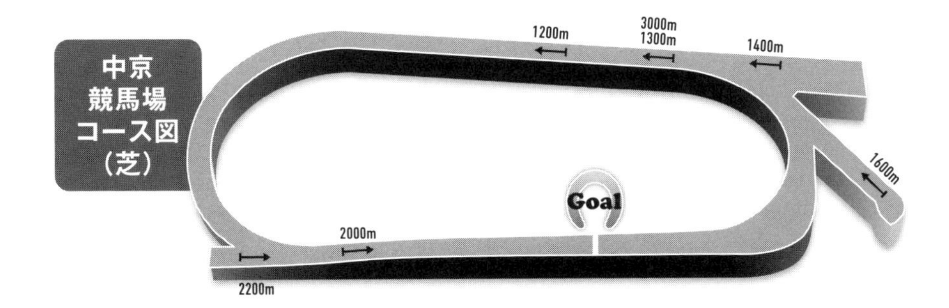

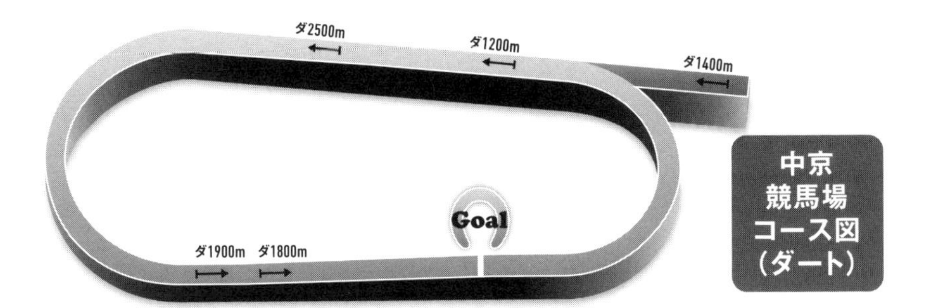

中京芝・ダート中距離のレース施行数

- 中京芝2000m：173レース
- 中京芝2200m：81レース
- 中京ダート1800m：282レース
- 中京ダート1900m：109レース

※2021年1月1日～2023年6月30日

中京競馬場はローカルにしては直線が約410mと長く、コーナー角がタイトでスパイラルカーブになっているのが特徴です。そうした形態の競馬場でメインコースがフラットになるようにゲート設置がされたとき、施行数の少ないマイナーコースは煽りを受けて、共通するある特徴をもつことになりました。発走地点をメインコース（芝2000mやダート1800m）からスタート方向に延長したことで、初角までの距離が長くなるとともに、発走後に急坂をフルに上ることになるなど、先行馬に不利なレイアウトになったのです。

このことにより、中京芝2200mと中京ダート1900mはペースが上がりやすい条件がそろうと、途端に先行負荷が高くなり、差しが決まりやすいコースとなりました。

② 中京芝2200mが「差し有利」になる条件を覚えよう

元々、中京芝2200mのコースがもつレース質は「外枠・先行」。これをベースにして、ペースが上がる要因が多ければ多いほど、「先行不利」を原因とする「差し有利」に傾いていきます。

差し有利	傾向	先行有利（コースがもつレース質）
ペースが上がる	**ペース**	ペースが落ち着く
多い	**出走頭数**	少ない
多い	**先行馬の数**	少ない
速い	**時計の速さ**	遅い
内外に固まっている	**先行馬の偏り**	内外でバラバラ
多い	**先行型騎手の数**	少ない

例えば、出走頭数について見てみると以下のようになります。

中京芝2200mは、頭数が多くなるほど「先行不利」が顕著に。

中京芝2200mの出走頭数ごとの脚質別成績 ※良馬場限定

12頭以下

脚質	勝率	複勝率
■逃げ	8.1%	40.5%
■先行	12.1%	34.7%
■中団	14.7%	32.6%
■後方	4.5%	20.5%

中京芝2200mの出走頭数ごとの脚質別成績 ※良馬場限定

13頭以上

脚質	勝率	複勝率
■逃げ	0%	30.0%
■先行	11.3%	25.4%
■中団	8.3%	22.3%
■後方	1.1%	7.6%

弱い馬や先行できなかった先行馬が差しに集計されるため、差し馬の成績は多頭数のほうが低くなるのは仕方ないところですが、逃げ、先行馬の成績を比べてみると、明らかに多頭数のほうが「先行不利」であることが分かります。

このように、中京芝2200mでは頭数が少ないほど「先行有利」、多いほど「先行不利」が他コースに比べて顕著に現れます。

これはほかの要素でも同様で、先行馬が多いとき、時計が速い馬場のときなど、「先行不利」になりやすいコースであると覚えておくと大きく予想がズレることはないと思います。

3 中京ダート1900mが「差し有利」になる条件を覚えよう

同様に、中京ダート1900mはコースがもつレース質は「内枠・先行」。これをベースにして、ペースが上がる要因が多ければ多いほど、「先行不利」を原因とする「差し有利」に傾いていきます。

差し有利	傾向	先行有利（コースがもつレース質）
ペースが上がる	**ペース**	ペースが落ち着く
多い	**出走頭数**	少ない
多い	**先行馬の数**	少ない
遅い	**時計の速さ**	速い
外に固まっている	**先行馬の偏り**	内に固まっている
多い	**先行型騎手の数**	少ない

中京ダート1900mにおいても、前述の芝2200mと同様に、頭数が多くなるほど「先行不利」になっていきます。芝2200mとの大きな違いは「時計の速さ」です。芝2200mでは時計が速くなるにつれて「差し有利」に傾いていましたが、ダート1900mでは時計が遅くなるにつれて「差し有利」に傾いていきます。

ダートにおいては、「時計が遅くなる＝含水率の低い馬場」ということになるので、冬場などの乾燥した馬場ほど、「差し有利」になりやすいと覚えてしまって構いません。

なお、ダートは元来先行有利なため、先行馬のほうが人気になりやすい傾向があります。その中で、ダートの差し有利は馬券的な妙味は高いので芝2200m以上に注視したいところです。

回収率を上乗せする
黄金パターン

中京芝2200m × 多頭数 × 超高速〜高速馬場 × 先行馬が多いメンバー
=「内枠・差し・短縮・ハイペース」

中京ダート1900m × 多頭数 × 含水率が低い（時計が遅い）馬場 × 先行馬が多いメンバー
=「内枠・差し・短縮・ハイペース」

Sample Race

「先行不利」が重なれば必然的にこの決着に

2022/5/7 中京11R 京都新聞杯（芝2200m·GⅡ）

枠・馬番	印・指数	斤量・騎手	馬名・血統	調教師・成績	前々々走	前々走	前走
1 白 1	(57.2)58.7 ▲▲△△:△▲ 8.5 ←	56 秋山真 1001	⊗ドゥラメンテ 牡3 メイショウラナキラ サンタローズ② 鹿毛 バントレセレブル 松本好雄 村下明博	南井 0.0.0.0 2-0-1-2 900 ・④・・・①・・ 中2週0000	1阪③2・19つばき1勝7ト4 天芝外A1507武豊56△ S38.9-33.8 3 4 4 内 テンダンス1.1 438 3 1 4 CW 80.9 37.8 11.9	1阪⑪3・19若葉S(L)10ト4 芝内A2009秋山真56△ S37.3-35.6 3 3 3 3 内 デシエルト0.7 438 2 1 10 栗坂 53.7 39.0 12.7	2阪⑧4・17 1勝 8ト1 芝内B1591秋山真56○ S35.1-34.7 1 1 1 1 0.7ブラックシー 436 2 1 1 栗坂 55.6 39.8 12.5
2 黒 2	(51.5)54.2 ::::::: 24.9 ←	56 藤岡康 1001	⊗シルバーステート 牡3 リカンカブール アンブラッセモワ① 黒鹿 Zoffany ㈲ラ・メール 辻牧場	田中克 0.0.0.0 1-0-0-1 400 ・3カ月休養・・ 中12週0000	4阪③10・16新馬15ト6 天芝外A1504藤岡康55 S36.4-34.5 7 6 8 内 フォースクエ0.7 472 4 1 5 栗坂 56.8 40.1 12.7	1小⑦2・5未勝利14ト1 芝A2020藤岡康56A S37.6-34.9 9 7 6 6 中 0.1プリマヴィー 480 3 1 4 栗坂 54.3 39.9 12.4	馬体調整・放牧 仕上がりまずまず 初戦⑥着 推定馬体480 中9週以上1000
3 赤 3	(56.2)57.3 △○△:▲:△ 9.4 ←	56 岩田望 初騎乗	⊗キズナ 牡3 アスクワイルドモア ラセレシオン③ 黒鹿 ゼンノロブロイ 廣崎利洋HD㈱ 社台ファーム	藤原英 0.0.0.0 1-3-0-2 1000 ・3カ月休養・・ 中12週0000	5阪⑨12・28ホープGⅠ15ト10 芝内A2015武豊55 M38.0-35.7 13 13 12 13 外 キラーアビリ0.9 474 15 1 5 栗坂 54.8 39.3 12.3	1中京②2・6きさらGⅢ11ト4 芝B2007武豊56 M37.5-35.1 10 9 8 7 内 マテンロウレ0.2 464 4 1 6 CW 83.0 37.3 11.6	リフレッシュ・放牧 仕上がり良好 初戦②着 推定馬体464 中9週以上0001
4 青 4	(55.5)56.3 :::::△: 21.3 ←	56 古川吉 1100	⊗ダイワメジャー 牡3 ストップザタイム グレイトタイミング 栗毛 Raven's Pass ゴドルフィン ダーレー・JF	昆 0.0.0.0 1-1-0-0 400 ・①・・・・・・ 中6週0000	兄ライトオンキュー 姉マンハッタンソング① 姉パーティネント①	2小⑥2・27未勝利13ト2 芝B2005古川吉56C○ H36.5-35.9 11 11 12 8 大 マイネルクリ0.3 526 2 1 5 栗坂 54.0 38.5 12.1	2中京④3・21未勝利17ト1 芝A2017古川吉56C○ M38.1-35.4 10 10 10 9 大 0.2チョッピー 516 16 1 2 CW 82.6 37.4 11.7
5 黄 5	(53.7)55.3 △△:△△△△ 17.1 ←	56 吉田隼 初騎乗	⊗ハーツクライ 牡3 ミスターホワイト ホワイトヴェール③ 芦毛 クロフネ ㈲吉澤HD 下河辺牧場	矢作 0.0.0.0 1-2-0-1 400 ・・・・・・①・ 中1週0100	1中京②2・6未勝利12ト2 天ダ1554武豊56○ M38.8-38.1 1 1 1 1 内 ワンダフルト0.1 502 7 1 1 栗坂 52.8 38.1 13.9	1阪⑥2・27未勝利14ト5 天ダ1567武豊56○ M39.5-39.4 8 8 4 4 外 プラチナドリ0.6 502 5 1 1 栗坂 53.0 38.2 12.1	2阪⑩4・24未勝利16ト1 芝内B2009坂井瑠56 S36.7-35.1 2 2 2 2 内 1.0ウォーターレ 500 9 1 3 CW 85.0 37.7 11.4
5 黄 6	(51.0)52.7 :::::::: 29.4 ←	56 浜中 0001	⊗エピファネイア 牡3 アップデート ラヴィアンフルール① 鹿毛 ステイゴールド 石川達絵 白井牧場	杉山晴 0.0.0.0 1-0-1-1 400 ・・・③・・・・ 中4週0000	4阪⑦10・30新馬12ト12 芝外A2056浜中55△ S39.7-37.6 12 12 9 10 中 マテンロウレ2.8 508 5 1 7 栗坂 55.2 39.5 12.7	1阪③2・19未勝利15ト1 芝外A2282和田竜56 S38.2-33.7 8 8 8 7 内 0.1スワヤンブナ 502 1 1 1 CW 81.2 37.3 12.1	2阪③4・2アザ1勝8ト3 芝外A2296和田竜56○ S39.1-33.6 6 6 4 5 中 インプレス 504 1 1 2 栗坂 52.3 37.5 12.4
6 緑 7	(57.5)57.5 △:○:▲:△ 8.4 ←	56 川田 初騎乗	⊗ディープインパクト 牡3 リアド ダイタンクイーン 鹿毛 Tiznow 大塚亮一 ノーザンファーム	友道 0.0.0.0 1-1-0-1 400 ・・⑤・・・・・ 中5週0000	4阪⑤10・24新馬10ト1 天芝外A1473福永55○ S37.6-33.5 4 4 3 外 0.5トルナヴァ 462 7 1 1 栗芝 57.1 37.0 11.4	1中京⑦1・22若駒S(L)7ト2 芝A2024武豊56○ S38.3-35.0 1 2 3 2 内 リューベック0.2 472 1 1 1 CW 86.0 38.0 11.3	2阪⑪3・26毎日杯GⅢ10ト5 天芝外A1480福永56 M36.6-35.9 4 5 2 中 ピースオブエ0.5 470 6 1 2 栗坂 54.9 40.0 12.6
6 緑 8	B (57.1)55.8 :::::::: 35.1 ←	56 池添 1101	⊗ディープインパクト 牡3 ショウナンアデイブ シーヴ 青鹿 Mineshaft 國本哲秀 ノーザンファーム	高野 0.0.0.0 1-4-0-1 400 ・⑦・・・・・・ 中6週0000	1中京⑤1・16未勝利11ト2 芝A2020池添56○ S37.1-34.9 2 2 2 2 内 エイカイマッ0.1 498 10 1 2 栗坂 52.8 38.8 12.4	1阪②2・13未勝利10ト1 芝外A2009池添56○ S38.7-34.1 6 4 4 4 外 0.3ヘクトパスカ 496 6 1 1 栗坂 53.0 38.5 12.0	1阪⑪3・19若葉S(L)10ト7 芝外A2012池添56 S37.7-35.7 7 7 5 5 内 デシエルト1.0 492 1 1 3 栗坂 52.7 38.3 12.3
7 橙 9	(55.9)58.6 △△△▲△○△ 8.1 ←	56 松田 2011	⊗スクリーンヒーロー 牡3 ボルドグフーシュ ボルドグザグ 栗毛 Layman ㈲社台レースホース 社台F	宮本 0.0.0.0 2-0-1-2 900 ①・・・・・・・ 中7週0000	6阪③12・11エリ1勝11ト7 芝外B2007松田55△ M38.3-36.2 10 10 9 6 大 サトノヘリオ1.0 486 11 1 6 栗坂 54.6 40.4 13.0	1中京①1・5 1勝10ト3 芝A2002松田56 H37.9-35.8 9 9 9 9 外 グランディア0.1 488 8 1 6 栗坂 53.8 39.4 12.5	1阪⑨3・12ゆき1勝8ト1 芝外A2271松田56 S38.4-33.3 8 8 8 7 外 0.2ディライトバ 488 5 1 2 CW 85.7 37.7 11.6
7 橙 10	(56.0)58.4 ◎◎◎○◎○◉ 2.6 ←	56 レーン 初騎乗	⊗キタサンブラック 牡3 ブラックブロッサム ポーレン 青毛 Orpen ㈲シルクレーシング 白老F	斉藤崇 1.0.0.0 2-0-0-0 900 ・・①・・・・・ 中6週0000	兄トレジャーハンター① 姉ムーンライトナイト③ 兄シーザウェイクリア① 姉ポレンティア	1中京⑩1・30新馬18ト1 芝B2018松山56○ S37.4-35.4 3 3 2 3 外 0.1ダノンソフィ 526 8 1 1 CW 84.5 39.0 12.1	2中京③3・27大寒1勝8ト1 芝B2141横山武56○ M35.5-36.4 3 3 3 2 1.3サンライズエ 522 5 1 2 CW 82.7 37.3 11.4
8 桃 11	(57.9)59.5 ○△▲▲:△○ 7.5 ←	56 酒井学 0100	⊗エピファネイア 牡3 ヴェローナシチー アモーレエテルノ① 芦毛 ゼンノロブロイ 中京 ㈱友駿HC カミイスタット	佐々晶 0.0.0.0 1-1-3-0 400 ・②・・・・・・ 中6週0000	1中京⑥1・16京成杯GⅢ16ト3 芝内C2017団野56 M37.5-35.0 13 13 11 10 内 オニャンコポ0.4 504 8 1 8 栗坂 52.8 38.4 12.6	1阪⑤2・26すみれ(L)8ト3 芝外A2133団野56○ S37.4-34.3 8 8 8 7 外 ポッドボレッ0.4 508 7 1 4 栗坂 53.6 39.0 12.9	1阪⑪3・19若葉S(L)10ト2 芝外A2007酒井学56○ S37.7-35.1 5 5 5 5 中 デシエルト0.5 502 4 1 4 栗坂 52.3 37.9 12.2
8 桃 12	(57.7)59.8 ▲△▲◎○▲▲ 5.2 ←	56 福永 1000	⊗ジャスタウェイ 牡3 ポッドボレット シーエスシルク 鹿毛 Medaglia d'Oro 小川眞査雄 社台ファーム	辻野 0.0.0.0 2-2-1-1 1600 ・2カ月半休養・ 中9週1100	1東④2・6ゆり1勝10ト2 芝D2273ルメール56○ S37.3-34.3 1 1 1 1 内 レヴァンジル 508 9 1 2 栗坂 53.9 38.8 12.2	1阪⑤2・26すみれ(L)8ト1 芝外A2129福永56△ S36.2-34.4 2 2 2 2 内 0.1レヴァンジル 502 4 1 5 栗坂 54.2 38.9 12.4	馬体調整・放牧 仕上がり上々 初戦③着 推定馬体510 中9週以上1100

着	馬名	騎手	タイム(差)	1角	2角	3角	4角	上がり	人気	前走
1	3 ③ アスクワイルドモア	岩田望	2:09.5	9	8	9	6	35.2	8	中京芝2000
2	8 ⑪ ヴェローナシチー	酒井	1/2	11	11	6	3	35.4	7	阪神芝2000
3	7 ⑨ ボルドグフーシュ	松田	1.1/4	12	12	12	12	35.0	5	阪神芝2400

単勝／1,780円　複勝／390円、390円、320円　馬連／7,500円
馬単／17,150円　三連複／19,830円　三連単／155,470円

中京11R　京都新聞杯　芝2200m
▶レース質　内枠・差し

頭数の割に位置を取りたい馬がいて、初角まで長いコースならやや先行争いは激しくなりそう。権利取りの早仕掛けも考慮すれば先行負荷の高い流れに。ラチ沿いを追走し、4角をタイトに回れる差し馬が穴をあけるレース質。

3.アスクワイルドモア
きさらぎ賞ではやや伸び上がるようなスタートから後方を進み、ふらふらと進路を探すシーンもありながら、上位2頭と同じ脚を使って届かずの4着。長く脚を使えることは証明されているので、できれば内の3列目までを取りたい。

11.ヴェローナシチー
2走前に内枠先行有利の馬場で7枠から3着に差したのが強い競馬。前走も内前が止まらない中、やや外目から2番手まで上がったように持続力タイプの差し馬でここは向きそう。できれば内枠がよかったが、12頭立てなら。

Tips

ワンポイントアドバイス

2022年5月7日（土）中京11R京都新聞杯は、まさにこの「先行不利」となる条件がそろったレースになりました。

このレースは12頭立てで、少頭数になりやすい中京芝2200mとしては標準やや多めの出走頭数。また、近3走で初角3番手以内の競馬をした馬が6頭と出走頭数の半数を占めていました。さらに、当日は京都改修に伴う代替開催のために馬場が硬めに造られた芝の開幕週。1勝クラスの1400mで1.19.6、2勝クラスの2000m少頭数のスローで1.58.4と明らかな超高速馬場でした。

これだけ条件がそろえば十分ですが、クラシックトライアルということで権利取りの早仕掛けも予想できるここは、自信をもって「内枠・差し」で取ることができました。

レースは道中ラチ沿い後方で脚を溜めた8番人気のアスクワイルドモアが、コーナーをタイトに回り、直線だけ外に出して差し切り。道中後方2番手から早めにマクった7番人気ヴェローナシチーが2着で、推奨馬のワンツー決着。3着にも最後方から直線だけで差した5番人気ボルドグフーシュが入線し、差し馬の上位独占となりました。

12頭立てで馬連7,500円、3連複19,830円という好配当でしたが、中京芝2200mで発生する「内枠・差し」のレース質を知っていればまず外さないフォーカスだったと言えるでしょう。

コース形態

第3項 芝発走のダートの「外枠・先行・短縮」で回収率を底上げ

芝発走のダートがもつレース質

現在、発走地点が芝のダートコースは、福島ダート1150m、中山ダート1200m、新潟ダート1200、阪神ダート1400m、中京ダート1400m、京都ダート1400m、東京ダート1600m、阪神ダート2000mの8コースになります。

これらのコースでは基本的にダートコースの向正面、2コーナー奥のポケットからの発走になります（阪神ダート2000mのみ4角のポケット）。ポケットの引き込み線が芝コースになっているため、コーナーの曲線に沿って芝を走る距離が違い、コーナー出口に近い外枠のほうが芝部分を長く走れるという特徴があります。

また、芝部分で速度が出るため、ダート発走のコースに比べてテンに流れることが多く、例えば東京ダート1600mは東京ダート1400mよりもペースが流れやすくなっていますし、阪神や京都、中京のダート1400mと1200mの比較でも同様の傾向にあります。

特に、唯一の中距離ダートで芝発走となっている阪神ダート2000mに先行馬がそろうと、テン3F34秒台という芝並みの速度で突っ込んでいって、先行馬総崩れというケースもしばしば見受けられます。

Step 1 発走地点が芝になっている
ダートコースの特徴を知ろう

Step 2 芝発走のダートコースの
枠順別成績を確認してみよう

Step 3 芝発走のダートコースの外枠ねらいが
特に効果的な条件を覚えよう

阪神競馬場コース図（ダート）

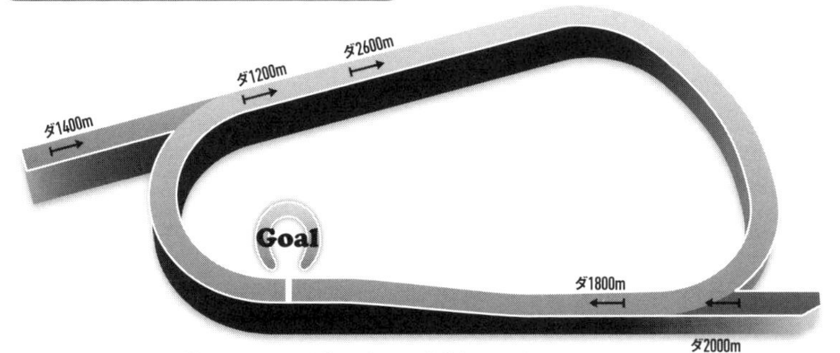

1400mと2000mが芝スタート。外枠の方が長く芝部分を走れる。

東京競馬場コース図（ダート）

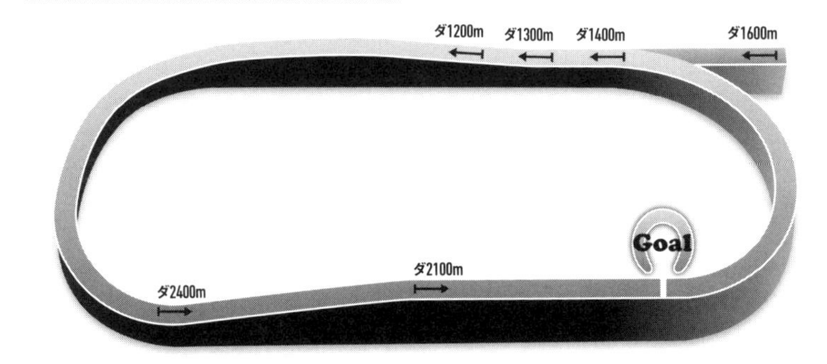

1600mが芝スタート。外枠の方が長く芝部分を走れる。

① 芝発走のダートコースのレース質上の特徴を知ろう

芝発走のダートコースのレース質上の特徴をまとめると、以下のようになります。

- **ダートは基本先行有利（位置を取る馬が有利）で、芝発走の外枠は先行しやすい（好位置をとりやすい）ため、「外枠有利」になりやすい**
- **外枠が先行する隊列（外枠主導）では、被せられる内枠勢は位置を悪くするため「内枠不利」になりやすい**
- **先行しにくい内枠が押して先行する形になるとペースが上がりやすく、上がりが掛かるため、「差し有利」や「短縮有利」になりやすい**

芝部分はダートを走るよりも速度が出やすいので、当然外枠の馬のほうがテンにダッシュが利きます。先行馬であれば楽に出していくことができますし、差し馬でも離されずによい位置を取ることができます。その分、レースがしやすく、後半に余力を残すことができるため、内枠に対してアドバンテージを得ることができるわけです。

また、外枠が先行しやすいということは、同時に内枠が先行しにくいということでもあります。外枠の馬が先行してしまえば、内枠の馬は被せられて通常より位置取りを下げることになります。先行馬であれば、取りたいポジションが取れないということになりますし、差し馬であれば、直線で間に合わない位置まで下げさせられてしまうリスクがつきまといます。

それを避けるためには、内枠の馬は少し無理をしてでもゲートから出していく必要があります。このとき、内枠の馬の負荷が大きくなることは当然ながら、もう一つ大きな問題が起こります。それは、無理をして内枠から先行することで、全体のペースを引き上げてしまうことです。その結果、自身で速いペースを演出してしまい、後半に脚を残すことができず早々に止まってしまうのです。

東京ダート1600m枠順別成績（良馬場限定）

枠	着別度数	勝率	連対率	複勝率	単勝回収値	複勝回収値
1枠	8-18-13-257/296	2.7%	8.8%	13.2%	60	51
2枠	23-17-13-261/314	7.3%	12.7%	16.9%	118	62
3枠	25-17-18-269/329	7.6%	12.8%	18.2%	39	49
4枠	14-23-24-279/340	4.1%	10.9%	17.9%	21	57
5枠	22-27-26-272/347	6.3%	14.1%	21.6%	34	73
6枠	28-25-30-270/353	7.9%	15.0%	23.5%	38	79
7枠	33-24-28-275/360	9.2%	15.8%	23.6%	71	80
8枠	29-29-29-272/359	8.1%	16.2%	24.2%	88	77

阪神ダート1400m枠順別成績（良馬場限定）

枠	着別度数	勝率	連対率	複勝率	単勝回収値	複勝回収値
1枠	13-7-18-200/238	5.5%	8.4%	16.0%	43	39
2枠	15-11-14-215/255	5.9%	10.2%	15.7%	30	45
3枠	16-20-15-216/267	6.0%	13.5%	19.1%	35	53
4枠	24-16-24-216/280	8.6%	14.3%	22.9%	83	70
5枠	20-22-18-229/289	6.9%	14.5%	20.8%	47	49
6枠	17-23-22-231/293	5.8%	13.7%	21.2%	61	75
7枠	15-32-21-229/297	5.1%	15.8%	22.9%	42	90
8枠	30-19-18-233/300	10.0%	16.3%	22.3%	74	70

そうなると、ラチ沿いを先行している馬が止まるため直線で内がごちゃつくとともに、3～4角でラップが緩むため外枠からの押し上げを許し、馬群の外をスムースに通す馬が恵まれる＝さらに外枠有利を助長することになるというメカニズムになっています。

2 芝発走のダートコースの枠順別成績を確認してみよう

実際に試行回数の多い東京ダート1600mと阪神ダート1400mの枠順別

成績を見てみましょう。乾いた馬場なので、良馬場に限定しています。

東京ダート1600mでは、外枠有利が明白で、1枠に至っては勝率2.7%、複勝率13.2%と極端に低く、1枠に入っただけで人気馬でも割り引き対象。外枠になるにつれて成績が上がっていき、8枠の複勝率24.2%がMax、現在では東京ダート1600mの外枠有利がオッズに織り込まれている状況であってもまだ7～8枠の複勝回収率は80%に近い数値を保っています。

また、阪神ダート1400mでは1～2枠が勝率5%台、複勝率16%以下と不利。こちらも外枠になるにつれて成績が上がっていき、8枠では勝率10.0%と抜けた数値になっていて、いかに外枠芝発走を生かしてテンに位置を取ることが有利であるかが分かります。

③ 芝発走のダートコースの外枠ねらいが特に効果的な条件を覚えよう

前述のとおり、「芝発走のダートコースは外枠有利」はすでにオッズに織り込まれる程度に有名になっていますが、そのメカニズムを言語化して理解しておくことで、安心してねらうことができます。そして、このメカニズムが崩れる条件下では、ねらいを変更する必要があることにも思い至ることができると思います。

例えば、含水率が高いダートでは時計が速くなる分、物理的に内枠が有利になる（外を回すと時計面で間に合わない）ので、稍重～不良馬場ではレース質を「内枠有利」に調整する場合が出てきます。また、内枠に先行馬が入ると全体のペースが引き上がり、外枠先行馬の先行負荷も高くなるため、「差し有利」に調整する必要があるでしょう。

このように、実際の予想では当日の馬場状態やペースなどを考慮してレース質を調整していくわけですが、単純にコースがもつレース質である「外枠・先行・短縮」を買うだけでも十分に回収率を底上げすることができる条件があります。

芝発走のダートで「外枠・先行・短縮」が走る条件
- Ⅰ 含水率が低い（7%以下程度）ダートであること
- Ⅱ 先行馬がそれほど多くないメンバー構成であること
- Ⅲ 外枠に先行馬が入っている枠の並びになっていること

つまり、乾いた馬場で外枠主導の隊列になるときに、「外枠・先行・短縮」の馬を買いましょうということです。芝発走のダートコースは試行数が多いので、この条件をねらい撃つことを徹底するだけでも予想が楽になることは間違いありません。

回収率を上乗せする
黄金パターン

芝発走のダート × 含水率が低い馬場 × 先行馬が少ないメンバー × 外枠主導（逃げ馬が外枠）
=「外枠・先行・短縮（・スローペース）」

芝発走のダート × 含水率が低い馬場 × 先行馬が多いメンバー × 内枠主導（逃げ馬が内枠）
=「外枠・差し・短縮・ハイペース」

Sample Race 芝発走ダートコースの教科書的な決着

2022/12/11 中京2R 2歳未勝利（ダ1400m）

枠・馬番	予想・オッズ	騎手・斤量	馬名・血統	厩舎・成績	前走・近親	前走・近親	前走
1 白 1	(49.7)48.6 25.1	★永島 51 0001	マインドユアビスケッツ 牡2 ディープマインド ディープデザイア① 深見敏男 アグネスタキオン フジワラF	本田 0.0.0.1 0-0-0-3 ・2カ月放牧・・	3阪②6・19新馬14ト7 三ダ1152 藤岡康54 H36.7-38.5 5 7 8 ナイトキャッ1.3530 2 8	4小⑦9・3未勝利16ト11 右ダ1492 角田53△ M36.5-41.2 4 4 8 8 ゴッドブルー3.4522 3 9	4阪⑩10・10未勝利12ト10 西ダ1266 永島51 H35.1-39.1 2 3 4 コパノハンプ2.4522 2 6
2 黒 2	(53.7)53.6 ▲○▲◎▲△△ 4.9	△角田河 53 0001	ベストウォーリア 牡2 グッジョブ ハッピーロングラン① 岡崎幸夫 ネオユニヴァース 指牧場	牧 浦 0.0.1.0 0-0-1-1 ・・・・・④・・	姉ハッピースワニー	4東①10・8新馬16ト3 三ダ1189 戸崎55△ M36.8-36.1 ⑧ 8 イニッツィオ1.1436 14 4	5阪⑤11・19未勝利15ト4 西ダ1266 角田河53 H35.9-38.6 7 7 5 中 レゾルシオン0.5436 8 4
3 赤 3	関東(48.9)50.1 △ 26.4	△横山琉 53 0001	ロードカナロア 牡2 コーラフロート ニンフェアアルバ 中村智幸 Monsun ケイアイファーム	和田勇 0.0.0.0 0-0-0-2 ・⑨・・⑤・・・	姉ナイトミュージアム① 兄ティナ① 兄ヴィトラス① 姉エンチャント	4東⑦10・23新馬13ト9 天芝A1512 津村55 S38.7-35.0 3 9 8 8 中 ガストリック1.4472 4 9	3福③11・12未勝利14ト5 右ダ1502 横山琉53 S38.7-39.5 2 2 3 3 ブメハナ1.8 472 10 6
4 4	(—)47.4 ☆	☆亀田 53 初騎乗	ロードカナロア 牝2 レディマーシャル ファイアマーシャル① 吉田千津 ディープインパクト 社台F	村山 0.0.0.0 0-0-0-1 ・・・・・・⑮・	距離・重ダ適性 父 短中距離型 重○ダ◎ 母の父中距離型 重○ダ○ 2月15日生	姉レッドキュリアス① 姉セイウンピーチ① 姉ファイアーコード①	5阪⑦11・26新馬18ト15 天芝外B1383 藤岡康54 S38.0-35.9 ⑭ 14 13 クファシル3.0 448 5 15
5 青 5	(51.8)50.4 △△：▲△◎◎ 6.8	藤岡康 55 初騎乗	ロードカナロア 牡2 ナンヨークリスタル ナンヨーカノン④ 中村直也 フジキセキ ノーザンファーム	松永幹 0.0.0.0 0-1-0-3 ・⑧・・・・・・	4中⑥9・19未勝利14ト7 天芝外B1505 Mデムーロ54△ S38.8-35.6 ⑭ 14 13 ⑧ スーパーマン1.4470 1 3	4阪①10・8未勝利10ト7 芝外A2022 坂井瑠55△ M36.0-36.5 2 2 2 2 内 ノーブルライ0.9470 3 4	4阪⑦10・23未勝利11ト8 天芝外A1348 坂井瑠55△ M34.9-35.8 2 2 2 中 ムーンブロー0.8470 10 4
5 6	(47.2)49.7 38.8	☆角田和 54 0001	サトノクラウン 牡2 テーオーエンゲルス アルケミスト② 小椋公也 ダイワメジャー 三嶋牧場	須貝尚 0.0.0.0 0-0-0-2 ・・・・⑪・⑦・	半兄 メイショウマンカイ① ボーカークイーン① グリーンパローズ①	5阪③11・12新馬13ト11 天芝外A1362 浜中55 M36.3-36.3 7 5 3 中 エンファサイ1.7464 8 10	5阪⑦11・26未勝利16ト7 西芝外B1225 角田和54 M35.4-35.5 11 12 10 内 テンノメッセ1.5464 5 15
6 緑 7	(—)45.5 ☆	▲川端 51 0001	メイショウボーラー 牝2 アデラパフューム ホッコーパフューム① 高昭牧場 ヴィクトワールピサ 高昭牧場	小林 0.0.0.0 0-0-0-1 ・3カ月休養・・	姉パフュームリボン① 姉アジアンライナー㊫	5中京⑤9・19新馬12ト11 天ダ2040 川端51 M39.5-45.8 7 7 7 7 テレパシー8.4 454 5 12	タイムオーバー放牧 成長窺え 初戦①着 推定馬体460 中9週以上0000
6 8	関東(—)52.4 ：△：：：△△ 35.9	▲佐々木 51 初騎乗	レッドファルクス 牝2 マグノリアレーン マサノミネルバ 会田裕史 ラムタラ 白老ファーム	新開 0.0.0.0 0-0-0-1 ☆⑤・・・・・・	距離・重ダ適性 父 短距離型 重○ダ◎ 母の父中長距離型 重○ダ○ 2月17日生	姉スアデラ㊫ 姉ボーダレスガール㊫ 兄グラウクス 姉フロネシス㊫	4東⑦10・23新馬16ト5 西ダ1283 小林凌大52 M39.2-37.0 ⑭ 14 14 キョウエイブ1.7428 6 10
7 橙 9	(—)51.0 ▲△○△△▲▲ 5.6	西村淳 55 初騎乗	アメリカンフェロー 牡2 (外)フスカル ブルーバヒア 雅牧場 Wildcat Heir Dドレイジン	池添学 0.0.0.0 0-0-0-1 ・⑦・・・・・・	距離・重ダ適性 父 中距離型 重○ダ◎ 母の父短距離型 重○ダ◎ 2月28日生	半兄 チョコレートブラウン ツインライツ クリスティーズボーントゥラン	4阪⑦10・23新馬15ト7 三ダ1144 松山55 H35.2-39.2 1 3 3 中 タカネノハナ1.6478 15 1
7 10	(52.9)53.6 ○▲▲▲◎▲△ 4.9	幸 55 0010	シニスターミニスター 牡2 マーブルロック サニーロック① 下村直 キングカメハメハ 丸村村下F	西園正 0.0.0.0 0-0-1-1 ・・④・・③・・	姉マーブルサニー 兄トモジャアルマンド 兄ハイパータンク㊫ 姉マーブルファクター	4東⑨10・30新馬15ト4 天ダ1410 松山55 M37.2-38.1 2 2 2 内 パライバトル1.6488 7 6	5阪⑤11・19未勝利15ト3 西ダ1263 幸55△ H35.7-38.4 5 4 2 外 レゾルシオン0.2496 14 5
8 桃 11	(52.7)53.3 ◎◎◎○○○○ 2.7	柴山 55 0202	マインドユアビスケッツ 牡2 キングオブザナイル ヴェネーノ① HimRockR ディープインパクト 鮫川啓一	畑端 0.0.0.0 0-2-0-4 ・②・・・②・・	5中京⑦9・25未勝利15ト5 西芝B1221 坂井瑠54△ M34.7-35.8 1 1 1 モズライブセ0.4486 3 8	4阪⑥10・22未勝利12ト2 西ダ1265 柴山55◎ H35.4-38.5 2 2 2 内 ゼットリアン0.1490 8 3	5阪⑤11・19未勝利15ト2 西ダ1262 柴山55○ H35.6-38.4 3 2 2 中 レゾルシオン0.1494 12 2
8 12	関東(—)50.4 33.5	☆松本 54 初騎乗	ロゴタイプ 牡2 ヴィアスパークル ベルルクロシュ② ディアレスト ソングオブウインド ディアレ	小笠 0.0.0.0 0-0-0-1 ・・・・・☆⑧・・	距離・重ダ適性 父 中距離型 重◎ダ○ 母の父中距離型 重○ダ○ 2月11日生	姉イナリ㊫	5東⑤11・19新馬16ト8 西ダ1292 大野55 M37.4-39.4 6 7 7 グレートサン3.7450 6 10
8 13	(52.5)51.8 △：△△▲△△ 10.6	高倉 55 0002	マクフィ 牡2 キョウエイゲイル キョウエイルフィー① 田中晴夫 ルーラーシップ 藤沢牧場	田中克 0.0.0.1 0-0-0-2 ・2カ月放牧・・	半兄 メイショウアイアン④ メイショウマサカゼ② メイショウパーズ②	5中京④9・18新馬13ト4 西ダ1263 高倉54△ H35.7-38.4 7 8 9 内 ルーカスミノ0.6472 6 11	4東⑩10・10未勝利14ト5 天ダ1374 高倉55△ H34.7-38.0 3 2 2 中 ツインクルト0.8458 11 2

着	馬名	騎手	タイム(差)	1角	2角	3角	4角	上がり	人気	前走
1	8 ⑬ キョウエイゲイル	高倉	1:26.1			2	3	39.2	4	東京ダ1600
2	7 ⑩ マーブルロック	幸	3			4	4	39.5	3	阪神ダ1400
3	2 ② グッジョブ	角田河	2.1/2			4	4	39.9	6	阪神ダ1400

単勝／790円　複勝／210円、160円、220円　馬連／1,540円
馬単／3,540円　三連複／4,130円　三連単／23,220円

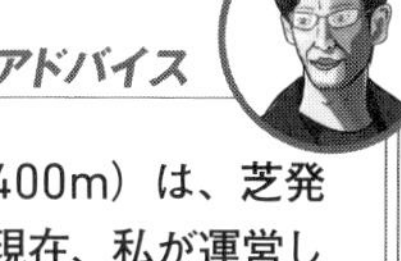

Tips

ワンポイントアドバイス

2022年12月11日（日）の中京2R2歳未勝利（ダート1400m）は、芝発走のダート短距離らしさが詰まったレース。このレースは現在、私が運営している無料オープンチャット「立川サロンアネックス」で無料公開したものです。

この日の中京ダートの含水率は4.3%と乾いた馬場、メンバー構成は13頭立てで先行馬はやや多めですが、前崩れになるほどではないと判断。そして、6～8枠に前走ハイペースを経験している先行馬が並び、外枠主導の隊列になることが想定されました。

本命にしたのは大外枠⑬キョウエイゲイルで、前走東京ダート1600mを2番手追走しての距離短縮ローテ、つまり「外枠・先行・短縮」にピッタリ合致した馬でした。鞍上が高倉騎手ということもあり、人気は4番人気と手頃。実際の馬券では、⑬を軸にして、外枠の先行馬を2列目に、内枠先行馬は位置を悪くするため、内枠の差し馬を3列目に加えた馬券を組みました。

レースでは、外枠勢が先団を形成するその大外3番手を追走した⑬キョウエイゲイルが、直線でジリジリと脚を伸ばし1着でゴール。3連単232倍を1,000円的中することができました。これは、芝発走のダートコースのレース質を知っていれば、誰でも的中できた馬券と言えるでしょう。

●立川優馬（レース質マトリックス）
中京2R　2歳未勝利　ダート1400m
レース質：外枠・先行・短縮

先行馬が外枠に並んで入って、芝発走も加味すれば外枠主導の隊列で落ち着く。外から被せられる内枠勢は位置を悪くすため不利。外目の枠からテンに主張していける馬が押し切るレース質。

13.キョウエイゲイル
被せて先行できる大外枠に入って、テンの速度比較でも上位。距離短縮ローテで持続力を補完しつつ位置が取れるのはプラス。2走前にこのコースで4着経験あり、その時計の比較でも上位人気と大差ない。

【軸馬】
13.キョウエイゲイル

【相手】
11、10、5、2

コース形態

第4項 初角までの距離が短いコースの「内枠先行有利」で回収率を底上げ

初角までの距離は重要なファクター

「レース質マトリックス」では、レース質を設定する際に、初角までの距離を重要なファクターの一つと捉えています。これは「テン2F目」の最加速地点でコーナーを迎えるか否かが、ペースや隊列に大きな影響を与えるためです。

1 初角までの長さによって生じるバイアス

基本的に、コースレイアウト上、初角までの距離の長さによって、以下のようなバイアスが生じます。

■初角まで短いコース

- **最加速地点である「テン2F目」でコーナーを迎えるため、ペースが緩みやすい**
- **先行争いをする距離が短いため、テン流れにくく、先行馬の負荷が小さくなりやすい**

■初角まで長いコース

- **長い直線でスムースに加速できるのでペースが緩むところがない**
- **先行争いをする距離が長いため、テン流れやすく、先行馬の負荷が大きくなりやすい**

Step 1 初角までの距離の長さによって生じるバイアスについて知ろう

Step 2 初角までの距離が短いコースの具体的なねらい方を理解しよう

Step 3 初角までの距離が短いコースで有利な馬キャラを覚えよう

初角までの距離による先行負荷の違い

初角まで短い=2F目がコーナー

コーナーでペースが
➡緩んで先行馬の
息が入りやすい!

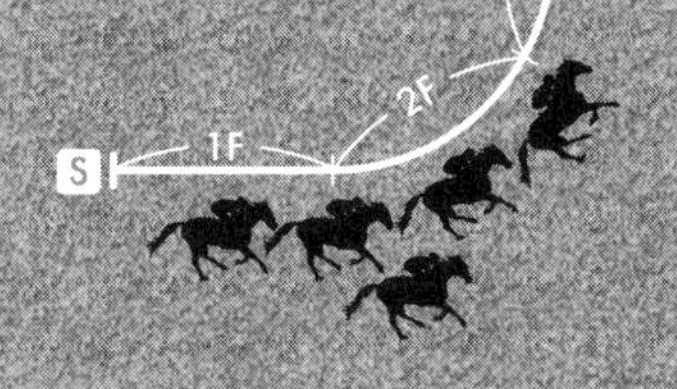

初角まで長い=2F目が直線

雁行状態で
➡競る形になりやすく、
息が入りにくい!

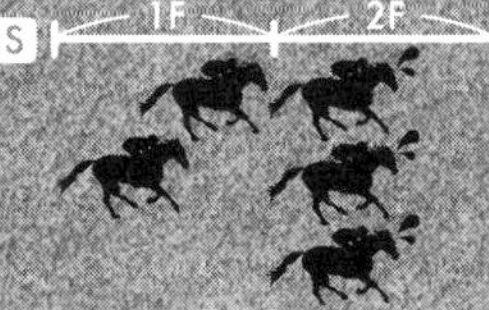

結果として、初角まで短いコースではペースが遅くなり、先行馬が有利になるうえに、内枠からのほうが先行しやすいため、レース質が「内枠・先行・スローペース」になりやすいということです。
対して、初角まで長いコースではペースが速くなり、先行馬が不利になるうえに、直線で先行馬が止まって内が詰まるため、レース質が「外枠・差し・ハイペース」になりやすいということです（この場合、ほとんどのケースで上がりが掛かるので「短縮有利」にもなりやすい）。

例外的に、直線部分が長い造りになっている新潟競馬場の芝外回りは、初角まで長いレイアウトが多くなっていますが、長い直線での末脚比べを意識してテンの先行争いが起きにくいので、ペースが緩む傾向にあります。

2 初角までの距離が短いコースの具体的なねらい方

初角まで短いと判断される「テン2F目」がコーナーに当たるコースとは、主に初角までの距離が350m以下のコースです。具体的には、福島芝1800mや小倉芝1800mなどのローカル競馬場の非根幹距離や、東京芝2000mや札幌芝1500mなどのポケット発走のコース、東京ダート1300mや中山ダート2500mなどの特殊条件が挙げられます。
こうしたコースには以下のような特徴があります。

㋐本来であればラップが上がるはずの地点でコーナーを迎えてラップが緩むため、スローペースになりやすい
㋑加速しながらコーナーを迎えるため、距離的にコーナー（内ラチ）に近い内枠のほうが位置を取りやすい
㋒加速しながらコーナーを回ることで、ラチ沿い先行馬を頂点にして馬群が縦長になりやすい

競走馬がコーナーを曲がるためには、遠心力で外に振られないように多少なりとも速度を落とす必要があります。初角までが短いコースでは、その減速地点が早く来るためにペースが落ち着くことが多くなります。

外枠から先行するためには内枠の馬よりも速い速度でゲートを出していく必要があります。その際、直線であれば内枠の馬と同じ距離の中でテンの速度を競うことができますが、初角までが短いコースでは、コーナーを回る距離ロス分をカバーする必要があるため、より速い速度で出していかなければなりません。その分、内枠のほうが位置を取りやすく、外枠の馬は無理をして出して行くか、位置取りを下げるかの2択を迫られることになります。

このとき、外枠の馬が位置取りを下げると、内枠の先行馬とのポジション差が大きく開くことになり、馬群がどんどん縦長になっていきます。結果として内枠主導の縦長隊列になりやすく、外枠差し馬が物理的に間に合わない状況に追いやられてしまうのです。

したがって、初角までの距離が短いコースのレース質は「内枠・先行」となりやすく、中距離では自然に位置が取りやすい距離延長ローテが恵まれます。つまり、以下のような条件がそろったときに「内枠・先行（・延長）」をねらっていけば誰でも簡単に馬券を当てることができるということです。

初角までの距離が短いコースで
「内枠・先行（・延長）」が走る条件

Ⅰ 内があまり荒れていないフラット～高速馬場な芝や、含水率の高いダートであること
Ⅱ 先行馬がそれほど多くないメンバー構成であること
Ⅲ 内枠に先行馬が入っている枠の並びになっていること

なお、初角までの距離が短いコースではテンが緩むためスローペースになることが多いことからレース質としては「内枠・先行（・延長）・スローペース」で取ることも少なくありません。このパターンでは外枠差し馬はノーチャンスになるので、馬券のフォーカスを絞ることも可能です。

主要コースの初角までの距離一覧

東京芝	
1400m	343
1600m	543
1800m	157
2000m	126
2400m	350
2500m	450
中山芝	
1200m	275
1600m	240
1800m	205
2000m	405
2200m	432
2500m	192
3600m	338
京都芝	
1200m	316
1400m内	516
1400m外	512
1600m内	716
1600m外	712
1800m	912
2000m	309
2200m	397
2400m	597
3000m	217
3200m	417
阪神芝	
1200m	243
1400m	443
1600m	444
1800m	644
2000m	325
2200m	525
2400m	330
2600m	525
3000m	348

札幌芝	
1200m	406
1500m	170
1800m	185
2000m	385
2600m	165
函館芝	
1200m	489
1800m	276
2000m	475
2600m	263
福島芝	
1200m	412
1800m	305
2000m	505
2600m	212
新潟芝	
1200m	448
1400m	648
1600m	548
1800m	748
2000m内	436
2000m外	948
2200m	636
2400m	836
中京芝	
1200m	315
1400m	516
1600m	199
2000m	314
2200m	514
小倉芝	
1200m	480
1700m	172
1800m	272
2000m	472
2600m	244

東京ダート	
1300m	342
1400m	442
1600m	640
2100m	236
2400m	536
中山ダート	
1200m	502
1800m	375
2400m	209
2500m	309
京都ダート	
1200m	410
1400m	610
1800m	287
1900m	387
阪神ダート	
1200m	342
1400m	542
1800m	303
2000m	498
札幌ダート	
1000m	284
1700m	241
2400m	197

函館ダート	
1000m	366
1700m	329
2400m	291
福島ダート	
1150m	480
1700m	338
2400m	326
新潟ダート	
1200m	525
1800m	389
2500m	352
中京ダート	
1200m	408
1400m	608
1800m	292
1900m	392
小倉ダート	
1000m	365
1700m	343
2400m	320

※初角までの距離はおおよその目安です

③ 初角までの距離が短いコースで有利な馬キャラ

初角まで距離が短いコースは基本的に内枠先行有利になるので、テンに位置を取りやすい馬が好走しやすくなります。具体的には、以下のような馬キャラに有利に働きます。

Ⓐ逃げると簡単には止まらない馬キャラ（逃げ馬）
Ⓑ追走力特化の馬キャラ（前傾ラップに強い馬）
Ⓒ伸びずバテずの馬キャラで、位置が取れたときに好走するタイプ（脚の遅い先行馬）

特に、Ⓑの馬キャラで近走テンに位置を取れずに惨敗を繰り返していた馬や、Ⓒの馬キャラで常に好位〜中団から伸びずバテずのレースをしていた馬が、初角までが短いコースの内枠に入って、すんなりと先行できるパターンは人気的な妙味も大きく絶好のねらい目になります。

また、ラチを頼ることでパフォーマンスを上げる馬（例：ウインマリリンなど）や、前述のとおり、距離延長ローテで追走力を補完しつつ自然に先行できる馬も有利になります。

回収率を上乗せする
黄金パターン

中山、福島、小倉、函館の芝1800m × 高速馬場〜フラット（内が荒れていない馬場） × 先行馬が少ないメンバー × 内枠主導（逃げ馬が内枠）
=「内枠・先行・延長・スローペース」

東京ダ1300m、阪神ダ1200m、ローカルダ1000m × 含水率の高い馬場 × 先行馬が少ないメンバー × 内枠主導（逃げ馬が内枠）
=「内枠・先行・延長」

Sample Race 初角まで短いコースの特徴が色濃く出た決着

2023/2/5 小倉12R 4歳以上1勝クラス(芝1800m)

馬番	馬名	性齢	斤量	騎手	父	母	母父	厩舎	成績	単勝	近走1	近走2	近走3
1	ピエドラアギーラ	牡5	58	団野	グレンイーグルス	ネウケン	ロックオブジブラルタル	小崎	1-2-0-3	43.2	大芝A1495 武豊 54	1年6カ月休養 左前繋靭帯炎・放牧	芝A2015 松若 58
2	モズゴールドバレル	牝4	55	菱田	オブディマイザー	スイーターステイル	ロックオブジブラルタル		1-1-0-6	6.6	大芝A1341 Mデムーロ 52	左ダ1483 小沢 51	大芝A1366 菱田 55
3	ロードラプソディ	牡4	57	松若	モーリス	ティアーモ	キングカメハメハ	松下	1-0-0-3	31.7	芝A2013 岩田望 54	大芝B1478 富田 54	大芝A1492 幸 57
4	ヨンウォニ	牝6	53	▲水沼	ゴールドヘイロー	プラントオジジアン	オジジアン	伊藤伸	0-0-2-17		芝A1356 佐々木 52	芝A1100 松岡 56	芝A1098 原 54
5	クオンタム	牡5	56	鮫島	ジョーカプチーノ	パリサンジェルマン	フレンチデピュティ	村田	1-0-3-28		大芝B1349	大芝A1497	芝A2045 勝浦
6	フォレスタ	牡5	56	丹内	ヴァンセンヌ	オペラアイ	オペラハウス	高橋	1-1-3-12	7.8	大芝C1497 丹内 55	大芝C1347 丹内 55	大芝A1486 丹内 56
7	クラシックステップ	牡4	57	北村友	モーリス	レッドジゼル	アグネスタキオン	安田隆	1-0-1-4	3.5	大芝A1361 松田 56	大芝A1467 北村友 56	大芝A1488 北村友 57
8	キヨラ	牝4	54	△原	エピファネイア	テンイムホウ	ラムタラ	堀内	0-0-0-7		芝B2030 松田 54	芝B1599 勝浦 54	大芝A1358 佐々木 52
9	ロムネヤ	牝4	52	▲今村	ディープインパクト	ヤンキーローズ	All American	国枝	1-2-0-6	7.4	大芝A1493 三浦 52	大芝A1479 西塚 52	大芝A1491 小林 53
10	ヴィスパメンテ	牝4	55	藤岡佑	ドゥラメンテ	ヴァリディオル	Dynaformer	中内田	1-2-0-0	3.4	大芝B1472 岩田望 54	大芝A1471 川田 54	骨折・放牧 乗り込み十分 初戦②着 推定馬体472 中9週以上0100
11	ユイ	牝4	51	★古川奈	ロードカナロア	トリニティプレイス	マンハッタンカフェ	高橋康	0-1-0-7		名ダ1308 渡辺 54	名ダ1319 渡辺 54	1月15日生 地方成績4戦2勝 2着1回3着1回
12	タイニープライド	牡4	55	川又	イスラボニータ	デルマフクムスメ	シンボリクリスエス	杉山佳	0-1-0-10		大芝B1512 川又 52	芝A2021 川又 53	芝A1106 川又 56
13	フィルムスコア	牝5	52	★永島	ルーラーシップ	ロンド	ロックオブジブラルタル	平田	1-1-1-15	33.2	芝B1078 藤懸 55	芝A1101 藤懸 55	芝A1104 北村友 56
14	エイムトゥルー		58	幸	エイシンフラッシュ	ロフティーエイム	サンデーサイレンス	奥村武	1-1-0-7	7.6	芝B2014 永野 55	大芝C1338 永野 56	大芝C1354 田辺 58
15	ヒルノアントラ	6	58	勝浦	ハーツクライ	ウエストローズ	スピニングワールド	昆	1-3-2-18	18.4	函芝B2300 柴山 57	大芝A1476 太宰 57	大芝A1490 古川吉 58
16	マイネルパリオート	牡5	58	丸山	グラスワンダー	フライングメリッサ	ダンスインザダーク	高橋裕	1-2-4-12	24.4	大芝A1491 丸山 57	大芝B1493 丸山 57	大芝A1491 丸山 58

着	馬名	騎手	タイム(差)	1角	2角	3角	4角	上がり	人気	前走
1	1 ② モズゴールドバレル	菱田	1:47.0	3	3	4	2	35.0	4	中京芝1600
2	5 ⑨ ロムネヤ	今村	クビ	1	1	1	1	35.5	5	小倉芝1800
3	1 ① ピエドラアギーラ	団野	クビ	5	5	6	5	34.9	11	小倉芝2000

単勝/700円 複勝/290円、310円、1,130円 馬連/2,450円
馬単/5,000円 三連複/32,910円 三連単/154,540円

小倉12R　4歳以上1勝クラス　芝1800m
レース質：内枠・先行・延長　　**人気該当馬：9.ロムネヤ**

先行馬が少な目のメンバーかつ初角まで約270mと短いコースで、内枠に先行馬が入れば内枠主導の隊列でペースは落ち着く。縦長の隊列になるので、位置を悪くする外枠の差し馬は不利。内枠からテンにある程度位置は取れる馬が穴をあけるレース質。

2.モズゴールドバレル
伸びずバテずの馬キャラで、枠や馬場の後押しが必要なタイプ。前走はダート→芝の奇襲逃げがハマった面はあるが、元々世代重賞で少差で走れていた馬。1枠に入って、距離延長ローテを生かしてテンに出していけるここはすんなりハナが叶いそう。

1.ピエドラアギーラ
伸びずバテずの馬キャラで、枠や馬場の後押しが必要なタイプ。昇級後の2戦は、内枠有利の外枠や、差し有利の先行と敗因が明白。前走は流れの速い小倉芝2000mを先行しているので、距離短縮ローテでも相対的にテンは速いほう。楽に2列目の内を確保できる。

Tips

ワンポイントアドバイス

初角まで短いコースらしい決着となったレース。このレースは、有料予想「穴馬トッピング」では1&3着を推奨、サロンにおいては推奨した3頭で1~3着を独占しました。

この日の小倉は前週までの雨によって芝が踏み固められ、内枠先行有利の傾向が出ていました。メンバー構成を見ると、前走初角4番手以内だった馬は4頭しかおらず、ペースは落ち着くことが予想されました。また、前走初角4番手以内だった4頭のうち2頭が1枠に入っており、内枠主導の隊列になるとともに、縦長隊列になることが想定できました。

本命にしたのは②モズゴールドバレル。前走逃げている内枠馬で、さらに中京芝1600mからの距離延長ローテで、普通にゲートを出ればラチ沿いを先行できることは明白。まず勝ち負けになると判断しました。

そうなれば、同枠①ピエドラアギーラも一緒に出していくことができます。この馬も前走初角4番手（しかもテンに流れやすい小倉芝2000m）を追走しており、距離短縮ローテでも2、3列目は取り切れるだろうと考え、対抗に評価しました。

レースでは、前走初角4番手以内の一頭である⑨ロムネヤが逃げ、それをラチ沿いを通して①と②が縦に並んで追走する形に。縦長隊列のまま4角を曲がった時点で、ラチ沿いを先行したこの3頭の争いに絞られ、3連単15万馬券的中を安心して見届けることができました。

コース形態

第5項 ローカル芝2000mの「差し有利」で回収率を底上げ

初角まで長いローカル芝2000m

第4項では、初角までの距離が短いコースのレース質を取り上げましたが、その対極をなすのがローカル芝2000mです。P102の表を見て分かるように、ローカル芝2000mは中京を除き、もれなく初角までの距離が長めに設定されています。

本項では、このことに伴って生じる特殊なレース質について解説していきます。

1 ローカル芝2000mのレース質が「外枠・差し・短縮・ハイペース」になりやすい理由を知ろう

函館、福島、小倉の芝2000m（新潟内回り2000m含む）は「外枠・差し・短縮・ハイペース」のレース質になりやすいコースです。したがって、「どの程度差しが決まるか」を検討することから予想を始めることをオススメします。

このようなレース質になりやすい理由は以下のとおりです。

㋐「差し有利」になる理由

ローカル競馬場のうち、一周距離が短くかつ直線が短いコースでは芝2000mの発走地点が4角の引き込み線に設定されます。このうち、コースに起伏が設定されているのが函館、福島、小倉の3場になります。この3場

Step 1 ローカル芝2000mのレース質が「外枠・差し・短縮・ハイペース」になりやすい理由を知ろう

Step 2 ローカル芝2000mの具体的なねらい方を覚えよう

Step 3 ローカル芝1800mや中央芝2000mとの出し入れで儲けよう

の2000mには、共通の特徴があります。それは以下の2点です。

■発走地点が下り坂になっていること（小倉はほぼ平坦）
■初角までの距離が長いこと（函館約475m、福島約505m、小倉約472m）

つまり、テンに速度が出やすい状況の中で、長い距離、先行争いをしなくてはならないレイアウトになっているわけです。その結果、ハイペースになりやすく、先行負荷の高いレースになるため、レース質が「差し有利」に傾きやすくなっているのです。

その中でも、直線半ば（最加速地点であるテン2F目）で坂を上らなければならない福島芝2000mは非常にタフで、同様のコース形態をしている阪神芝2200mと並んで、全競馬場の中でも屈指の先行負荷が高いコースと言えます。

イ「外枠有利」になる理由

函館、福島、小倉の芝2000mの「差し有利」は、ハイペースになりやすく、先行馬が止まるために発生するバイアスです。したがって、3～4角及び直線では止まった先行馬でラチ沿いは渋滞します。
また、この3場は全て3～4角でスパイラルカーブを採用しています。直線自体は300m弱と短いコースばかりなので、3～4角を加速して回ってくることになるため、スパイラルカーブでは遠心力を利用して外をマクり上がる形が、最もスムースに差し馬が押し上げる方法となります。

これらのことから、ハイペースの「差し有利」が発生した際には、馬群の外を回して押し上げるほうが好走しやすくなるため、枠のバイアスは「外枠有利」で取ることが多くなります。

ちなみに、この3場は馬場が荒れやすいため、コースの内目が荒れて、外のほうが伸びやすくなる点も付け加えておきます。

㋒「短縮有利」の理由

ハイペースで「差し有利」になると、レースは前傾ラップ（テンが速く、上がりが遅い）になるので、通常より上がりが掛かります。そうしたレースでは持続力が求められるため、距離短縮ローテの馬が有利になります。これは距離延長ローテの馬が体力不足になることや、テンの速度差で自然に位置取りが前になってしまうことなどから相対的に上位になる面もあって、明確に「短縮有利、延長不利」の傾向が出ます。

2 ローカル芝2000mの具体的なねらい方を覚えよう

函館、福島、小倉の芝2000mは「外枠・差し・短縮・ハイペース」をコースがもつレース質として設定し、以下の点を考慮して最終的なレース質を判断します。

このチェックシートの左の条件がそろうほど、外枠有利、差し有利に傾きます。なので、極端な場合、少頭数で先行馬が少ない未勝利戦の開幕週などでは「内枠・先行・スローペース」などに調整することもありえます。ただ、予想の入口として「外枠・差し・短縮・ハイペース」をベースに調整していくことで、予想の精度を上げることができるでしょう。

**ローカル芝2000m
レース質チェックシート**

出走頭数	多い	or	少ない
先行馬	多い	or	少ない
クラス	上級条件	or	下級条件
馬場状態	荒れている	or	荒れていない

➡左側の○が多いほど「外枠」「差し」に！

3 ローカル芝1800mや中央芝2000mとの出し入れで儲けよう

函館、福島、小倉などのローカル芝2000mが「差し有利」になる理由は、前述したとおり、「発走地点が下り坂になっていること」や「初角までの距離が長いこと」です。つまり、これが解消されれば「先行有利」に傾くということになります。したがって、2000mから発走地点が200mゴール寄りに設置されるコース（初角までの距離が短いコース）、つまり、各競馬場の1800mは「内枠・先行・スローペース」になりやすいコースであると言えます（第4項を参照）。芝2000mが「差し有利」になりやすい競馬場では、1800mと2000mで傾向が逆転するので、その出し入れに妙味があります。例えば、以下のようなケースが多々見受けられます。

古から伝承される1800m→2000mの上げ下げ

2023年巴賞

着	馬名	騎手	タイム(差)	1角	2角	3角	4角	上がり	人気	前走
1	1②アラタ	横山武	1:48.0	4	4	4	4	35.1	2	中京芝2000
2	8⑮ドーブネ	武豊	3/4	2	3	2	1	35.5	1	東京芝1800
3	5⑩テーオーシリウス	藤岡佑	3/4	1	1	1	2	35.9	3	福島芝2000

単勝／280円　複勝／120円、120円、210円　馬連／400円
馬単／870円　三連複／1,120円　三連単／4,170円

2023年函館記念

着	馬名	騎手	タイム(差)	1角	2角	3角	4角	上がり	人気	前走
1	5⑨ローシャムパーク	ルメール	2:01.4	8	7	7	7	35.8	1	東京芝1800
2	4⑦ルビーカサブランカ	吉田隼	2	8	7	7	5	36.3	4	函館芝1800
3	4⑧ブローザホーン	岩田康	アタマ	15	15	15	13	35.6	2	京都芝2200

単勝／410円　複勝／170円、230円、200円　馬連／2,520円
馬単／4,230円　三連複／4,210円　三連単／21,330円

先行有利の巴賞（芝1800m）での
先行好走馬が、差し有利の
函館記念（芝2000m）で人気を裏切る！

■前走福島芝1800mで先行して好走
➡今回福島芝2000mを人気で先行して凡走
■前走小倉芝2000mを先行して大敗
➡今回小倉芝1800mを人気薄で先行して好走

このケースの最たるものが、もはや古からの教えと言っても過言ではない「巴賞と函館記念の出し入れ」になります。一言で言えば、「先行有利の巴賞（芝1800m）で好走した馬が、差し有利の函館記念（芝2000m）で凡走する一方、巴賞で差して凡走した馬が函館記念で巻き返す」現象のことです。

2023年の巴賞は道中1～4番手馬で1～4着を独占するという先行有利決着になりました。テン3F35.9という緩めの流れで縦長隊列になり、テ

ンに位置を取った馬がそのままなだれ込むというレースは、まさにローカル芝1800mの典型。

その2週間後に行われた函館記念には巴賞1～3着馬がそろって出走し、巴賞1着馬のアラタは3番人気に、2着のドーブネは5番人気に支持されましたが、3頭全てが8着以下に沈みました。巴賞より200m長いにもかかわらず、稍重馬場でテン3F35.4と速めのペースになった結果、掲示板を初角8番手以下の馬が占める差し有利決着になったのです。

これがローカル芝2000mと芝1800mの出し入れの基本的な考え方になります。

また、中央4場と中京競馬場は直線が長目のため、2000mが直線半ば発走で設定されています（東京は2角ポケット）。その結果、コースがもつレース質が「内枠・先行」のコースがほとんどです。従来からの天皇賞秋（東京芝2000m）の外枠不利や、近年の大阪杯（阪神芝2000m）の内枠先行有利は有名ですし、中京芝2000m重賞で逃げ馬が大穴をあけるシーンも目立っています。これらのコースから、函館、福島、小倉などのローカル芝2000mへの臨戦も「先行有利」→「差し有利」の出し入れにつながるので、覚えておいてください。

回収率を上乗せする
黄金パターン

函館、福島、小倉の芝2000m × 開催後半（内が荒れた馬場） × 外枠主導（逃げ馬が外枠） × 先行馬が多いメンバー

=「外枠・差し・短縮・ハイペース」

函館、福島、小倉の芝2000m × 前走函館、福島、小倉の芝1800mを差して凡走 × 多頭数 × 先行馬が多いメンバー

=「内枠（外枠）・差し・ハイペース」

Sample Race

差し馬同士の決着が容易に想像できた一戦

2023/7/16 函館11R 函館記念(芝2000m・GⅢ)

枠・馬番	印・単勝	斤量・騎手	馬名・血統	3走前	2走前	前走
1 白 1	B 関西(64.1)65.4 : : : : : : : 38.4 ←圏	57 和田竜 2122	⊗オルフェーヴル㊥㊫ 牡5 イクスプロージョン ファシネイション① 鹿毛 シンボリクリスエス㊥㊫ 近藤英子 ノーザンファーム	6阪③12・10中日新聞GⅢ18ト7 芝A1596和田竜㊻B S37.9－34.5 5 6 8 8 中 キラーアビリ0.2 484 10ト9人 CW 81.1 36.5 11.7 ○	1中京⑧1・15新春杯GⅡ14ト13 芝A2152和田竜㊼B S37.1－35.8 7 8 5 6 外 ヴェルトライ1.0 486 1ト9人 CW 84.1 38.1 12.0 ○	1新⑤5・7新大賞GⅢ16ト3 芝外B2052和田竜㊼B M37.7－36.8 1 0 1 外 カラテ1.4 480 11ト12人 栗坂 54.1 39.0 12.4 ○
2	B 関西(66.7)64.6 : : : : : : : 14.2←圏	59 国分優 1001	ノーネイネヴァー㊥ 牡7 ㊥ユニコーンライオン ムラフカ㊥ 黒鹿 High Chaparral㊥ 福島 ライオンRH デザートスターP	1阪②2・12京都記GⅡ13ト7 芝外A2121坂井瑠57B M34.6－35.7 1 1 1 1 内 ドウデュース1.2 540 6ト5人 CW 81.6 37.5 11.4 ○	㊥4・8ランドウィック 11ト5 クイーンエリザベスステークスGⅠ 11ト3人 芝右B2083 レーン59B ドバイオナー0.6	3阪⑧6・25宝塚記GⅠ17ト15 芝内B2126坂井瑠58C M34.0－36.9 1 1 1 1 内 イクイノックス1.4 520 15ト14人 CW 85.0 38.5 11.8 ○
3 2	B (67.4)67.3 : △ : : : : : 10.2 ←圏	58.5 浜中 1002	⊗キングカメハメハ㊥ 牡7 ハヤヤッコ マシュマロ② 白毛 クロフネ㊥ 金子真人HD㈱ ノーザンF	1中京⑥1・15新春杯GⅡ14ト6 芝A2147吉田隼㊿B△ S37.0－35.3 7 5 5 6 中 ヴェルトライ0.5 490 4ト7人 南W 67.3 38.0 12.3 ○	2中京②3・12金鯱賞GⅡ12ト4 芝A2003 幸 57B S37.6－34.3 1 1 1 10 外 プログノーシ0.5 484 3ト8人 南W 65.8 37.5 11.9 ○	1新⑤5・7新大賞GⅢ16ト6 芝外B2059丸山㊿B M37.7－37.5 1 0 1 外 カラテ2.1 484 16ト3人 南W 67.1 37.7 11.6 ○
黒 4	関西(66.4)67.1 ▲ : △ : : △▲ 6.9 ←圏	57 武豊 2212	⊗ディープインパクト㊥㊫ 牡4 ドーブネ プレミアステップス㊥ 青毛 Footstepsinthesand㊥ 中京 藤田晋 社台ファーム	2中山②2・26中山記GⅡ14ト3 芝内A1473武豊56 S36.4－35.6① 1 1 1 1 内 ヒシイグアス0.2 474 4ト7人 CW 84.3 37.8 12.3 ○	2東⑨5・20メイS 18ト4 芝B1452吉田隼㊼○ M35.6－34.4 2 2 2 2 内 サクラトゥジ0.5 478 14ト2人 CW 82.3 38.0 11.5 ○	2函②7・2巴賞16ト2 芝A1481武豊57○ M36.6－35.5 2 3 2 1 内 アラタ0.1 474 15ト1人 南W 67.7 38.3 12.8 ○
5 3	関西(65.0)65.5 : : : : ○ : : 32.7 ←圏	56 横山和 初騎乗	⊗イスラボニータ㊥ 牡4 ヤマニンサルバム ヤマニンエマイユ⑥ 黒鹿 ホワイトマズル㊥㊫ 中京 土井肇 錦岡牧場	2中京②3・12金鯱賞GⅡ12ト7 芝A2005浜中57▲ S36.6－35.1 2 2 2 2 内 プログノーシ0.7 498 11ト4人 栗坂 53.3 37.9 12.1 ○	1新⑤5・7新大賞GⅢ16ト7 芝外B2063浜中㊻△ M37.4－38.2 8 9 9 外 カラテ2.5 502 12ト6人 栗坂 51.7 37.6 12.0 ○	3東④6・11エプCGⅢ17ト6 芝C1459三浦57 M35.6－35.2 8 8 6 5 中 ジャスティン0.4 500 11ト9人 栗坂 52.3 37.5 12.6 ○
赤 6	(64.3)64.4 : : : : : : : 67.8 ←圏	55 勝浦 0001	⊗ヴィクトワールピサ㊥㊫ 騸5 ロングラン ノッテビアンカ㊥ 鹿毛 Kendargent㊥ 吉澤明 社台ファーム	2小④2・19小大賞GⅢ16ト4 芝B1499丹内㊿△ M38.8－35.9 7 7 6 7 外 ヒンドゥタイ0.2 476 14ト3人 小芝 71.2 40.8 12.2 ○	1福④4・16福民報(L)14ト6 芝A2023丹内㊿○ M36.2－36.2 6 4 6 5 内 カレンルシェ0.7 476 9ト3人 南W 67.0 37.1 11.6 ○	1新⑤5・7新大賞GⅢ16ト11 芝外B2066勝浦㊿△ M37.1－38.7 6 5 5 中 カラテ2.8 478 9ト1人 南W 81.0 36.6 11.9 ○
7 4	関西(65.7)65.0 : ◎△△▲△ : 6.9 ←圏	55 吉田隼 0001	⊗キングカメハメハ㊥ 牝6 ルビーカサブランカ ムードインディゴ③ 栗毛 ダンスインザダーク㊥㊫ 金子真人HD㈱ ノーザンF	1中京④1・14愛知杯GⅢ15ト8 芝A2046武豊㊿△ S39.4－35.1 2 2 9 5 外 アートハウス1.5 480 10ト4人 CW 81.7 37.5 11.6 ○	2中京②3・12金鯱賞GⅡ12ト12 芝A2008西村淳55 S36.9－35.0 5 6 6 7 中 プログノーシ1.0 480 6ト9人 栗坂 53.7 39.6 12.8 ○	2函②7・2巴賞16ト5 芝A1485吉田隼57▲ M37.4－35.2 7 7 7 7 内 アラタ0.5 480 13ト5人 函芝 52.2 38.1 11.3 ○
青 8	(60.4)63.2 ◎◎◎◎△△◉ 5.2 ←圏	55 岩田康 1000	⊗エピファネイア㊥㊫ 牡4 ブローザホーン オートクレール④ 鹿毛 デュランダル㊥ 岡田牧雄 岡田スタッド	1小④1・22海の2勝13ト5 芝A2420西村淳57C△ S36.9－35.4 4 4 6 10 外 メイショウブ0.4 428 8ト6人 小芝 71.7 41.0 12.5 ○	2中京③3・4瀬来2勝11ト1 芝外A2315菅原明㊿△ S37.2－35.5 2 2 2 1 内 0.3エンドロール 420 10ト3人 南W 83.9 37.6 11.9 ○	1京⑥5・7鳥丸3勝15ト1 芝外A2149岩田康㊿○ M36.9－35.9 5 5 5 4 内 0.8ロードプレジ 420 9ト1人 南W 66.7 37.6 11.9 ○
9 5	(62.2)64.5 ○▲○▲ : ○○ 4.2 ←圏	56 ルメール 2110	ハービンジャー㊥ 牡4 ローシャムパーク レネットグルーヴ③ 鹿毛 キングカメハメハ㊥ サンデーR ノーザンファーム	1中山①1・5 2勝 14ト1 芝外C2002戸崎57○ M37.4－34.8 6 6 4 4 外 0.2ボーンディス 502 1ト1人 栗坂 53.8 38.9 12.4 ○	2中山⑨3・19スピ3勝16ト5 芝外A1492戸崎58○ H37.9－36.5⑨ 7 4 4 外 ノースザワー0.6 500 10ト1人 南W 58.4 37.7 11.2 ○	2東⑫5・28むら3勝17ト1 芝C1451レーン㊼○ S36.3－33.3② 2 1 8 内 0.1グランディア 506 5ト1人 南W 83.8 37.3 11.5 ○
黄 10	(68.2)68.5 △ : △▲◎▲△ 15.2 ←圏	58 横山武 1003	⊗キングカメハメハ㊥ 牡6 アラタ サンシャイン③ 鹿毛 ハーツクライ㊥㊫ 村田能光 社台ファーム	1中山①1・5中金杯GⅢ17ト4 芝外C2002横山武㊼C○ M37.1－35.2 7 7 8 8 外 ラーグルフ 484 7ト5人 南W 70.3 38.8 11.9 ○	2中京②3・12金鯱賞GⅡ12ト3 芝A2001横山典57C△ S36.7－34.6 3 3 4 4 内 プログノーシ0.3 464 1ト6人 南W 81.8 36.8 11.7 ○	2函②7・2巴賞16ト1 芝A1480横山武58○ M37.1－35.1 4 4 4 4 内 0.1ドーブネ 470 2ト2人 南W 67.4 39.0 12.9 ○
11 6	関西(68.2)69.0 : △ : ○▲ : : 26.4 ←圏	57 丹内 3532	⊗スクリーンヒーロー㊥㊫ 牡7 マイネルウィルトス マイネボヌール④ 黒鹿 ロージズインメイ㊥ ラフィアン ビッグレッドF	2東⑫5・29目黒記GⅡ18ト2 芝C2322Mデムー㊿△ S38.1－34.5 9 8 3 3 外 ボッケリーニ0.1 470 8ト6人 栗坂 52.7 38.1 12.1 ○	1函⑥7・17函館記GⅢ16ト2 芝B2038Mデムー㊿○ H38.2－37.3⑥ 8 10 3 中 ハヤヤッコ0.2 468 5ト1人 南W 67.6 38.8 12.8 ○	繋靭帯炎・放牧 本調子には今ひと息 初戦③着 推定馬体472 中9週以上0301
緑 12	B 関西(62.0)64.7 : : : : : : : 34.9 ←圏	52 斎藤 1011	⊗キズナ㊥㊫ 牝5 ローゼライト エンブレイス① 鹿毛 アフリート㊥ 中村忠彦 土居牧場	1東⑥2・12初音S3勝15ト3 芝D1469北村宏56B S36.7－34.8 2 2 2 2 内 コスタボニー0.3 440 9ト10人 CW 80.4 38.1 12.1 ○	1京②4・23センS3勝14ト5 芝外A1459武豊㊹B○ M35.3－34.6 7 6 5 内 エンベザー0.5 444 2ト2人 CW 79.5 37.8 12.1 ○	1京⑨5・20シドS3勝11ト1 芝外B1589坂井瑠56B△ S37.2－34.8 2 2 2 2 内 0.1サンタグラシ 452 7ト6人 CW 84.1 38.9 12.0 ○
13 7	関西(65.9)65.6 △ : △△ : : △ 34.4 ←圏	57 西村淳 1001	⊗ハーツクライ㊥㊫ 牡7 スカーフェイス スプリングサンダー⑤ 鹿毛 クロフネ㊥ 中京 永井商事㈱ グランド牧場	1阪⑧3・5大阪城(L)16ト1 芝外A1448西村淳㊿△ M35.9－33.9 7 7 7 中 0.1エアファンデ 464 16ト8人 栗坂 54.5 39.3 12.6 ○	3中山③4・1ダ卿TGⅢ16ト13 芝外B1342横山和㊼ S37.6－33.4④ 5 5 10 内 イングストリ1.0 458 5ト13人 栗坂 52.5 38.1 12.1 ○	3阪①6・3鳴尾記GⅢ15ト8 芝外B1595西村淳57 M37.2－35.2② 2 2 2 内 ボッケリーニ0.4 454 15ト10人 CW 84.7 37.6 11.5 ○
桃 14	関西(62.6)64.4 △△ : : : △△ 32.8←圏	55 藤岡佑 1010	⊗ジャスタウェイ㊥ 牡5 テーオーシリウス ハロースカーレット① 黒鹿 シンボリクリスエス㊥㊫ 小笹公也 ヤナガワ牧場	3中山④4・2美浦3勝12ト1 芝外B1597斎藤58 S37.0－35.8 1 1 1 1 内 0.9エンベザー 468 5ト10人 栗坂 56.7 41.3 12.9 ○	1福④4・16福民報(L)14ト4 芝A2021城戸㊿△ M35.5－36.4 1 1 1 2 内 カレンルシェ0.5 468 2ト4人 栗坂 55.7 41.1 13.6 ○	2函②7・2巴賞16ト3 芝A1483藤岡佑57△ M35.9－35.9 1 1 1 2 内 アラタ0.3 474 10ト3人 南W 70.6 40.5 12.9 ○
15 8	関西(61.8)64.5 ▲ : ▲△△◎▲ 11.6 ←圏	55 鮫島駿 0001	⊗モーリス㊥ 牡4 アルナシーム ジュベルアリ㊥ 鹿毛 ディープインパクト㊥㊫ 福島 ライオンRH ノーザンファーム	1阪④2・19武庫3勝14ト10 芝外A1352鮫島駿58○ S36.9－34.4 9 10 2 外 セルバーグ1.2 446 14ト1人 栗坂 53.4 38.4 12.8 ○	2阪④4・2心斎3勝15ト4 芝内A1202坂井瑠58▲ M35.7－33.1 1 1 10 外 メイショウホ0.2 442 5ト1人 栗坂 53.8 38.7 11.9 ○	3阪⑤6・17垂水3勝9ト1 芝外B1447坂井瑠㊿△ S35.0－33.9 5 1 1 内 ミトゥデイイズ 442 9ト3人 CW 66.5 36.0 11.4 ○
橙 16	関西(66.2)66.8 : △ : : : : : 46.9 ←圏	56 富田 初騎乗	⊗ハーツクライ㊥㊫ 牡6 キングオブドラゴン ベガスナイト③ 黒鹿 コロナドズクエスト㊥ 窪田芳郎 社台ファーム	1阪②2・12京都記GⅡ13ト4 芝外A2118岩田望57△ M34.9－35.1 3 3 3 3 内 ドウデュース0.9 512 5ト9人 栗坂 55.0 39.1 11.9 ○	3中山⑧3・25日経賞GⅡ12ト7 芝内A2391松岡57△ M37.5－38.7③ 3 3 3 内 タイトルホルダ2.3 508 3ト6人 栗坂 54.7 39.1 12.3 ○	リフレッシュ・放牧 乗込み仕上がり順調 初戦②着 推定馬体514 中9週以上0303

着	馬名	騎手	タイム(差)	1角	2角	3角	4角	上がり	人気	前走
1	5⑨ローシャムパーク	ルメール	2:01.4	8	7	7	7	35.8	1	東京芝1800
2	4⑦ルビーカサブランカ	吉田隼	2	8	7	7	5	36.3	4	函館芝1800
3	4⑧ブローザホーン	岩田康	アタマ	15	15	15	13	35.6	2	京都芝2200

単勝／410円　複勝／170円、230円、200円　馬連／2,520円
馬単／4,230円　三連複／4,210円　三連単／21,330円

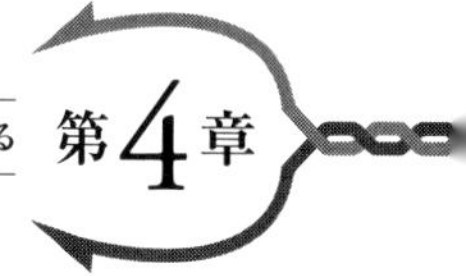

函館11R　函館記念　芝2000m
レース質：外枠・差し・短縮・ハイペース　　　　**人気該当馬：8.ブローザホーン**

先行馬の多いメンバーで、引き込み線の下り坂発走＋初角まで長いコースならペースは引き上がって差し有利の流れに。外枠主導の隊列になりそうなので、馬群は凝縮して3〜4角で外からの押し上げが利く。道中はやや内目で我慢して直線は外を回す馬が差し切るレース質。

7.ルビーカサブランカ
差して届かない馬キャラで、枠や馬場の後押しが必要なタイプ。前走は内枠先行有利の馬場と流れで外枠から差し馬最先着の5着。チャレンジCのように内を捌くのも上手なので内の先行馬が出した後で、できるだけ内目に潜り込んで機をねらいたい。

11.マイネルウィルトス
差して届かない馬キャラで、マクリが得意なタイプ。昨年の2着馬で確実に馬群の外をマクリ上がる競馬を選択してくれる安心感がある。1年明けがどうかだが、洋芝自体も得意なので、8分程度の仕上がりでもこのメンバーで57キロなら上位評価。

Tips

ワンポイントアドバイス

この週は土曜に雨の中でレースが行われ、日曜メインに向けて乾いたものの稍重馬場でかなりタフな馬場状態。中距離以上のレースでは外をマクる馬の好走も目立っており、「差し有利」になりやすい2000mで行われる函館記念は、まず差し馬同士の決着になることは容易に想定できました。

1頭目に推奨した⑦ルビーカサブランカは前走函館芝1800mで行われた巴賞の5着馬。巴賞は良馬場でテン3F35.9という緩い流れになり、道中1〜4番手追走馬がそのまま1〜4着を独占したレース。ルビーカサブランカはその内枠先行有利のレースを7枠13番から7-7-11-7という通過順で0.5秒差まで詰めてきており、不利の中でも洋芝適性の高さを証明。初角まで短くスローになりやすい函館芝1800mの内枠先行有利から、初角まで長く、発走地点が下り坂でテンに流れやすい函館芝2000mに替われば巻き返し可能と見て、巴賞終了時点から函館記念では本命視することは決めていました。

実際のレースでは、雨の影響の残るタフな馬場で、テン3F35.4と流れたことで先行馬は壊滅。初角8番手の1番人気⑨ローシャムパークが圧勝し、⑦ルビーカサブランカは4番人気2着と好走。3着には初角15番手の2番人気⑧ブローザホーン、4着に初角16番手の10番人気⑪マイネルウィルトスが入線し、見事に「外枠差し」決着になったのです。

ローカル芝2000mの特徴や、芝1800mとの出し入れを理解していれば、迷わず外枠の差し馬からアプローチできたレースでした。

マインドセットで
回収率を5%
底上げする
コラム
4

予想のつじつまを合わせることを意識する

セールスコピー（キャッチコピーや宣伝物）の世界では、「人は感情で物を買い、理屈でそれを正当化する」と言われています。例えば、何か物を買おうとするとき、「なぜ今それが必要か」「購入することで自分の生活はどう変わるか」「値段は適切であるか」などを考慮し購入しているように見えて、実際は「その物が欲しい」という感情でまず購入することを決めた後、購入するという行動を正当化するために、購入する理屈を後付けしていることが多いということです。

つまり、人間の認知は「感情」→「理屈」→「行動」のつもりですが、実際の人間の思考の順番は「感情」→「行動」→「理屈」になっているということです。このことは、馬券購入にも大きく関わってくる問題です。

私のサロンでは、予想のアウトプット経験を積むことや予想家デビューの選考会を兼ねて、様々な予想大会を開催しています。その中で、たくさんのメンバーの予想を見ることができるのですが、予想の見解と実際に買おうとする馬券に理論上の乖離が見られることは少なくないと感じています。つまり、「買いたい馬」を買うという「感情」に基づいた「行動」が先にあり、その馬に都合のよいように「理屈」をねじ曲げてしまっている場合があるのです。

馬券購入における「理屈」とは、すなわち自身の用いている「予想理論」そのものと言えます。私の場合は「レース質マトリックス」の考え方ということになります。血統派の人は「配合理論」かもしれませんし、回顧派の人は「前走不利馬理論」かもしれません。

当然、この「理屈」＝「予想理論」に沿ってレースを予想して、買い目を構築し、馬券を購入するわけですが、その際に、本当にその買い目が「理屈」に沿ったものであるのか、立ち止まって考えている人はそれほど多くありません。

人間の心理上、結論ありきの買い目に陥ってしまうことがあるのだということは頭の片隅に置いておき、回収率向上のために、時に購入した馬券を振り返って予想と買い目のつじつまが合っているかを省察してみることをオススメします。

第5章

競馬の構造で回収率を5%アップする

競馬の構造

第1項 ダートの「差し有利」傾向を見極めて回収率を底上げ

ダートの“上級条件”が稼ぎどころ

ダートはクラスが上がれば上がるほど「差し有利」に傾きます。これは競馬の構造上生じるレース質であり、場所やコースなどのほかの要素に影響されにくい根本的な傾向です。分類上は「レースがもつレース質」の一種になります。

こうしたレース質が生じる要因は、以下の2点です。

■ダートは元来先行有利の性質をもっていること
■レースは勝ち抜け戦であること

この2点がどのようにして、レース質に影響を及ぼすのか、順を追って見ていきましょう。

1 ダートの上級条件が差し有利になるメカニズムを知ろう

❶ダート戦は基本的に先行有利である

ダートは芝に比べて、先行馬と差し馬の上がり差が小さいため、直線の中で縮めることのできるポジション差が小さくなります。簡単に言い換えると、芝より速い上がりが使えないので、逃げ先行馬に差し馬が届きにくいということです。

Step 1 ダートの上級条件が
差し有利になるメカニズムを知ろう

Step 2 クラスが上がることで、
どの程度差し有利に傾くのかを確認しよう

Step 3 ダートの下級条件で差しが届く日に、
上級条件の差し馬ねらいで高配当をねらい撃とう

また、コース形態を見ても、ダートにおいて直線が長いコースは東京のみ（約500m）、全ての競馬場で芝コースの内側につくられているように、直線自体が芝に比べて短く、コーナー角もきつめに設定されています。

さらに、芝では馬場状態によって内外で走りやすさが変わり、先行馬＝内の悪いところを通る馬が速度を落としやすいなどの状況が起こりますが、ダートでは内外の馬場差の影響が小さく、むしろ渋って脚抜きがよくなることで先行馬が止まりにくくなる場合もあります。

その結果、ダートは芝に比べて基本的に先行有利になりやすいという特徴があります。

❷ダート戦の勝ち馬は先行有利に恵まれた先行馬が多い

❶のとおり、ダート戦は基本的に先行有利であるため、ダート戦の勝ち馬には必然的に先行馬が多くなります。ダートを先行して勝ち上がった馬は、先行有利傾向に恵まれて好走していることが多く、結果的にその中には能力的に低い馬が一定数含まれることになります。

❸ダート戦の上級条件には先行馬が集まりやすい

ダート戦では先行有利を味方につけて、先行して勝ち上がってくる馬が多くなります。そうすると、必然的に上級条件になるほどクラス全馬における先行馬の占める割合は増えていきます。なお、クラスが上がってテンの速度不足になった馬は自然と後方を走ることになるので、実質の先行馬と差し馬の割合は見た目以上に先行馬が多くなっていきます。

❹ダート戦の差し馬は不利を覆して勝ち上がってきている馬が多い

❷の逆説になりますが、基本的に先行有利であるダート戦では、差し馬は初めからハンデを背負っています。その不利を覆して差して勝ち上がってくる馬は、先行馬に比べて能力面で高いケースが多くなります。その際、ダート戦においては先行馬が連勝で駆け上がることがあるのに対し、差し馬は勝ち負け（時に大敗）を繰り返しながら勝ち上がってくることがほとんどです。

❺ダート戦の上級条件では、恵まれて勝ち上がってきた多数の先行馬VS不利を覆して勝ち上がってきた差し馬の戦いになる

ダート戦の上級条件では、❶～❸の理由から、恵まれて勝ち上がってきた多数の先行馬と、❹のように不利を覆して経験を積みながら勝ち上がってきた差し馬の戦いになります。その結果、能力上位の差し馬に軍配が上がることが下級条件に比べて増えてくるのです。

もちろん、上級条件においてもダート戦は基本的に先行有利であることは変わりませんから、差し馬は苦しい戦いを強いられることが多いのですが、下級条件に比べて、上級条件では差し馬の能力が高い分、またペースが速くなりやすいなどレース自体の先行負荷が高くなる分、差し馬の好走が増えるというのがメカニズムになっています。

2 クラスが上がることで、どの程度差し有利に傾くのかを確認しよう

では、実際にクラスが上がることでどの程度先行馬が不利になり、差し馬が有利になるのかを大きな括りで見てみましょう。

全競馬場のダート1800mのクラスごとの脚質別の複勝率は、次ページのとおりです（2021年1月1日～2023年6月30日　マクリ省略）。

ダートの上級条件の「差し有利」のメカニズム

上級条件
ビュン
“普通”の馬たちが競って脚をなくし、差せる脚のある“強い”馬同士の争いとなる

下級条件

下級条件を、逃げて、ポジション差を生かして勝った“普通”の馬

下級条件を不利な差しで勝ち上がった“強い”馬

新馬未勝利	逃げ：51.8%	先行：49.4%	中団：12.7%	後方：2.1%
1勝クラス	逃げ：39.5%	先行：45.0%	中団：19.5%	後方：4.7%
2勝クラス	逃げ：28.9%	先行：39.1%	中団：18.1%	後方：8.2%
3勝クラス	逃げ：32.9%	先行：40.0%	中団：16.5%	後方：6.5%
OPクラス	逃げ：36.7%	先行：33.1%	中団：19.4%	後方：6.7%

3勝クラスでは頭数がそろわないため、先行有利になりやすいことを考慮すれば、クラスが上がれば上がるほど、先行馬の好走率が低くなっているのが分かります。特にレース数の多い2勝クラス以下において、「未勝利→1勝クラス→2勝クラス」とクラスが上がるごとに逃げ及び先行の複勝率が下がっている点は見逃せません。2勝クラスに至っては有利なはずの逃げ馬の複勝率はわずか28.9%。一般の競馬ファンが思っている以上に、逃げ馬は苦戦していることが数値からも見て取れます。

このように「ダートは先行有利」「レースは勝ち抜け戦」という競馬の構造上生じるレース質の偏りが、「ダート上級条件では差し有利」という状況をつくり出しているわけです。

③ ダートの下級条件で差しが届く日に、上級条件の差し馬ねらいで高配当をねらい撃とう

この「ダート上級条件では差し有利」のレース質を理解していると、「午前の先行決着を見て、先行有利な馬場だと思い込む」という罠を避けることができます。

午前中に行われるレースはほとんどが新馬・未勝利と1勝クラスの下級条件戦です。このクラスでは、ハイペースや差し馬場などの特殊な条件下でない場合、先行有利の傾向が出ることが多くなります。午前は様子を見て午後の予想に反映する場合、先行有利傾向については午前の傾向をうのみにするのは避けましょう。

特に直線に急坂があるコースの中距離では、上級条件の差しの決まりや

すさが大きく上がるので注意したいところです。

下級条件と上級条件で脚質傾向が変わりやすいコース
■阪神ダート1800m、2000m
■中山ダート1800m
■中京ダート1800m、1900m

馬券的に重要なのはここからです。これまでの話を逆説すると、本来先行有利となるべき下級条件で差しが決まっていた場合、その日は一日中差しが決まる馬場になっている可能性が高くなります。例えば、芝発走で外枠先行有利の阪神ダート1400mにおいて、ハイペースなどの要因がないにもかかわらずコースがもつレース質に反して差しが決まっているようなケースでは、強い差し馬場が発生していると考えられます。

そもそもダートは基本「先行有利」であるため、見た目にも分かりやすい先行馬が人気を背負いやすくなっています。つまり、ダートの差し馬場は人気を背負った先行馬が飛びやすく、人気薄の差し馬が走りやすい非常に馬券的妙味が高い状態だと言えます。そのような日は、メイン周辺のダート上級条件戦で積極的に差し馬を軸に据えて馬券を組み立てることで高配当に近付くことができるのでオススメです。

回収率を上乗せする
黄金パターン

ダート × 下級条件で差し馬が好走 × 上級条件で先行馬が人気 × ハイペース

=「内枠(外枠)・差し・短縮・ハイペース」

Sample Race

午前中のレースを観て、午後の差し有利を確信

2023/6/4 東京10R 麦秋S（ダ1400m・3歳上3勝C）

枠・馬番	印・オッズ	騎手・斤量	馬名・血統	厩舎・成績	前3走	前2走	前走
1 白 1	B 関西(60.5)61.7 △○△○：△△ 8.0	松山 58 0001	ドレフォン 牡4 エルバリオ インナーアージ④ 鹿毛 ディープインパクト サンデーR ノーザンファーム	高野 1.0.0.1 3-2-3-8 ・・④・・・・ 中5週0001	2小⑥2・26 1勝クラス 16ト1 三ダ1455 藤岡康57B◎ M36.8-37.5 5 4 4 2 外 0.1トリプルスリ 526 3 1.1 栗坂 53.4 39.1 12.5	2阪神 3・26 四日 2勝 15ト1 三ダ1238 鮫島駿58B△ H35.7-36.0 13 10 10 外 シェーディーマ 524 15 3.6 栗坂 54.4 39.6 12.2	2東②4・23 3勝 15ト4 三ダ1247 鮫島駿58B▲ H37.4-35.7 11 11 12 外 フォーヴィス0.5 526 1 1.5 栗坂 57.8 41.9 12.7
2	関西(62.1)63.1 △：△：：▲△ 14.4	横山武 58 0001	モーリス 牡5 ゴダイリキ パワースポット⑤ 鹿毛 スズカマンボ 青山洋一 グランド牧場	牧浦 0.0.0.2 3-2-1-10 ・⑤・・・・☆・ 中6週0101	1東④2・5 3勝 16ト6 三ダ1251 横山武58C△ M37.0-36.0 8 9 8 外 ジレトール1.1 506 7 1.5 栗坂 53.4 38.6 12.1	1阪神3・19 鳴門 3勝 16ト5 三ダ1240 岩田望58C H35.3-36.6 8 10 6 中 ケイアイロベ0.6 500 1 1.8 栗坂 58.2 42.8 12.5	2阪神4・15 天満 3勝 16ト5 三ダ1232 岩田望56C H35.0-36.4 6 7 5 内 タガノクリス0.6 508 1 1.1 栗坂 56.2 41.0 13.5
2 3	関西(57.7)58.4 ▲△○▲○○▲ 4.4	川田 58 1100	カレンブラックヒル 牡4 カズプレスト シーザシー⑩ 鹿毛 Lemon Drop Kid （同）雅苑興業 稲葉牧場	高柳大 0.0.0.0 2-1-1-5 ・4カ月休養・・ 中4ト6月0001	1中京①1・21 2勝 16ト2 三ダ1255 川田57△ H35.4-38.2 6 4 4 内 タイミングナ 530 4 1.1 栗坂 52.2 37.8 12.3	1中京①2・4 2勝 16ト1 三ダ1245 川田58◎ H35.2-37.5 2 2 2 内 0.3ウインアウォ 534 1 1.1 栗坂 53.9 38.7 12.5	リフレッシュ・放牧 仕上がり良好 初戦⑧着 推定馬体534 中9週以上0002
4	関西(58.4)61.8 ：○△：：△： 18.4	松岡 58 1100	スクリーンヒーロー 牡5 ウインアキレウス ウインアキレア③ 鹿毛 コンデュイット ウイン コスモヴューファーム	加用 0.0.0.3 3-4-4-12 ・・・・・②・・ 中2週1112	1阪③2・18 3勝 16ト8 三ダ1252 国分優56 H34.5-38.8 3 2 2 内 ワルツフォー1.2 506 2 18 栗坂 54.5 39.7 12.6	2阪④4・2 心斎 3勝 15ト13 三ダ稍1209 国分優58 M34.3-35.1 1 1 1 内 メイショウホ0.9 508 11 10 栗坂 56.2 40.5 12.5	2東⑧5・14 BS 3勝 16ト2 三ダ1228 松岡58 H34.6-36.4 1 2 2 内 フルム0.2 504 4 11 CW 83.9 37.8 12.0
3 5	B 関西(60.4)59.9 ：：：▲：：： 24.2	石橋脩 58 0100	ダイワメジャー 牡4 スプラウティング ヒントオブスプリング 栗毛 Seeking the Gold ゴドルフィン ダーレー・J F	西園正 0.1.0.2 3-2-1-8 ・2カ月半休養・ 中10週0000	1阪⑧3・5 2勝 16ト1 三ダ1249 幸58B▲ H35.3-37.2 2 2 2 内 ヘッサクセスロー 510 8 1.2 栗坂 54.6 38.7 12.1	1阪3・19 鳴門 3勝 16ト9 三ダ1247 坂井瑠58B△ H34.5-38.1 3 2 2 中 ケイアイロベ1.3 510 10 15 栗坂 52.9 37.9 12.3	リフレッシュ・放牧 仕上がりまずまず 初戦④着 推定馬体510 中9週以上1102
赤 6	B (61.0)59.9 ：：：：：：： 34.3	坂井瑠 58 初騎乗	スペイツタウン 牡8 アメリカンファクト ミスアメリカパーティー 栗毛 Quiet American 猪吉澤HD ネスコⅡ社	戸田 0.0.0.3 3-7-0-24 ・・・・・・①・ 中1週0301	1東④2・5 3勝 16ト10 三ダ1259 武豊58B M36.8-37.2 9 5 4 外 ジレトール1.9 516 9 11.2 南W 67.6 38.3 11.8	3中京3・25 春風 3勝 16ト7 三ダ1109 内田博58B H34.2-36.7 3 7 7 外 ヴァガボンド1.1 516 2 11.2 栗坂 55.2 39.7 12.6	1京⑩5・21 高瀬 3勝 16ト11 三ダ1270 高倉56B H35.3-39.5 8 4 4 内 サトノテンペ2.3 508 3 11.5 栗坂 54.3 39.7 13.1
4 7	関西(59.9)60.6 ：：：：：：： 40.6	池添 58 0013	マジェスティックウォリアー 牡6 ヘイセイメジャー スズノメヒュー③ 黒鹿 パチアー 齋藤孝雄 清水牧場	木原 0.0.0.3 1-0-3-17 ・・・・・・⑩・ 中1週1002	1小倉1・14 遠江 3勝 16ト5 三ダ1246 鮫島駿58 H35.6-37.2 12 9 9 外 ドンフランキ1.6 496 9 11.2 栗坂 56.2 40.6 12.4	1阪③2・18 3勝 16ト10 三ダ1254 古川吉56 H35.7-37.8 13 13 11 外 ワルツフォー1.4 496 12 11.1 栗坂 53.5 39.1 12.3	1京⑩5・21 高瀬 3勝 16ト10 三ダ1262 団野56 H36.1-38.0 12 12 12 中 サトノテンペ1.5 496 4 11.6 CW 83.1 38.8 11.9
青 8	B (56.4)59.0 △△：：△：△ 11.0	内田博 58 2210	トゥザワールド 牡4 オールフラッグ グルージンミジー① 芦毛 Mizzen Mast キャロットF ノーザンファーム	奥村武 2.1.0.0 3-2-1-3 ・4カ月休養・・ 中4ト6月1000	4東⑥10・10 1勝 16ト1 三ダ1162 内田博55B◎ M35.8-34.7 5 3 内 0.4ソールスベリ 486 5 1.1 南W 69.9 38.5 11.9	1東④2・5 2勝 16ト1 三ダ1182 内田博58B▲ H36.0-36.2 7 8 外 アビサンエルフ 490 10 1.1 南W 84.0 38.2 11.9	馬体調整・放牧 仕上がりまずまず 初戦④着 推定馬体490 中9週以上1201
5 9	関西(58.4)61.1 ○▲△○△○◎ 4.3	ルメール 58 1100	ロードカナロア 牡4 レッドラマンシュ レッドシェリール② 黒鹿 ゼンノロブロイ 東京HR 富田牧場	庄野 0.0.0.0 3-4-3-4 ・・・・・①・・ 中2週0100	1中京⑥1・15 1勝 14ト2 三ダ1257 武豊57◯ H35.3-37.9 4 3 3 内 サトノルフィ0.1 482 5 1.1 栗坂 54.4 39.5 12.1	1中京⑩1・29 1勝 16ト1 三ダ1255 福永57◯ H34.7-38.9 2 2 2 内 0.2アファン 478 1 1.1 栗坂 54.3 39.6 11.9	2東⑦5・13 日吉 2勝 16ト1 三ダ1226 ルメール56◯ M35.1-35.6 3 3 3 内 0.2メイショウフ 468 3 1.2 栗坂 53.4 38.6 12.1
黄 10	B 関西(58.5)60.9 ：：：：：：： 49.9	田中勝 58 初騎乗	ヘニーヒューズ 騸8 ダンケシェーン ゼフィランサス③ 栗毛 キングヘイロー ローレルレーシング 村田牧場	昆 01.1.0.6 3-3-2-22 ・⑩・・・☆☆・ 中6週0001	2新⑥5・1 3勝 16ト5 三ダ1107 横山典56B H35.2-35.5 13 13 13 外 スナークダク0.4 482 8 1.3 栗坂 57.4 40.9 12.9	4中京③6・11 3勝 16ト11 三ダ1113 横山典56B△ H35.5-35.8 15 15 15 外 サイモンハロ1.4 482 13 1.7 栗坂 56.0 40.1 12.7	2阪神4・15 天満 3勝 16ト10 三ダ1238 古川吉56B H35.9-36.2 13 15 15 内 タガノクリス1.2 480 2 11.6 栗坂 53.5 38.5 12.8
6 11	B (53.2)57.9 ：：：：△：： 29.3	佐々木大 58 1000	ドゥラメンテ 牡5 アウリガテソーロ チェストケリリー① 青鹿 Scat Daddy 了徳寺健二HD 藤本ファーム	加藤士 1.0.0.2 3-0-0-16 ・・・・・・⑩・① 連闘 0000	1東⑤2・19 大島 2勝 16ト16 三ダ1284 杉原58B H35.6-40.2 4 4 6 内 テイエムアト3.8 514 11 11.1 南W 69.0 37.7 12.0	2東⑦5・13 日吉 2勝 16ト16 三ダ1254 丹内56B M35.4-38.2 5 5 5 内 レッドラマン2.8 512 4 11.5 栗坂 53.8 40.1 14.2	2東⑪5・27 富嶽 2勝 16ト1 三ダ1239 佐々木大58B H34.8-37.1 2 2 2 内 0.3パルミュゼッ 510 5 11.6 栗坂 56.7 41.5 13.4
緑 12	(63.1)63.6 ○▲○△▲△○ 5.1	レーン 58 2002	ドゥラメンテ 牡4 イグザルト インドリヤ 黒鹿 Stormy Atlantic 青山洋一 シンボリ牧場	田中博 0.1.0.1 3-3-2-9 ・・・・・・④・・ 中2週1001	1東④2・5 3勝 16ト2 三ダ1243 Mデムー58▲ M36.8-35.5 5 5 6 中 ジレトール0.3 508 2 1.3 栗坂 53.3 38.7 12.1	2中京①3・11 中京 3勝 16ト4 三ダ1235 吉田隼58△ H35.9-36.0 5 6 4 外 テイエムアト0.2 504 13 1.1 栗坂 55.0 39.6 12.6	2東⑧5・14 BS 3勝 16ト4 三ダ1229 レーン58◎ H35.0-36.2 4 3 3 中 フルム0.3 504 10 1.1 栗坂 54.6 39.4 12.4
7 13	B 関西(61.4)63.0 △：：：：：△ 13.2	武豊 58 初騎乗	ディストーテッドヒューマー 牡5 メイショウヒューマ ラヴアンドフェイス 鹿毛 Corinthian 松本好雄 三嶋牧場	藤岡健 0.0.0.4 3-3-4-11 ・⑨・・・☆③・ 中1週0202	1阪3・19 鳴門 3勝 16ト13 三ダ1257 今村58 H34.3-39.3 1 1 1 内 ケイアイロベ2.3 500 3 11.0 CW 66.1 35.6 11.2	2阪神4・15 天満 3勝 16ト9 三ダ1238 藤岡佑56 H34.9-37.1 4 5 5 中 タガノクリス1.2 496 13 1.3 CW 63.9 35.6 11.6	1京⑩5・21 高瀬 3勝 16ト3 三ダ1255 古川吉56B H34.6-38.6 1 1 1 内 サトノテンペ0.8 480 10 1.6 栗坂 51.8 37.7 12.4
14	関西(61.7)63.5 △：▲△○▲△ 9.0	戸崎 56 1001	マジェスティックウォリアー 牝4 アルファマム ダイオプサイド① 鹿毛 フジキセキ 小倉 平井裕 カナイシスタッド	佐々晶 1.0.1.0 3-1-1-5 ・⑩・・・・☆・ 中6週0000	5阪神③12・10 アク 3勝 16ト4 三ダ1106 戸崎53◎ H35.2-35.4 16 14 13 外 カイアワセ0.1 464 4 1.1 栗坂 51.6 37.4 12.2	2中京①3・11 中京 3勝 16ト6 三ダ1237 鮫島駿56△ H36.7-35.4 14 14 12 内 テイエムアト0.4 470 7 1.5 栗坂 51.8 37.6 12.2	2阪神4・15 天満 3勝 16ト3 三ダ1230 鮫島駿56△ H35.5-35.7 10 11 9 中 タガノクリス0.4 466 4 1.5 栗坂 51.2 37.3 12.2
8 15	関西(55.8)57.7 ：：：：：：： 43.3	横山典 58 2025	ルーラーシップ 牡5 アルメイダミノル メジロマリアン③ 芦毛 メジロベイリー 吉岡實 レイクヴィラファーム	北出 1.0.0.1 3-0-3-11 ・・・・・・⑭・☆ 中2週0012	3阪④6・26 花S 3勝 16ト11 三ダ1254 横山典57▲ H35.1-38.1 3 5 6 内 オーヴァーネ1.0 522 2 1.3 栗坂 56.5 40.1 12.3	3小倉7・16 日田 3勝 16ト16 三ダ1484 横山典56△ H35.5-41.9 4 4 7 11 内 ミステリオー4.6 528 4 1.1 栗坂 52.9 38.1 11.8	2東⑧5・14 BS 3勝 16ト14 三ダ1255 横山典58 H36.9-36.5 11 14 15 内 フルム2.9 524 8 11.4 栗坂 52.7 38.8 12.2
桃 16	関西(57.0)57.1 ：：：：：：： 29.4	永野 58 初騎乗	コパノリッキー 牡4 コパノミッキー マリカ④ 栗毛 サウスヴィグラス 小林祥晃 日進牧場	村山 0.0.0.0 1-0-0-1 ・9カ月休養・・ 9カ月以上0000	4小③8・20 2勝 14ト7 千ダ 587 松若54 H23.3-35.4 9 8 9 中 クロデメニル0.6 474 2 1.4 栗坂 55.1 39.8 12.3	川崎②9・13 Sナイ交 11ト1 天ダ1418 森泰55△ H36.2-39.5 2 2 1 2 内 0.1ジョーバイロ 479 8 1.3 栗坂 53.2 39.0 12.6	骨折・放牧 仕上がりまずまず 初戦⑦着 推定馬体486 中9週以上0000

着	馬名	騎手	タイム(差)	1角	2角	3角	4角	上がり	人気	前走
1	1 ① エルバリオ	松山	1:23.2			6	5	36,6	6	東京ダ1400
2	3 ⑥ アメリカンファクト	坂井	3/4			11	10	36.2	15	京都ダ1400
3	3 ⑤ スプラウティング	石橋	1.3/4			2	2	37.6	10	阪神ダ1400

単勝／1,150円　複勝／380円、6,090円、730円　馬連／145,100円
馬単／205,710円　三連複／742,360円　三連単／2,980,320円

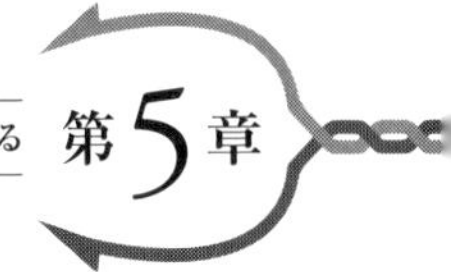

東京10R　麦秋S　ダート1400m
レース質：内枠・差し・短縮・ハイペース

3勝クラスの含水率が高めの馬場でこれだけ先行馬がそろえば、ペースはかなり引き上がる。芝並みの高速決着になるのは間違いないので、外々を回す馬は物理的に走れない。内枠で脚を溜めて、直線でもバラける内を捌ける馬が差し切るレース質。

1.エルバリオ
差して届かない馬キャラで、枠や馬場の後押しが必要なタイプ。前走も東京ダート1400m良馬場の最内枠でハイペースだったが、直線大外に出す形で4着。湿った馬場で内枠有利に傾く今回は前走以上に走れるので、できれば内を突いてほしい。

2.ゴダイリキ
差して届かない馬キャラで、枠や馬場の後押しが必要なタイプ。それほど速い上がりが使えない一方で器用さがあるので、内を掬う競馬はお手の物。差し馬の中でも位置は取れるほうなので、ペースバランスが少し緩んだときにラチ沿いを通す形がハマりそう。

Tips

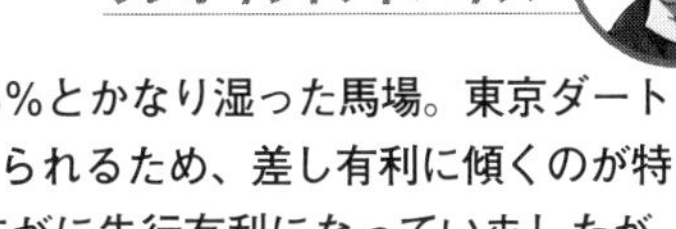

この日は雨の影響が残り、含水率11.6%とかなり湿った馬場。東京ダートは含水率が高くなると速い上がりが求められるため、差し有利に傾くのが特徴です。前日の土曜こそ不良馬場でさすがに先行有利になっていましたが、適度に乾いた日曜は差し有利の馬場になる可能性は高いと見ていました。

前日予想の時点では予測に過ぎませんでしたが、午前中のレースを見て、レース前に的中を確信しました。なぜなら、この日は、下級条件のレースから差しがバンバン決まっていたからです。未勝利戦では1400m、1600m、2100mの3レースが行われましたが、初角5番手以内から馬券に絡んだのは2頭のみ、しかも2頭とも単勝7倍以下の人気馬だったのです。本来、先行有利になりやすい未勝利戦でこれだけ差し馬が走っているなら、上級条件が差し決着にならない理由がありません。

実際のレースでは、道中内の好位を追走した6番人気の①エルバリオが直線で外に出して差し切り。2着には外を回して追い込んだ15番人気の⑥アメリカンファクトが飛び込み、馬連14万馬券の大波乱となりました。

人気では、先行する競馬で連勝してきた⑨レッドラマンシュが1番人気、前走差し競馬を3番手追走から4着に好走した⑫イグザルトが2番人気と、ダートらしく先行勢が人気を背負っていましたがどちらも凡走。3着にはラチ沿い先行した⑤スプラウティングが残したものの、0.1秒差で6着までに入線した馬は全て初角6番手以下の差し馬になりました。

競馬の構造

第2項 世代限定芝短距離戦&ダート戦の「短縮差し有利」で回収率を底上げ

差し決着のボーナスレースが増える

「世代限定戦」とは、新馬戦と未勝利戦を除く、「2歳限定及び3歳限定の1勝クラス、OPクラス」の全レースを差します。世代限定戦はクラスや距離、馬場ごとに様々なレース質をもっています。

例えば、世代限定芝中距離重賞は、前走スローの中距離戦を勝ち上がってきた馬が多いことや、施行されるコースに内枠先行有利のレイアウトが多いことなどから、「内枠・先行・スローペース」と設定しています。

こうした「世代限定戦」の中でも、特に強いバイアスをもっているのが「世代限定芝短距離戦」や「世代限定ダート戦」になります。本項では、この2つに焦点を当てて解説していきます。

1 世代限定芝短距離戦のレースがもつレース質を知ろう

結論から言うと、世代限定芝短距離戦では、「差し馬」をねらうのが基本になります。レースがもつレース質としては「内枠（外枠）・差し・短縮・ハイペース」になるので、覚えておいてください。このようなメカニズムになる理由は以下のとおりです。

❶新馬及び未勝利の芝短距離戦は基本的に「先行有利」である

新馬及び未勝利の芝短距離戦では、「先行」するアドバンテージが非常に大きくなります。古馬戦においても芝短距離戦はラチ沿いをロスなく走れる逃げ先行馬が有利ですが、特にレース慣れしていない2歳戦においては発馬で結果が決まってしまうこともあります。

実際にどの程度先行有利なのか、2022年の新馬及び未勝利の芝短距離戦（2歳限定）における脚質別成績を見てみましょう（127ページ・資料1）。

逃げ馬は勝率30.2%、連対率46.0%、複勝率57.9%の好成績で、約3分の1が勝ち上がり、約半数が連に絡んでいることが分かります。当然、回収率もプラスですが、平均人気は4.8番人気で比較的人気を背負うケースが多くなっています。これには、能力上位だから結果として逃げる形になるという事情もあります。

また、先行馬を見ても逃げ馬がこれだけの勝率や複勝率を誇る中でも、勝率12.5%、複勝率37.4%と高く、逃げ馬と合計すると勝ち馬の42.7%がテンに位置を取った馬ということになります。

一方、新馬及び未勝利を除く、2022年の芝短距離戦全体（127ページ・資料2）では、勝率は逃げ馬と先行馬を合計しても29.9%。この比較から、明らかに新馬及び未勝利の芝短距離戦は「先行有利」であると言えます。

❷世代限定芝短距離戦には、「先行有利」で恵まれて勝ち上がった馬が多く、能力が低い馬が一定数含まれている

2022年の世代限定芝短距離戦（2歳限定）に出走した馬の前走初角位置取り（127ページ・資料3）を見てみましょう。

出走馬の総数が239頭に対し、前走初角3番手以内の馬が133頭、前走初角1番手の馬でも53頭もおり、いかに前走先行馬が多いかが見て取れます。レース数が22レースですから、1レース辺り2頭以上の逃げ馬がいて、6頭以上初角3番手以内だった馬がいる計算になります。なお、1レース当たりの平均出走頭数は10～11頭程度なので、出走馬の半数が前走初角3番手以内の馬というような状態になっているということです。

以上のことから、❶で言及したように、前走新馬戦や未勝利戦で先行したことで恵まれて勝ち上がった馬が相当数出走してくる形になることが推察されます。

❸新馬及び未勝利戦の芝短距離戦を「先行有利」＝「差し不利」のレース質の中で勝ち上がってきた差し馬は能力が高いことが多い

2022年の世代限定芝短距離戦（2歳限定）に出走した馬の前走初角位置取り（資料3）を見ると、前走初角1番手の成績が最も振るわないことが明白であるとともに、前走の位置取りが下がるにつれて成績が上がっていくことが分かります。特に前走初角10番手以下で走っていた馬の複勝率が最も高くなるというのは、ほかにあまり見られない特徴です。

世代限定芝短距離戦（2歳限定）の場合、出走馬の約3分の2が前走新馬戦か未勝利戦になるので、❶のとおり「先行有利＝差し不利」を跳ね返して勝ち上がってきている分、差し馬には能力面が確かな馬が多いと考えられます。

❹世代限定芝短距離戦には先行馬が集まりやすいため、ハイペースになりやすく、差し有利の展開を望める

2022年の世代限定芝短距離戦（2歳限定）22レース中11レースがPCI（Targetにおけるペース判断基準となる数値。50を基準に低いほどハイペース、高いほどスローペースになる）が50未満となっています。レースの半分が前傾戦ということになりますが、各レースの出走頭数を見ると、22レース中5レースが8頭立て以下で、2歳戦とは言えペースが上がらないレ

資料1 **2022年2歳新馬・未勝利脚質別成績（芝1000～1500m）**※マクリ省略

脚質	着別度数	勝率	連対率	複勝率	単勝回収値	複勝回収値
逃げ	38- 20- 15- 53/ 126	30.2%	46.0%	57.9%	311	173
先行	55- 59- 50- 275/ 439	12.5%	26.0%	37.4%	131	92
中団	27- 39- 47- 458/ 571	4.7%	11.6%	19.8%	70	81
後方	2- 5- 11- 461/ 479	0.4%	1.5%	3.8%	7	18

資料2 **2022年2歳新馬・未勝利以外の脚質別成績（芝1000～1500m）**※マクリ省略

脚質	着別度数	勝率	連対率	複勝率	単勝回収値	複勝回収値
逃げ	60- 51- 26- 177/ 314	19.1%	35.4%	43.6%	341	167
先行	120- 117- 102- 767/1106	10.8%	21.4%	30.7%	102	101
中団	98- 98- 118-1355/1669	5.9%	11.7%	18.8%	78	70
後方	28- 41- 56-1196/1321	2.1%	5.2%	9.5%	20	35

資料3 **2022年2歳1勝クラス以上 前走初角位置別成績（芝1000～1500m）**

前走初角	着別度数	勝率	連対率	複勝率	単回値	複回値
初角1番手	4- 5- 2- 42/ 53	7.5%	17.0%	20.8%	32	46
2番手以内	7- 9- 6- 69/ 91	7.7%	17.6%	24.2%	31	51
3番手以内	12- 11- 11- 99/133	9.0%	17.3%	25.6%	85	65
4番手以下	10- 11- 11- 73/105	9.5%	20.0%	30.5%	240	106
10番手以下	2- 1- 2- 11/16	12.5%	18.8%	31.3%	70	69

ースになっています。これを差し引くと17レース中11レースが前傾戦であり、特に頭数が多いレースや1200m戦、開催時期は早いほどハイペースの差し決着になっていることが見て取れます。

以上を簡単にまとめると、「世代限定芝短距離戦には、逃げたり先行したりして恵まれて勝ち上がってきた弱い馬が多いので、ちゃんと差し脚を使える馬を買いましょう」ということです。加えて、距離短縮ローテは自然に差しに回れる分、ねらいの一つになるのですが、短距離戦のため追走で間に合わない馬が多く全体の成績自体は振るわないため、前走先行していることを条件にオプションに加えることをオススメします。

② 世代限定ダート戦のレースがもつレース質を知ろう

世代限定ダート戦についても、Step①で解説した世代限定芝短距離戦の❶～❹と同様の理由で、「内枠（外枠）・差し・短縮・ハイペース」のレース質になります。芝短距離戦との違いは、ダートで上がりが掛かる分、距離短縮ローテの成績がよくなることです。

2022年の世代限定ダート戦（2歳限定）は12レース。その出走馬の前走距離別成績を見ると、同距離ローテが勝率5.1%、複勝率25.6%、距離延長ローテが勝率8.0%、複勝率24.0%なのに対し、距離短縮ローテは勝率18.8%、複勝率31.3%と成績がよいことが分かります（資料4）。

これは3歳戦まで範囲を広げても同様で、距離延長ローテが勝率3.9%、複勝率16.2%なのに対して、距離短縮ローテは勝率8.1%、複勝率22.7%と好成績。世代限定ダート戦では、距離短縮ローテはそれだけで大きな武器となるのです。

資料4 **2022年2歳限定1勝クラス以上 前走距離別成績（ダート）**

前走距離	着別度数	勝率	連対率	複勝率	単回値	複回値
同距離	4- 9- 7- 58/ 78	5.1%	16.7%	25.6%	23	112
延長	2- 1- 3- 19/ 25	8.0%	12.0%	24.0%	24	27
短縮	6- 2- 2- 22/ 32	18.8%	25.0%	31.3%	76	45

2023年3月4日（土）の中山7R3歳1勝クラス（ダート1200m）は、3歳限定戦ではありますが、世代限定短距離ダート戦の特徴が詰まったレースなので取り上げたいと思います。

この日の中山ダートの含水率は4.0%と乾いた馬場で、冬場のダートらしくパワーが要求されることが予想されました。また、馬柱を見ると、出走馬16頭中前走初角3番手以内の馬は6頭と少な目ですが、前走初角1番手

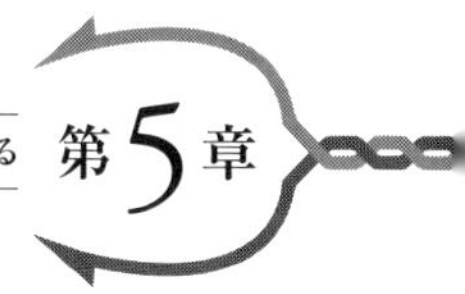

■土曜7R 1勝C 1,200m：レース質▶差し・短縮
世代限定短距離戦で短縮・差しを評価したい。⑤ハチメンロッピ482、⑦ビルカール486、⑩テンコマンドゥール486、⑪マジックタッチ532、⑭トロピカルヒーロー496、⑯ベアカワイコチャン478が該当。ここから、追走面の点から前走先行していることが重要で⑤⑦⑪⑯あたり。この舞台は外枠有利も、世代限定ダート短距離戦で、無駄にハイペースになったり、テンが流れればロスなく内を通した方が良い場合もある。ハイペース想定なら⑤⑦、落ち着くなら⑪⑯を評価すればいいと思うが、内枠のテンも速く前者に振れるのではないか。「内枠主導隊列のハイペース内差し」のイメージ。

『立川優馬の競馬と共に人生を歩むサロン』では、毎週金曜日に、立川氏による展望をZoomで配信している。こちらは、その内容を有志のサロンメンバーがテキスト化してサロンにアップしたもの。

の馬が4頭います。中山ダート1200mは発走地点から下り続けるレイアウトであることを考慮すると、ハイペースになることが予想されました。

サロンでは、毎週金曜日に「コース展望」というZoom配信を行い、その週のコースやレース別のねらい馬を紹介しています。そこでは「差し・短縮」（前走芝除く）の6頭を評価するとともに、そのうち内枠主導のハイペースなら、外枠勢が物理的に間に合わないため、内枠に入っている⑤ハチメンロッピと⑦ビルカールをピックアップする旨を解説しました。

実際のレースでは、テン3F33.1という芝並みのハイペースで消耗戦になり、ピックアップした2頭でのワンツー決着。勝ち馬の⑤ハチメンロッピは8番人気の低評価ながら、距離短縮ローテを生かして、レース上がりよりも1.5秒速い上がりで差し切り。馬連457倍の的中になりました。

これは世代限定ダート（短距離）戦のもつレース質を知ってさえいれば、誰にでも届いた大万馬券だったと言えるでしょう。

2023/3/4 中山7R3歳1勝クラス（ダ1200m）

着	馬名	騎手	タイム(差)	1角	2角	3角	4角	上がり	人気	前走
1	3 ⑤ハチメンロッピ	原	1:11.0			12	12	36.4	8	中京ダ1400
2	4 ⑦ビルカール	柴田善	1.1/4			5	4	37.5	13	東京ダ1400
3	5 ⑨ハードワイヤード	ムルザバエフ	クビ			2	2	38.1	2	中山ダ1200

単勝／1,900円　複勝／430円、1,460円、210円　馬連／45,750円
馬単／88,510円　三連複／134,380円　三連単／1,022,900円

③ 世代限定芝短距離戦&ダート戦の具体的なねらい方を覚えよう

世代限定芝短距離戦やダート戦（特に2歳限定戦）で「短縮差し馬」がねらえる条件をまとめると次のようになります。

Ⓐ芝1500m以下のレース（特に1200m戦）やダートのレース
Ⓑ頭数がある程度そろったレース（9頭立て以上を目安）
Ⓒ前走先行している馬（初角3番手以内を目安）が多いレース
Ⓓローカルコースや末脚勝負になりやすいコース
（小倉、福島、新潟、東京など）

なお、枠の有利不利については、馬場のバイアス（高速馬場時は内枠有利、内荒れ馬場時は外枠有利など）や、ペース及び隊列（ハイペースの内枠主導隊列では外枠が物理的に間に合わないため内枠有利、外枠主導隊列では被せられる内枠勢が位置を悪くするので外枠有利など）によって臨機応変に対応することになります。高速馬場や内荒れ馬場、隊列面については、別項においてねらい方をまとめているので、そちらも併せてご参考ください。

今回は2歳戦に焦点を当て解説しましたが、3歳戦も含めて世代限定戦では、勝ち方が派手になりやすい先行馬が人気を背負いやすい傾向にあります。しかし、レースがもつレース質は「内枠（外枠）・差し・短縮・ハイペース」が基本、結果として差し決着のボーナスレースが多くなります。出走頭数や先行馬の数をしっかり見極めて、穴馬券をねらい打ちましょう。

3歳限定ダート重賞のユニコーンSも差し優勢のレース
(写真は2022年。人気薄の2〜4着は4角10番手以下からの追い込み)

回収率を上乗せする
黄金パターン

2歳限定芝短距離戦(1200〜1500m) × 多頭数 × ローカル競馬場 × 先行馬が多いメンバー
=「内枠(外枠)・差し・短縮・ハイペース」

2歳限定ダート戦 × 多頭数 × 含水率低い × 先行馬が多いメンバー
=「内枠(外枠)・差し・短縮・ハイペース」

Sample Race

世代限定戦らしく、差し経験馬が軒並み上位に

2022/8/6 新潟9R ダリア賞（芝1400m・OP）

枠・馬番	印・オッズ	斤量・騎手	馬名・血統	調教師・成績	兄弟・適性	前走	前々走・短評
1 白 1	(—)55.6 △◎▲:△△▲ 4.8 ←圏	54 木幡巧 1000	⊗ダノンバラード㊥ 牝2 ミシシッピテソーロ ハピネスフォーユー① 鹿毛 A.P.Indy㊥ 了德寺健二HD リョーケンF	畠山吉㊙0.0.0.0 1-0-0-0 0 0 0 2 1 0 400 ・・①・・・・・ 中5週0 0 0 0	姉ミエノサクシード⑥ 姉ブライテストリング① 兄ジチュダケテソーロ① 兄ルーパステソーロ	3東⑪6・26新 馬16ト1 天芝D1357木幡巧54△ S37.6-34.1 ⑨⑩⑩中 0.2サトノヴィレ426 7.1.7 南W 85.6 38.5 11.7 ○	出負け。二の脚で中団へ。4角でスパート。追われて味があり、長く脚を使う
2 黒 2	(54.3)54.9 △▲▲△◎△▲ 5.9 ←圏	54 菅原明 1000	⊗ビッグアーサー㊥ 牡2 ブーケファロス クラウンデュナミス① 鹿毛 ダンディコマンド㊥ 矢野まり子 クラウン日高牧場	清水英㊙0.0.0.0 1-1-0-0 0 0 0 2 2 0 400 ・・・②・・①・ 中1週0 0 0 0	姉マリノドレッシー	2福①7・2新 馬15ト2 三芝A1112永野52△ H36.6-34.6 7|7|7外 ナックブレイ0.1 426 4.1.6 美坂 58.1 42.9 13.5 ○	2福⑦7・23未勝利15ト1 三芝B1107菅原明54○ H35.7-35.0 ⑨⑩⑩外 0.3マホロバ 426 13.1.1 美坂 55.0 40.0 12.9 ○
3 赤 3	(49.6)52.6 ::::▲:: 16.5 ←圏	54 嶋田 1001	ディスクリートキャット㊥ 牝2 スムースベルベット ローブドヴルール② 鹿毛 サウスヴィグラス㊥ ㈲ミルファーム ミルファーム	手塚㊙0.0.0.0 1-0-0-1 0 0 1 0 0 0 400 ・・・⑦・①・・ 中2週0 0 0 0	兄ブルスウルトラ	2福①7・2新 馬12ト7 三ダ1118嶋田54▲ M36.4-38.6 4|5|6外 バグラダス1.8 484 6.1.2 南W 66.6 37.1 11.3 ○	2福⑥7・17未勝利11ト1 三芝B1106嶋田54 M35.4-35.2 2|2|2内 0.1リサリサ 488 9.1.4 美坂 55.1 40.8 12.3 ○
4 青 4	関西(54.3)55.8 ○▲:○:△: 8.4 ←圏	54 川田 初騎乗	アメリカンフェロー㊥ 牡2 ㊕アドバンスファラオ フェアハントレス㈱ 栗毛 Tiznow㊥ 久保田貴秀 1Dガンサー他	森㊙0.0.0.0 1-1-0-0 0 0 1 1 0 0 400 ・②・・・①・・ 中2週0 0 0 0	兄プリンスフォーアデイ㈱	3東⑤6・19新 馬16ト2 西ダ1264武豊54○ H36.4-37.7 5|5|5外 モルチャン0.5 464 12.1.1 栗坂 53.8 39.3 12.1 ○	2福⑥7・17未勝利10ト1 三ダ1087松岡54 H34.4-37.3 3|2|2中 0.4マイショウチ 470 10.1.4 栗坂 52.1 38.0 12.7 ○
5 黄 5	(—)55.5 ◎◎◎▲○▲◉ 3.8 ←圏	54 三浦 初騎乗	⊗ジャスタウェイ㊥ 牡2 フミサウンド アブソルートリー㈱ 黒鹿 Redoute's Choice㊥ 林文彦 ノーザンファーム	鹿戸雄㊙0.0.0.0 1-0-0-0 0 0 1 0 0 0 400 ・・①・・・・・ 中5週0 0 0 0	姉メルヴィル	1函⑤6・25新 馬8ト1 三芝A1101武豊54◎ M35.2-34.9 2|2|2中 ヘイコサン 424 7.1.2 函芝 53.7 39.4 12.4 ○	好仕上がり。2番手から淡太く伸び、ゴール寸前で前を捉える。気性も前向き
6 緑 6	(49.7)49.5 :::::::: ☆ ←圏	54 ホー 初騎乗	⊗リアルインパクト㊥ 牝2 クリノリアルレディ セイクリッドフレイム㈱ 鹿毛 Raby㊥ 栗本博晴 平野牧場	伊藤伸㊙0.0.0.0 0-0-0-3 0 0 0 0 0 0 0 ・⑦・・⑦・⑨・ 中1週0 0 0 1	3東⑥6・19新 馬16ト7 天芝D1367松岡54 S36.6-35.2 1|2|2中 マイネルケレ0.6 470 9.1.10 南W 82.5 37.3 12.0 ○	2福③7・9未勝利10ト7 三芝A1116松岡54▲ M36.4-35.2 ⑩⑩⑨外 ハンデンリリ1.2 466 2.1.3 南W 68.4 39.0 12.3 ○	2福⑦7・23未勝利15ト9 三芝B1127松岡54△ H34.5-38.2 1|2|2内 ブーケファロ2.0 464 7.1.6 南W 69.3 39.4 12.0 ○
7 緑 7	関西(—)55.6 ▲:○▲▲○○ 3.4 ←圏	54 藤岡康 1000	⊗ミッキーロケット㊥ 牡2 ジョウショーホープ スターフォーユー① 鹿毛 アグネスデジタル㊥ 熊田義孝 福岡駿弥	新谷㊙0.0.0.0 1-0-0-0 0 0 1 0 0 0 400 ・2カ月放牧・・ 中8週0 0 0 0	兄シゲルクロカジキ② 姉ドナリエラ① 兄シゲルカカリチョウ① 兄スターファースト	4阪②6・5新 馬9ト1 西芝B1223藤岡康54△ M35.9-35.0 4|3|2内 0.2メイクザビー 454 3.1.4 栗坂 50.8 36.9 12.0 ○	4番手のイン。直線は開いた内からしっかり伸びて抜け出した。センス良し。
8 橙 8	(53.7)53.9 :::::::: 19.9 ←圏	54 杉原 初騎乗	⊗ダノンバラード㊥ 牝2 ピンクジン オーミチェリッシュ② 鹿毛 キャプテンスティーブ㊥ ㈲ミルファーム ミルファーム	南田㊙0.0.0.0 0-1-1-0 0 0 0 2 1 0 0 ・③・・②・・・ 中3週0 0 0 0	兄オケアノス① 兄オーバースペック① 兄キュムロンニンバス 姉サクランボ	3東⑤6・18新 馬16ト3 西芝D1229永野52 S36.9-34.4 7|8中 ワンプライル0.8 418 14.1.11 南W 67.4 37.7 11.6 ○	2福③7・9未勝利10ト2 三芝A1106永野52◎ M35.4-35.2 5|5|4内 ハンデンリリ0.2 414 1.1.1 南W 70.5 38.5 11.8 ○
8 橙 9	(—)54.0 ::△:::△ 24.6 ←圏	54 石川裕 初騎乗	ノヴェリスト㊥ 牝2 ペアサッチャー ジェルミナル③ 青鹿 アグネスタキオン㊥ 熊木浩 社台ファーム	杉浦㊙0.0.0.0 0-1-0-0 0 1 0 0 0 0 0 ・・・・②・・・ 中3週0 0 0 0	距離・重ダ適性 父 長距離型 重○ダ○ 母の父中距離型 重○ダ○ 3月19日生	姉ジェルヴェーズ① 姉ジェミナ① 兄アスターファゴット① 兄ジルブラス①	2福③7・9新 馬11ト2 三芝A1118松岡54◎ S36.5-35.3 1|1|1内 シルヴァーゴ0.1 466 6.1.1 南W 65.1 36.6 11.9 ○
8 橙 10	(—)55.5 ▲△△△△◎△ 10.1 ←圏	54 柴田大 1000	トビーズコーナー㊥ 牝2 シルヴァーゴースト アンヌ① 栗毛 タイキシャトル㊥ ㈲ブルースターズF 中島牧場	岩戸㊙0.0.0.0 1-0-0-0 0 0 0 2 1 0 400 ・・・・①・・・ 中3週0 0 0 0	姉ヨツバノクローバー	2福③7・9新 馬11ト1 三芝A1117柴田大54△ S37.1-34.6 5|5|5内 0.1ペアサッチャ 444 5.1.4 南W 85.1 38.5 11.6 ○	好仕上がり。ラスト1ハロンから最内を一気に伸びる。時計平凡でも追って味あり
地 11	地方 △△△◎:△△ 14.2 ←圏	初騎乗 54 森泰 初騎乗	パコ㊥ 牡2 圏シテイタイケツ サットー① 鹿毛 ステイゴールド㊥ （同）JPN技研 中村雅明	上杉大㊙0.0.0.0 1-0-0-0 0 0 0 0 2 1 240 ・・①・・・・・ 中5週0 0 0 0	距離・重ダ適性 父 中距離型 重○ダ○ 母の父中長距離型重○ダ○ 3月1日生	姉ブレストヴィーナス㈱	大井①6・27新 馬6ト1 西ダ外1306矢野54◎ H40.4-37.4 6|6|6外 0.9ドラケン 471 2.1.2 大井 66.5 38.3 —

着	馬名	騎手	タイム(差)	1角	2角	3角	4角	上がり	人気	前走
1	1①ミシシッピテソーロ	木幡巧	1:21.7			9	9	34.7	4	東京芝1600
2	5⑤フミサウンド	三浦	3/4			6	6	35.0	1	函館芝1200
3	2②ブーケファロス	菅原明	アタマ			9	9	34.7	3	福島芝1200

単勝／700円　複勝／190円、140円、160円　馬連／840円
馬単／2,050円　三連複／1,710円　三連単／8,840円

新潟9R　ダリア賞　芝1400m
レース質：内枠・差し・短縮・ハイペース

世代限定短距離戦で、距離延長馬や前走先行して勝ち上がった馬が多く、ペースは引き上がる。世代限定短距離戦は短縮差し有利が基本で、馬場のよいAコース部分を通れる内枠の差し馬が前を捕らえ切るレース質。

1.ミシシッピテソーロ
新馬戦では先行馬が粘るところを上がり最速を使って差し切った。テンの追走力に若干の不安はあるが、テンに置かれても持続面で先行勢が苦しくなるので間に合うと見る。道中は内を追走して、直線だけ外目に出す形で。

2.ブーケファロス
前走は外枠差し有利の馬場に恵まれたが、それでも0.5秒差つけての上がり1位の末脚は目立った。新馬戦で先行有利の流れを2着まで追い詰めたレースが強く、距離延長ローテで自然に位置を取って、内の3列目から末脚を使えば差し切れる。

Tips

ワンポイントアドバイス

2022年8月6日（土）の新潟9Rダリア賞（芝1400m）は2歳OP戦であり、世代限定戦がもつレース質が分かりやすいレースになりました。

このレースは11頭立てでしたが、馬柱を見て分かるように、前走初角3番手以内の馬が6頭と半数以上が先行馬。また、残りの5頭も前走初角6番手以内が3頭で、純粋に後方から差して競馬をした経験があったのは2頭のみ。それが①ミシシッピテソーロと②ブーケファロスでした。

サロンやnoteで公開した予想は上記のとおり。

前走で初角10番手を追走していた2頭をピックアップし、特に今回距離短縮ローテとなる①ミシシッピテソーロを1頭目に評価しました。周りのテンが速いことを考慮すれば、追走面での心配はありましたが、2回新潟は1回新潟が全日Bコースで行われることからAコース部分がよく、内枠有利のバイアスが後押しをしてくれると考えたのです。

結果は、①ミシシッピテソーロが道中は内の後方2番手追走から、4角から一気に外をマクって差し切り。その1列前を走っていた②ブーケファロスは馬群を捌く際にもたついた分でアタマ差の3着。2着に入った⑤フミサウンドは1番人気と能力上位で、今回はうまく6番手からの差しに回ったものでした。4着にも前走初角5番手だった⑩シルヴァーゴーストが入り、上位を差し経験がある馬が寡占することになったのです。

競馬の構造

第3項 再現性の高いレースを見極めて回収率を底上げ

リピーターレースが意味するもの

レースの中には、毎年同じような決着になるレースや、リピーターが好走しやすいレースがあります。「レース質マトリックス」では、こうしたレースを「再現性の高いレース」と呼んでいます。

1 毎年同じような決着になるレースの要件を知ろう

「毎年同じような決着になる」ということは、すなわち「該当レースのレース質が変わりにくく、特徴的である」ということです。例えば、以下のような要件を満たしているレースほど、再現性が高いと言えます。

再現性が高くなるレースの要件

- Ⓐ毎年、行われるレースであること
- Ⓑ施行条件や時期が変わらないこと
- Ⓒレースに出走してくるメンバーの質が変わらないこと
- Ⓓ極端なバイアスが発生するレース質であること
- Ⓔレース質の根拠が変わりにくいものであること

特別戦も含め、条件戦は施行距離や場所、時期などが変わることは珍しくありません。例えば、近年は3月に中山ダート1800mで行われている韓国馬事会杯（3勝クラス）は、2014年以前は芝1600mで、2009年以前

Step 1　毎年同じような決着になるレースの要件を知ろう

Step 2　再現性の高いレースの具体例を覚えよう

Step 3　重賞データを活用する際には「条件替わりの有無」に注意しよう

は芝1200mで、そして2006年以前は現在と同様のダート1800mで施行されていました（1998年以前は芝のOP特別）。

みなさんも、一度は「あれ、このレースってこんな距離だったかな」と思った経験があるかと思います。こうしたレースは再現性が低いため、毎年、そのレースが行われる条件やメンバーに応じて、レース質を判断する必要が出てきます。

では、条件が変わりにくいレースとはどのようなレースか。それは、リステッド以上のレース、特にGⅢ以上の重賞が該当します。一部の条件変更が多い重賞（CBC賞や鳴尾記念など）や、春まで行われていた京都競馬場改修工事に伴う変則開催などの特殊な事情を除き、重賞はあまり施行条件や時期が変わりません。要件の🅐～🅑を満たしており、全てのレースの中で、比較的再現性が高くなりやすいレースと言えます。

中でも、GⅠは施行時期、距離等が変わることはごく稀ですし、各年における施行条件下でのスペシャリストがそろうという点で、リピーターが多いうえに、出走メンバーの質も似てきます。また、GⅠに付随する形で設置されているトライアルレースも、同様に施行条件が変わりにくく、集まるメンバーも路線ごとに例年似通っているという特徴があります。これらのレースは🅐～🅒を満たしており、かなり再現性の高いレースになります。

② 再現性の高いレースの具体例を覚えよう

ここからが「レース質マトリックス」に深く関わる話になります。「レース質マトリックス」では、全重賞レースがもつレース質を設定しています。毎週週中にX（旧Twitter）でレース質の根拠を含めて、当週の重賞がもつレース質をポストしていますが、最終的には馬場状態やメンバー構成などを踏まえて調整を加えることになります。ただ、その中で何年もの間、傾向が変わりにくく、調整が不要なレース、つまり非常に再現性の高いレースがあります。

こうしたレースは以下のような特徴をもっています。

㋐施行されるコース自体が強いバイアスをもっている（ⒹⒺ）
㋑開催時期で馬場状態が例年似通ってくる（Ⓓ）
㋒番組構成上、出走メンバーのタイプが毎年同じ（Ⓔ）

例えば、サンプルレースでも取り上げるフィリーズレビューは、2019～2022年まで全て「内枠で距離短縮ローテの差し馬」が勝利しています。レース映像を見ても、例年ほぼ同じレースが繰り返されていると言っても過言ではありません。なぜそうなるのか、先の3つの特徴に照らすと明確です。

㋐内枠有利が顕著な阪神芝1400mであること
㋑乾燥する時期で馬場状態が悪化しないこと
㋒桜花賞トライアルの短距離路線の受け皿として、スプリンターや先行馬がそろうレースであること

この結果、フィリーズレビューは毎年必ず「内枠・差し・短縮・ハイペース」のレース質になるのです。2023年は、テン3F33.2という近年で最もハイペースとなったことで、内が止まって外枠差し決着になりましたが、それでも1、2着馬は距離短縮ローテの馬でした。

同様に、宝塚記念は、発走地点が下り坂である阪神芝2200mのコース特性と、梅雨時期で荒れやすい馬場などから毎年「外枠・差し・短縮」になりやすく、フェブラリーSや武蔵野S、ユニコーンSの東京ダート1600m重賞（良馬場）は、外枠芝発走で直線が長いコース形態やテンに速くなりやすいメンバー構成などから「外枠・差し・短縮（・ハイペース）」で大きくずれることはありません。

このように、重賞の中でも㋐〜㋒を満たしている重賞は、非常に再現性が高く、毎年同じアプローチで馬券を獲ることができるのです。

再現性の高いレース（一例）

レース名	レース質	理由
フィリーズレビュー	内枠・差し・短縮・ハイペース	・阪神芝1400mのコース形態　・スプリント質のレース ・上がりがかかる消耗戦
宝塚記念	外枠・差し・短縮	・阪神芝2200mのコース形態 ・テン速い→中盤緩む→上がり勝負のラップ ・梅雨時期で内が荒れた馬場
フェブラリーS 武蔵野S ユニコーンS	外枠・差し・短縮（・ハイペース）	・東京ダート1600mのコース形態 ・テン速い→中盤緩む→上がり勝負のラップ ・ダートで唯一の長い直線

※宝塚記念は開催2週目に施行された2021〜2022年を除く

また、重賞以外では、高速馬場の内差し決着や内荒れ馬場の外差し決着、初角まで短いコースの内枠先行有利などは再現性が高いレース質に当たります。これらのねらい方についてはそれぞれ項を立てて解説しているので、そちらをご参考ください。

3 重賞データを活用する際には「条件替わりの有無」に注意しよう

重賞に関しては、過去の結果を基にしたデータ予想やデータ本が無数にあります。こうしたデータを活用する際には、「そのレースが再現性の高いレースなのか」をまず検討する必要があります。毎年、施行条件が変わるようなレースでは、データを参考にしてもかえって間違った方向へ誘導されてしまう危険性があります。

例えば、宝塚記念は前述のとおり、「外枠・差し・短縮」で再現性の高いレースですが、京都競馬場改修に伴う変則開催で、2021～2022年については、阪神の馬場造成がロングラン開催に耐えられるよう硬めになったことや、施行時期が4週目から2週目になったことから、レース質が「内枠・先行」に変わっています。それまで重要だった「過去10年8枠が有利」というデータは、予想の妨げにしかならないという状況に陥っていました。

2023年に再び4週目に戻り、ハイペースから直線外を通した馬による追い込み決着になっているように、開催条件が変わればレース質も大きく変わります。したがって、重賞データについては、以下のような点に着目して活用するのがよいでしょう。

■開催時期や場所、距離などが変更になっていないレースであること（ＧⅠは特に変わらないのでリピーターが多くなる）
■開催時期が雨の多い時期に当たらないレースであること（梅雨時期や夏場よりも冬場の乾燥した時期のほうが馬場状態が変わりにくい）
■馬場造成に大きな変化がない競馬場のレース（近年だと阪神芝、中京芝、中山ダートは高速化が著しく、データ集計期間は短いほうがよい）

このように、重賞データを活用する際には、「条件替わりの有無」に注意して、再現性の高いレースで扱うことをオススメします。

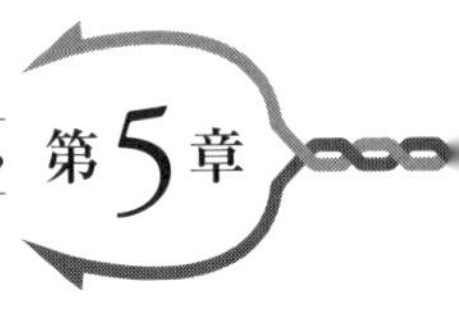

2020年 宝塚記念（3回阪神8日目）

着	馬名	騎手	タイム(差)	1角	2角	3角	4角	上がり	人気	前走
1	8⑯クロノジェネシス	北村友	2:13.5	7	8	7	1	36.3	2	阪神芝2000
2	7⑭キセキ	武豊	6	14	13	8	2	37.2	6	京都芝3200
3	6⑫モズベッロ	池添	5	12	11	11	8	37.6	12	京都芝3200

2021年 宝塚記念（3回阪神4日目）

着	馬名	騎手	タイム(差)	1角	2角	3角	4角	上がり	人気	前走
1	5⑦クロノジェネシス	ルメール	2:10.9	4	4	3	4	34.4	1	メイダン芝2410
2	1①ユニコーンライオン	坂井	2.1/2	1	1	1	1	35.1	7	中京芝2000
3	2②レイパパレ	川田	クビ	2	2	2	2	35.0	2	阪神芝2000

2022年 宝塚記念（3回阪神4日目）

着	馬名	騎手	タイム(差)	1角	2角	3角	4角	上がり	人気	前走
1	3⑥タイトルホルダー	横山和	2:09.7	2	2	2	2	36.1	2	阪神芝3200
2	5⑩ヒシイグアス	レーン	2	6	6	6	5	35.9	5	阪神芝2000
3	4⑦デアリングタクト	松山	2	10	10	8	8	36.0	4	東京芝1600

2023年 宝塚記念（3回阪神8日目）

着	馬名	騎手	タイム(差)	1角	2角	3角	4角	上がり	人気	前走
1	3⑤イクイノックス	ルメール	2:11.2	16	16	13	9	34.8	1	メイダン芝2410
2	3⑥スルーセブンシーズ	池添	クビ	17	17	16	12	34.6	10	中山芝1800
3	5⑨ジャスティンパレス	鮫島駿	1	12	13	11	9	35.1	2	京都芝3200

毎年同じアプローチで当たるボーナスレース

2022/3/13 阪神11R フィリーズレビュー（芝1400m・GⅡ）

枠	馬番	印・オッズ	斤量	騎手	馬名・血統	厩舎・成績	3走前	2走前	前走
1白	1	(55.6)56.6 ：：○：：：： 37.2	54	和田竜 0100	⊗モーリス㊥ 牝3 アドヴァイス テンシノホホエミ① 鹿毛 ダイワメジャー㊥ 泉一郎 浜本牧場	石坂公(栗)0.0.0.0 1-1-1-1 中7週 0000	4小⑧9・5未勝利13ト3 三芝B1092福 永54▲ H33.7-35.5 ②②②内 タムロキュラ0.1 466 6ｴ3 栗坂 55.7 40.6 12.7	2新②11・7牝未勝16ト1 三芝A1090吉田隼54○ H33.7-35.3 ③③③内 0.1アリススプリ 458 8ｴ1 栗坂 54.7 40.1 12.4	1中京⑤1・15紅梅S(L)9ト4 函芝A1223岩田望54 M35.1-35.7 ②②②内 フォラブリュ0.5 460 3ｴ6 栗坂 55.8 39.9 12.5
2黒	2	(59.8)59.9 ○○○○○▲◎ 2.3	54	浜中 1101	⊗ミッキーアイル㊥ 牝3 ナムラクレア サンクイーンⅡ(米) 青鹿 Storm Cat 奈村睦弘 谷川牧場	長谷川(栗)1.0.0.0 2-1-1-1 ・3カ月休養・ 中12週 0000	5阪①11・6ファSG Ⅲ10ト2 函芝A1212浜 中54○ M35.1-34.6 ④④③中 ウォーターナ0.1 460 2ｴ1 栗坂 54.4 39.3 12.6	6阪④12・12阪JF GⅠ18ト5 天芝B1343浜 中54△ M35.5-34.1 ⑩⑩⑬内 サークルオブ0.5 454 1ｴ6 栗坂 52.2 37.2 11.8	リフレッシュ・放牧 仕上がり良好 初戦③着 推定馬体474 中9週以上0000
2黒	3	(53.2)55.7 △○△△▲○△ 10.9	54	武豊 1102	⊗ディープインパクト㊥ 牝3 マイシンフォニー テディーズプロミス(米) 青鹿 Salt Lake ㈲キーファーズ ノーザンF	松永幹(栗)0.0.0.1 1-1-0-2 中3週 0000	4小④8・22未勝利16ト2 六芝A1502武 豊54▲ S37.7-35.8②②②②中 サウンドクレ… 470 15ｴ1 栗坂 53.3 37.7 12.2	5阪⑨9・26牝未勝12ト4 天芝B1368武 豊54○ M36.7-36.3 ⑥⑥⑥中 サウンドビバ0.3 464 12ｴ1 CW 82.8 38.8 12.1	1阪①2・12牝未勝13ト1 六芝A1466武 豊54○ S35.9-34.2 ④④④内 0.1ヴィスバメン 470 3ｴ2 CW 84.5 38.5 11.6
3赤	4	(55.8)56.1 ：▲△○△○△ 15.2	54	池添 初騎乗	⊗ロードカナロア 牝3 サブライムアンセム パストフォリア④ 鹿毛 シンボリクリスエス サンデーR ノーザンファーム	藤原英(栗)0.0.0.1 1-3-0-2 中4週 0100	6阪③12・11未勝利16ト2 函芝B1225岩田望54▲ M34.9-35.8 ③⑤⑤内 マコトダイト0.6 474 1ｴ1 中間軽め	1中京⑤1・15未勝利18ト2 函芝A1216岩田望54▲ H34.4-35.5 ④④⑤外 ショウナンハ… 476 9ｴ3 CW 36.9 10.9	1中京①2・5未勝利13ト1 天芝B1359岩田望54○ S36.7-34.6 ④⑦⑦中 0.1バンデルオー 478 2ｴ1 CW 52.3 36.8 11.4
3赤	5	関東(55.3)56.8 △：△：：：△ 38.3	54	松若 初騎乗	ザファクター 牝3 ラブリネスオーバー ケイエスアカリ② 芦毛 フジキセキ㊥ 高柳隆男 高柳隆男	高柳瑞(美)0.0.0.0 1-1-0-0 中3週 0000	姉ケイエスフェアリー① 兄テイエムアカリオー① 兄カリニート② 姉アンチエイジング	1中京④1・10牝新馬15ト1 三ダ1122 三 浦54▲ H34.3-37.9 ②②②内 0.7ハクサンセー 502 8ｴ2 栗坂 54.9 40.0 12.7	1東⑤2・12 1勝ク14ト2 函芝D1218三 浦54 M35.3-34.9 ④④中 レディバラン0.2 502 13ｴ7 南W 83.6 38.7 12.0
4青	6	(56.9)58.3 ▲：：▲△△▲ 10.0	54	酒井学 初騎乗	⊗キズナ 牝3 アネゴハダ イニシャルダブル① 青鹿 ウォーエンブレム㊥ 岡浩二 サンデーヒルズ	佐々晶(栗)0.0.0.0 2-0-1-3 中2週 1000	6阪④12・12阪JF GⅠ18ト9 天芝B1345 幸 54 M35.1-34.9 ⑤④④外 サークルオブ0.7 442 12ｴ1 栗坂 54.8 39.5 12.5	1中京⑨1・29牝1勝12ト4 函ダ1261 幸 54○ H34.8-39.0 ②②②内 パスマティ0.2 442 12ｴ1 栗坂 53.5 39.0 12.9	1阪④2・20 1勝ク13ト1 函芝A1217坂井瑠54○ M35.1-34.7 ③③④中 0.2モンゴリアン 444 4ｴ1 栗坂 53.8 39.5 12.4
4青	7	(55.0)57.8 ：：：：：：： 47.1	54	泉谷 初騎乗	アメリカンフェロー㊥ 牝3 ㊉コンクパール エイズィーウォリアー(米) 栗毛 Bernardini㊥ 前田幸大 トライモアスタッド	中竹(栗)0.0.0.0 2-1-2-2 中3週 1000	5東③11・13オキ1勝16ト8 函ダ1255岩田望54○ M35.4-37.9 ③⑤④外 ドライスタウ2.1 480 9ｴ1 栗坂 51.8 37.7 13.0	1小②1・16 1勝ク12ト7 三ダ1475藤岡康54○ M36.1-39.7①①②②内 タイセイドレ1.0 486 7ｴ1 栗坂 52.0 37.5 13.0	1阪①2・12 1勝ク16ト1 函ダ1248福 永54△ H34.4-38.0 ①①①内 0.2レッドゲイル 478 16ｴ3 栗坂 54.5 38.8 12.3
5黄	8	(53.9)56.9 ○△：：○△○ 10.3	54	国分恭 1000	⊗レッドスパーダ 牝3 テイエムスパーダ トシザコジーン③ 芦毛 アドマイヤコジーン 小倉 竹園正繼 浦河小林牧場	五十嵐(栗)0.1.0.0 2-1-0-0 中2週 0000	3小④7・11牝新馬8ト1 三芝A1095福 永54○ M35.0-34.5 ②②①内 ベアンジーニョ 494 3ｴ2 栗坂 51.4 37.3 12.0	4小⑧8・14フェニ10ト2 三芝A1109岩田望54○ H34.1-36.8 ②①①内 ナムラクレア0.1 484 1ｴ1 栗坂 55.0 39.9 12.3	2小④2・20あざ1勝16ト1 三芝B1103国分恭54△ M35.1-35.2 ①②②中 0.5セリノーフォ 490 12ｴ3 栗坂 50.9 37.3 12.1
5黄	9	関東(56.5)54.3 ：：：：：：： 51.0	54	富田 0001	⊗リオンディーズ㊥ 牝3 ブッシュガーデン フリスコベイ② 黒鹿 ハードスパン 那須野牧場 那須野牧場	武井(美)0.0.0.0 1-2-1-4 中5週 0101	門別⑬10・14エーデ重14ト4 三ダ1124横山武54○ H34.4-38.0 ④④③内 スピーディキ0.2 462 2ｴ4 門別 42.6 14.7	6中⑤12・19寒椿1勝16ト4 函ダ1240富 田54△ H33.9-38.0 ④④④内 グットディー0.4 452 5ｴ7 南W 68.7 38.7 12.3	1中京⑨1・29牝1勝12ト9 函ダ1267池 添54○ H35.0-39.4 ⑤④⑤外 パスマティ0.8 464 8ｴ3 南W 68.1 38.4 12.2
6緑	10	関東(57.5)57.5 △★△▲△△△ 8.6	54	内田博 1001	⊗ロードカナロア 牝3 キミワクイーン チェリーペトルズ② 鹿毛 ダイワメジャー㊥ 浦邊輝寅 追分ファーム	奥村武(美)0.0.0.0 2-0-0-2 ・3カ月休養・ 中12週 0000	4東⑥10・24 1勝ク8ト1 函芝A1219内田博54▲ M35.5-34.4 ③②内 グィオタルエバー 418 3ｴ4 南W 68.3 37.8 11.7	6阪④12・12阪JF GⅠ18ト10 天芝B1348内田博54 M35.1-35.1 ④④⑥内 サークルオブ1.0 420 7ｴ10 南W 83.0 38.2 11.7	馬体調整・放牧 仕上がり良好 初戦①着 推定馬体430 中9週以上0001
6緑	11	(52.4)53.9 ：：：：：：： 11.2	54	横山典 初騎乗	⊗ブラックタイド 牝3 ゼロドラゴン スカイノダン④ 黒鹿 サクラバクシンオー㊥ ㈲桑田牧場 桑田牧場	寺島(栗)0.0.0.0 1-0-1-1 ・2カ月放牧・ 中8週 0000	3新④8・1牝新馬17ト11 天芝A1378菅原明54▲ S37.7-35.5 ⑥⑧⑨内 ボンクラージ2.4 442 5ｴ3 栗芝 75.7 34.0 11.2	6阪⑨12・28未勝利16ト1 三芝B1093吉田隼54○ M35.3-34.0 ⑪⑥内 0.2アスターディ 440 9ｴ8 CW 83.0 37.7 11.6	1中京④1・10 1勝ク10ト3 三芝A1093吉田隼54△ M35.3-34.0 ⑩⑩中 エテルナメン0.4 438 2ｴ5 CW 86.2 37.7 12.1
7橙	12	(57.5)56.5 △：：△△：△ 33.5	54	坂井瑠 初騎乗	⊗ミッキーアイル㊥ 牝3 スリーパーダ シンハリーズ(米) 栗毛 Singspiel キャロットF ノーザンファーム	斉藤崇(栗)0.0.0.0 1-1-0-1 ・4カ月休養・ 中14上・6月 0000	4小⑧9・5小2SGⅢ10ト2 三芝B1083福 永54○ M34.1-34.2 ⑦⑥⑥内 ナムラクレア0.4 404 7ｴ3 栗坂 54.5 39.7 12.2	5阪①11・6ファSGⅢ10ト7 函芝A1223岩田望54▲ M35.4-35.3 ⑧⑧⑦外 ウォーターナ1.2 404 8ｴ4 栗坂 54.7 39.5 12.7	馬体調整・放牧 仕上がり上々 初戦①着 推定馬体400 中9週以上0000
7橙	13	(54.3)53.6 ：▲：：：△： 38.1	54	団野 初騎乗	⊗キタサンブラック㊥ 牝3 サウンドクレア サウンドバリアー② 鹿毛 アグネスデジタル 中京 増田雄一 社台ファーム	安達(栗)0.0.0.0 1-0-0-4 中2週 1001	5阪④11・14黄菊1勝6ト4 宇芝A2036松 山54△ S40.1-34.3⑥⑥⑥⑥外 ジャスティン0.3 428 6ｴ3 栗坂 55.9 41.4 13.0	6中京②12・5こうう1勝9ト4 天芝A1356松 山54△ S36.3-35.5 ①①①中 ソリタリオ0.3 436 5ｴ3 栗坂 53.9 39.5 12.8	1阪③2・19つば1勝7ト6 六芝A1510松 山54△ S38.9-34.2 ③②②外 テンダンス1.4 436 7ｴ5 栗坂 52.9 38.9 13.0
8桃	14	関東(56.1)57.3 △：▲：：：△ 10.6	54	菱田 初騎乗	⊗スクリーンヒーロー 牝3 ウィリン レッドカーラ② 黒鹿 マンハッタンカフェ ジャコモ合同会社 社台ファーム	林(美)0.0.0.0 1-0-1-0 中7週 0000	初仔 近親モンシュシュ② 近親ツクバコガネオー⑤ 近親シンデレラロマンス②	1福①7・3新 馬13ト1 三芝A1091Mデムー54○ M34.3-34.8 ①①①内 1.2セキテイホノ 418 2ｴ1 南W 67.4 38.5 12.3	1中京⑤1・15紅梅S(L)9ト3 函芝A1223津 村54○ M35.4-35.5 ④④④内 フォラブリュ0.5 428 5ｴ2 栗坂 52.9 37.7 11.6
8桃	15	関東(53.8)54.4 ：：：：：：： 65.2	54	秋山稔 1100	⊗ガルボ㊥ 牝3 モチベーション アドリアーネ① 鹿毛 アグネスデジタル 石川秀守 水丸牧場	清水英(美)0.0.0.0 1-1-0-0 ・6カ月半休養・ 6-9月休 0000	2札①8・14新 馬9ト2 壬芝A1292秋山稔52 S36.6-35.2③③③②中 モンゴリアン0.1 436 3ｴ9 南W 67.3 40.6 14.3	2札⑥8・29牝未勝12ト1 壬芝C1307秋山稔52○ M36.5-36.0②③③④内 0.1レモンケーキ 434 9ｴ1 札ダ 83.6 40.5 12.7	骨折・放牧 仕上がり良好 初戦②着 推定馬体440 中9週以上0000

着	馬名	騎手	タイム(差)	1角	2角	3角	4角	上がり	人気	前走
1	3④サブライムアンセム	池添	1:19.9			11	11	34.2	2	中京芝1600
2	2②ナムラクレア	浜中	アタマ			9	9	34.4	1	阪神芝1600
3	4⑥アネゴハダ	酒井	1.3/4			3	3	35.0	4	阪神芝1400

単勝／790円　複勝／210円、110円、230円　馬連／790円
馬単／2,370円　三連複／1,690円　三連単／11,440円

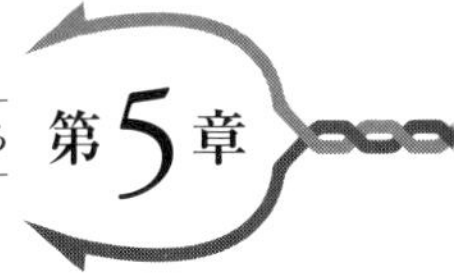

阪神11R　フィリーズレビュー　芝1400m
▶レース質　内枠・差し・短縮・ハイペース　　**堅軸馬：2.ナムラクレア**

先行馬と距離延長馬がいてテンに流れるとともに、権利取りで早仕掛けになりやすいレース。上がり2Fを落とす消耗戦になるので持続力上位の馬が有利。内枠の距離短縮ローテで自然に差しに回る馬が差し切るレース質。

4.サブライムアンセム
前走ある程度位置を取る競馬して距離短縮ローテという形がよい。その前走は、中京芝1600mで先行馬が残る流れを内から外に切り替えるロスがありながら差した強いもので、不利がなければ突き抜けていた。ここでも十分に通用する。

3.マイシンフォニー
1800mからの距離短縮ローテは少し不安だが、先行する脚があるなら1400mの流れでも追走できるはず。馬込みの中でも競馬できることは証明しており、新馬戦ではある程度狭いところも割っている。

Tips

ワンポイントアドバイス

再現性の高いレースの代名詞であるフィリーズレビュー。2021年はシゲルピンクルビー（8番人気）とヨカヨカ（2番人気）の2頭を推奨してワンツー決着。2022年3月13日阪神11Rフィリーズレビューも、例年と同様のアプローチで上記のように予想を出していました。

桜花賞トライアルとして、マイル路線がチューリップ賞をステップにする一方で、短距離路線がステップにするのが当レース。その結果、前走1200m戦を使用している距離延長ローテの馬が多いのに加え、世代限定芝短距離戦は先行有利のため、出走馬に先行馬が多くなりやすく、テンに流れてほぼ例外なくハイペース戦に。また、距離延長馬が多いことからレース自体の流れもスプリント質になり、後半に向けてラップを落とし続ける消耗戦になります。阪神芝1400mは内回りで従来内枠有利のコース形態。雨の少ない時期で馬場状態は悪くなく、そもそもが内枠有利であるうえに、ラップに緩みのない消耗戦で馬群の外から押し上げるタイミングがないため外枠不利。さらに、消耗戦で上がりが掛かるため、ラストは持続力勝負になるため距離短縮ローテで持続力を補完した馬が有利になります。

さすがに毎年同じ決着なので、2022年はそれがオッズに反映され、内枠距離短縮馬の3頭が1～3番人気になってしまったのは残念でしたが、例年同じアプローチで的中できるレースなのでぜひ忘れずにねらってみてください。

第4項 「隊列」の概念を取り入れて回収率を底上げ

「内枠主導」と「外枠主導」

「先行すると思って馬券を買った馬が先行できなかった」「外に出して差してきてほしかったのに直線で内を走っていた」など、自分が想定していたレースの流れと実際のレースの流れとが違って馬券が外れてしまう場合があります。その要因には、競走馬の能力や個性、対象の馬に騎乗している騎手のタイプなどが挙げられます。そのうちの一つとして、ここでは「隊列」の概念について解説していきます。

1 「隊列」がレースに及ぼす影響を意識しよう

「レース質マトリックス」では、レース発走後にテンの位置取り争いを経て、道中どのような馬群でレースが進んでいくか、その馬群の形態を「隊列」と呼んでいます。この「隊列」次第で、レースのペースが変わったり、脚質のバイアスが生じたりするなど、レース質やレース結果に大きな影響を与えるのですが、現状一般にあまり意識されていません。

しばしば「展開」という曖昧な表現で言及されるのは、この「隊列」による競走馬の道中の位置取りや動きによるレースへの影響であると言えるでしょう。「展開」という表現に甘んじることなく、明確に馬群の形態に目を向けることでより正確にレース質をつかむことができます。

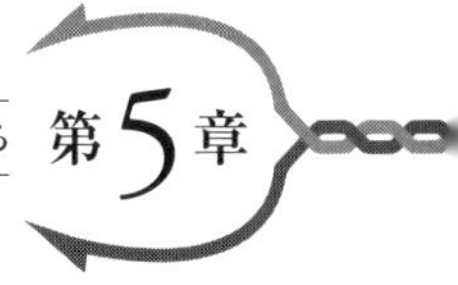

Step 1 「隊列」がレースに及ぼす影響を意識しよう

Step 2 「内枠主導」の隊列の特徴を知ろう

Step 3 「外枠主導」の隊列の特徴を知ろう

ここでは、分かりやすいよう「内枠主導の隊列」と「外枠主導の隊列」の二つに分けて、その特徴を見ていきましょう。

2 「内枠主導」の隊列の特徴を知ろう

■内枠主導の隊列の特徴

- **内枠有利のコースにおいてはペースが落ち着きやすく、外枠有利のコースにおいてはペースが速くなりやすい**
- **馬群が縦長になりやすく、先行有利の馬場では先行馬の有利が広がる**
- **外枠の馬の距離ロスが大きくなるため、超高速〜高速馬場では外枠差し馬の不利が大きくなる**
- **内枠の差し馬は通常よりも位置が取りやすくなり、有利に働きやすい**
- **外枠の馬には道中で内に潜り込みやすいというメリットもある**

内枠主導の隊列は、主に内枠に先行馬が並んで入ったときに生じます。また、高速芝や含水率の高いダートで、先行馬が少ないレースでも、内枠が押し出される形で内枠主導になることがあります。

コース形態としては、初角まで短いコースと相性がよく、初角に入る際にすんなりと隊列が決まってペースが落ち着く要因となります（「内枠・先行・スローペース」)。対して、外枠芝発走のダートなど、外枠から先行しやすいコースで内枠主導の隊列になると、先行しにくい枠から出していくことになるので、見た目以上のペースが流れ、先行馬の負荷が大きくなりやすいのも特徴です（「外枠・差し・短縮・ハイペース」）。

また、内枠から外枠に向かって放射状に馬群が伸びるため、雁行形の馬群になりやすく、逃げ馬を先頭に縦に長い隊列になることが多くなります。縦長隊列では先行馬と差し馬のポジション差が広がるため、中盤にラップの緩みが出るような流れにならないと、直線入口で差し馬は物理的に間に合いません。その結果、内枠先行馬がそのまま押し切るシーンがしばしば見られます（「内枠・先行」）。

外枠の馬は、内枠先行馬とその後ろから進路をトレースする内枠差し馬のさらに外を回ることになるので、押し上げる際の距離ロスが大きく、特に外枠差し馬は馬場やラップの後押しがないと厳しい戦いを強いられます。元来先行有利になりやすい超高速〜高速馬場（芝・ダート含む）において、内枠主導の縦長隊列になった場合、外枠差し馬はほぼノーチャンス。外枠不利凡走から、次走での条件替わりでねらう対象になります。

なお、内枠差し馬は内枠主導の流れに乗って、通常よりも前の位置を取れるため、伸びずバテずの馬キャラや差して届かない馬キャラなどが、枠の恩恵を得て好走するパターンの一つになっています（「内枠・差し」）。

では、内枠主導の隊列では常に外枠の馬が不利なのかというとそういうわけではありません。内枠主導で縦長の隊列になることで馬群の幅が薄くなり、外枠の馬もラチ沿いに潜りこんで距離ロスなく走ることができます。また、馬場の内目が荒れているなど差し有利の馬場では、外枠の馬が自然と位置を下げやすいことがプラスに働くことがあります（「外枠・差し」）。

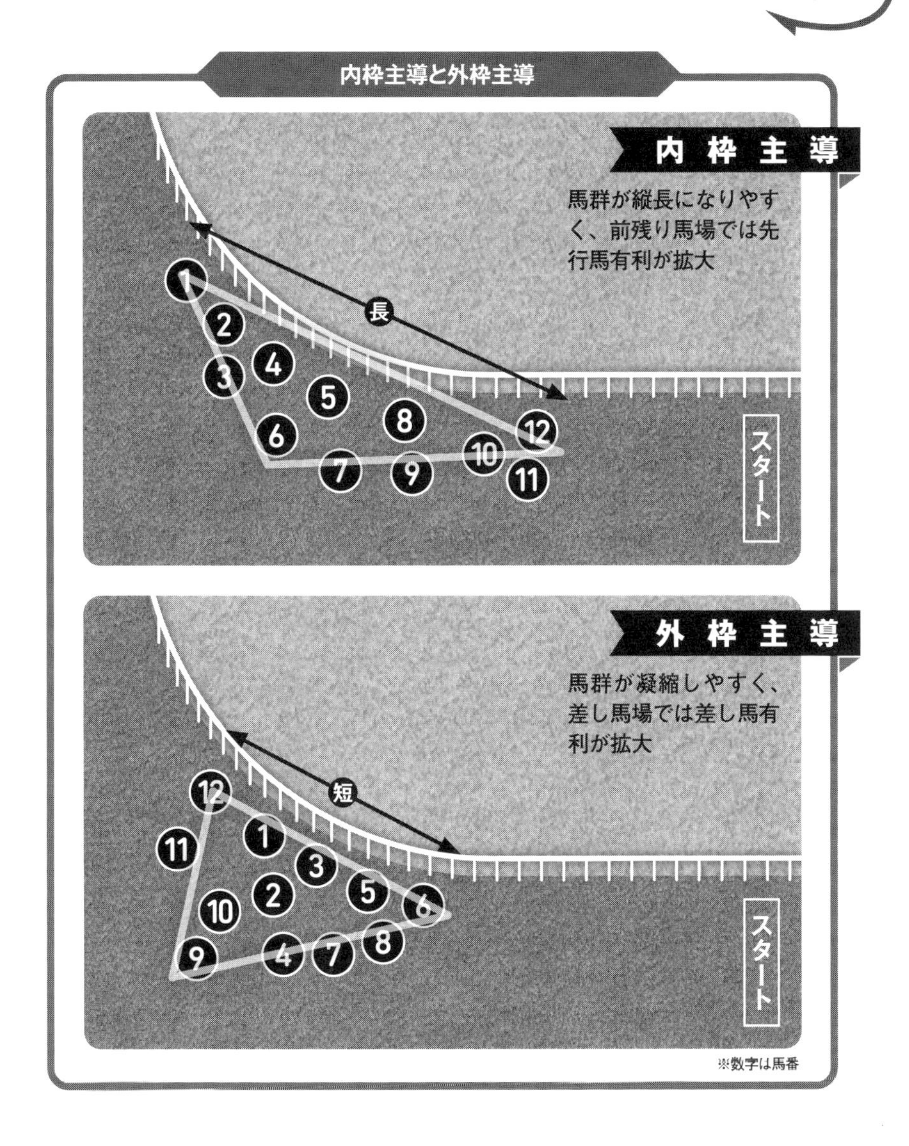
内枠主導と外枠主導
内 枠 主 導
馬群が縦長になりやすく、前残り馬場では先行馬有利が拡大
長
1
2
3
4
5
6
7
8
9
10
11
12
スタート
外 枠 主 導
馬群が凝縮しやすく、差し馬場では差し馬有利が拡大
短
12
11
1
3
2
5
6
10
9
4
7
8
スタート
※数字は馬番

③「外枠主導」の隊列の特徴を知ろう

■外枠主導の隊列の特徴

- **外枠有利のコースにおいてはペースが落ち着きやすく、内枠有利のコースにおいてはペースが速くなりやすい**
- **馬群が凝縮しやすく、差し有利の馬場では差し馬の有利が広がる**
- **内枠の馬は被せられて位置を悪くするため、内枠の馬は先行馬も差し馬もやや不利になる**
- **外枠の差し馬は通常よりも位置が取りやすくなり、有利に働きやすい**
- **内枠差し馬には馬群の外に出しやすいというメリットもある**

外枠主導の隊列は、主に外枠に先行馬が並んで入ったときに生じます。また、芝発走のダートや、芝の正面直線発走で馬場の内目が荒れているときなどは、外枠が押し出される形で外枠主導になることがあります。

コース形態としては、外枠が先行しやすいコースと相性がよく、内枠に被せて位置を取り切ってしまえばペースが落ち着く要因となります（「外枠・先行・スローペース」）。対して、ポケット発走の芝コースなど、内枠から先行しやすいコースで外枠主導の隊列になると、先行しにくい枠から出していくことになるので、見た目以上のペースが流れ、先行馬の負荷が大きくなりやすいのも特徴です（「内枠・差し・短縮・ハイペース」）。

また、外枠から被せて先行することで馬群があまり前後に広がらず、先頭に厚みのある逆三角形型の馬群になりやすく、全体的に凝縮した馬群になることが多くなります。凝縮した隊列では先行馬と差し馬のポジション差が狭まるため、中盤で引き上げるようなラップにならないと、先行馬は直線で差し馬に切れ負けしがちです。その結果、差し有利の馬場などでは外枠差し馬が一気に前を飲み込むシーンがしばしば見られます（「外枠・差し」）。

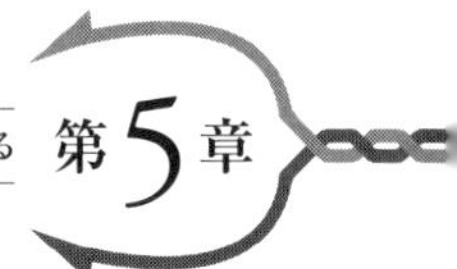

内枠の馬は、外枠先行馬とその後ろから進路をトレースする外枠差し馬に蓋をされるため、通常より位置を悪くしやすくなります。そのため、先行馬は自分の競馬をさせてもらえないうえに、内が荒れた馬場ではひたすら馬場の悪いところを通らされて早々に脱落することになります。また、差し馬は一旦下げて、外枠差し馬のさらに外を回らせられることで、距離ロスが大きく、差し届かないシーンも増えてきます。

なお、外枠差し馬は外枠主導の流れに乗って、通常よりも前の位置を取れるため、伸びずバテずの馬キャラや差して届かない馬キャラなどが、枠の恩恵を得て好走するパターンの一つになっています（「外枠・差し」）。

では、外枠主導の隊列では常に内枠の馬が不利なのかというとそういうわけではありません。外枠主導で凝縮した逆三角形の隊列になることで馬群後方の幅が薄くなり、内枠差し馬が馬群の大外に出しやすくなります。例えば、内荒れ馬場で外差しが決まる際に、外枠主導の隊列だと、内枠差し馬が直線大外を回して差してくることができるようになります（「内枠・差し」）。

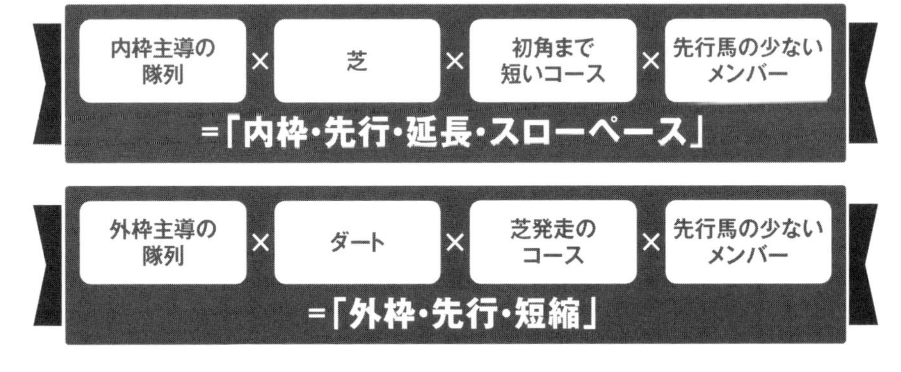

Sample Race

外枠主導になると読み切ったなら…

2022/7/3 函館9R 函館道新スポーツ杯（芝1200m・3歳上2勝C）

枠番	印・指数	斤量・騎手	馬	成績	3走前	2走前	前走
1 1	関西(53.8)53.9 ☆	55 角田和 初騎乗	ディープインパクト 牡6 イルヴェントドーロ エーシンメンフィス⑤ 鹿毛 Medaglia d'Oro 篠松康太 栄進牧場	舘野学 0.0.0.1 2-0-1-14 1.1.2.0.0 900 ⑬ 中2週1001	1函館2・6 2勝 16ト15 工芝B1102古川奈51△ H33.6-36.6 [1][1][1]内 オシリスブレ1.3 450 8 18 函坂 52.6 37.6 12.3	1福④4・24中テ2勝16ト14 工芝A1103大久保55 M34.0-36.3 ④[2][2]外 ルクルト1.6 454 16 14 函坂 53.9 39.2 12.7	1函①6・11日刊2勝14ト13 工芝A1094池添55 H33.8-35.6 [7][7][7] オタルエバー1.4 460 2 18 函W 66.6 38.6 12.8
2 2	関西(56.9)54.6 26.0	55 横山和 初騎乗	ダイワメジャー 牝5 ディキシークイーン テネシーワルツ① 鹿毛 High Chaparral 寺田千代乃 タイヘイ牧場	昆 0.0.0.0 2-0-0-8 0.1.1.1.0 900 ・10カ月休養・ 9カ月以上0000	2札①8・14 1勝 16ト1 工芝A1093横山典55△ H34.5-34.8 [5][6][6]内 0.1ジャガード 488 3 13 函芝 70.7 38.5 13.1	2札⑤8・28 2勝 14ト8 工芝C1102横山典53△ M35.4-34.8 [6][7][6]内 ミニオンペ-0.5 492 5 12 函W 69.5 40.0 14.0	馬体調整・放牧 仕上がり良好 初戦⑤着 推定馬体500 中9週以上0004
3 3	関西(55.3)56.6 9.4	55 泉谷 1102	エイシンフラッシュ 牝4 メイショウツツジ メイショウアキシノ② 黒鹿 デュランダル 松本好雄 富田牧場	南井 1.0.0.1 2-2-1-8 0.1.2.3.0 900 ⑤ 中6週0000	1小⑤1・29 2勝 18ト11 工芝A1092泉谷54▲ S35.2-34.0 [13][8][8]内 キャプテンド0.4 418 3 13 栗坂 53.8 39.4 12.3	1福④4・24中テ2勝16ト16 工芝A1114泉谷55▲ M34.8-36.6 ⑭⑫⑫外 ルクルト2.7 426 11 13 栗坂 53.2 38.1 12.1	3中京⑤5・21オー2勝12ト6 工芝A1088武豊55○ M35.0-33.8 [1][1]外 ディヴィナシ0.4 432 6 13 栗坂 52.7 38.2 12.2
4 4	関西(55.1)56.5 21.6	55 菱田 初騎乗	ハービンジャー 牝4 エコロディイジー モモトンボ① 鹿毛 ネオユニヴァース 原村正紀 諏訪牧場	牧浦 1.0.0.1 2-0-0-6 0.0.2.2.0 900 ① 中6週0001	2中京③3・27 1勝 18ト11 工芝B1106小沢53 M35.2-35.4 [7][7]外 シゲルセンム0.8 480 15 11 栗坂 57.0 40.9 12.5	1福③4・23牝1勝13ト4 工芝A1099横山典52 H34.5-35.4 [9][9][9]外 ダブルアンコ0.1 478 4 19 栗坂 55.8 40.3 12.4	1新④5・15牝1勝16ト1 五芝外B1223横山典52△ M35.9-34.5 [7][6][6]中 0.2シュライエン 482 10 14 栗坂 60.2 44.0 14.6
3 5	関西(57.9)59.9 △△:△::△ 10.6	55 池添 1103	カレンブラックヒル 牝4 ラヴケリー ダームドゥラック② 鹿毛 シンボリクリスエス 水谷昌晃 オリエント牧場	斉藤崇 0.0.0.0 2-4-2-8 1.0.2.5.0 900 ② 中4週0210	2中京④3・21 2勝12ト5 五芝A1215池添55○ M35.8-34.4 ⑫[12][9]外 タイニーロマ0.7 454 11 13 CW 66.5 36.1 11.5	2阪③4・2仲春2勝14ト7 三芝内A1089福永55▲ M34.8-34.1 ⑥[6]中 エーティーメ0.5 458 6 12 栗坂 55.3 39.2 12.9	1新⑧5・29 2勝16ト2 三芝内B1090津村55▲ H34.8-34.2 [9][10][10]中 スイーツマジ0.1 454 15 13 栗坂 55.1 38.6 12.4
3 6	関西(52.9)56.5 13.4	55 古川吉 1005	モーリス 牝4 テーオーメアリー リーグルメアリー(米) 鹿毛 Afternoon Deelites 小笹公也 ヤナガワ牧場	梅田智 0.0.0.0 2-2-0-9 1.0.2.2.1 900 ① 中1週0102	2中京⑤3・26牝1勝15ト10 三ダ1132古川吉55△ H36.1-37.1 [12][10][10]中 アイスリアン1.5 470 14 15 栗坂 55.6 39.6 13.6	2阪③4・2 1勝17ト13 五芝内A1222古川吉55 M35.0-35.8 [4][5][4]外 メイショウホ1.2 466 6 10 栗坂 55.1 38.8 13.6	1函④6・19牝1勝14ト1 三芝A1088古川吉55△ H34.5-34.3 [10][8][8]外 ヘネレイド 472 12 10 函W 54.1 38.4 12.8
4 7	関西(56.6)57.9 ○△:○○△◎ 5.5	52 吉田隼 0001	ダイワメジャー 牝3 セリノーフォス スキア(仏) 鹿毛 Motivator (有)社台レースホース 社台F	本田 0.0.0.0 2-1-1-5 1.1.2.1.0 900 ① 中6週0000	2小④2・20あざ1勝16ト2 三芝B1108藤岡康54▲ M35.3-35.5 [3][6][3]中 テイエムスパ0.5 454 13 12 CW 69.0 37.2 11.5	1福④4・24皐う1勝16ト4 三芝A1102秋野翔54○ H34.7-35.5 [2][3][3]中 ウインモナー0.3 452 14 12 CW 81.5 37.0 11.5	1新④5・15はや1勝16ト1 千芝B 551秋野翔54△ M22.3-32.8 先行伸る ヘネレイド 446 13 1 CW 85.1 39.5 12.3
4 8	関西(58.9)61.0 ○△△▲○○○ 4.3	55 武豊 1202	フランケル 牝4 モンファボリ フォエヴァーダーリング(米) 鹿毛 Congrats サンデーR ノーザンファーム	須貝尚 0.0.1.0 2-5-3-5 1.0.2.5.1 900 ② 中2週0201	1中京⑤1・16牝2勝14ト2 五芝A1208武豊54○ H35.1-34.4 [9][7][7]中 ビューティフ0.1 446 11 12 栗坂 51.9 38.1 13.1	1函館2・6 2勝16ト7 三芝B1092武豊55○ H35.0-34.2 [1][1][1]外 オシリスブレ0.3 444 3 11 栗坂 53.3 38.2 12.5	1函①6・11日刊2勝14ト2 三芝A1083武豊55▲ H34.1-34.2 [1][1][1]中 オタルエバー0.3 454 3 13 函W 50.5 35.6 11.2
5 9	関西(58.0)54.8 32.5	55 浜中 初騎乗	ダイワメジャー 牝4 カバーガール ショウナンカラット① 黒鹿 ブライアンズタイム 石川達絵 桑田牧場	清水久 0.0.0.0 2-1-2-11 0.0.2.2.0.1 900 ⑧⑩ 中1週0001	5中京②12・26キャ2勝16ト12 三芝内A1098横山武54△ H33.8-36.0 [9][9][10]中 コスモアンジ0.7 476 11 16 栗坂 52.1 37.8 12.4	1函①6・11日刊2勝14ト6 三芝A1087横山和55 H34.5-34.2 ⑫[12][13]内 オタルエバー0.7 476 7 11 函W 69.5 39.2 12.8	1函③6・18ST2勝12ト10 三芝A1088池添55▲ H34.3-34.5 ④[6][6]内 ダークベイジ0.9 474 6 16 連闘中間軽め
5 10	関西(57.4)57.6 ☆	55 秋山稔 初騎乗	スピルバーグ 牡4 デルマカンノン マスターマイン① 鹿毛 Belong to Me 浅沼廣幸 岡田牧場	五十嵐 0.0.1.0 2-5-3-12 0.0.2.2.4.1 900 ⑧・⑧ 連闘0000	2東京②5・1山吹2勝9ト7 五芝外B1219ルメール54▲ S35.7-34.8 [4][3][4]中 メイショウホ0.7 448 6 12 栗坂 54.0 38.9 12.2	1函①6・11日刊2勝14ト8 三芝A1087岩田康55 H34.8-33.9 ⑭[14][14]外 オタルエバー0.7 450 9 16 函W 70.7 39.2 11.8	1函⑥6・26HT2勝15ト8 三芝A1094斎藤53 M35.3-34.1 [10][12][10]中 グランアリエ0.5 452 5 11 函W 69.7 39.2 12.6
6 11	B 関西(56.5)57.4 △:△::△△ 15.5	55 岩田康 初騎乗	ロードカナロア 牡5 バトーデュシエル エルダンジュ③ 鹿毛 サンデーサイレンス 山口功一郎 ノーザンファーム	安田翔 0.1.0.0 2-3-4-8 1.1.2.3.0 900 ⑬・④ 中1週0001	2小②2・13 1勝18ト1 三芝B1093横山和55B○ H34.5-34.8 [10][10][7]外 0.2ペンガン 484 12 11 CW 87.4 39.4 12.5	1新③5・14 2勝15ト9 千芝B 570丸山55B▲ H23.2-33.8 後方伸 ヒロノトウリ1.1 480 7 14 美P 81.3 36.3 11.5	1函③6・18ST2勝12ト4 三芝A1084横山和55B▲ H34.2-34.2 [4][4][3]中 ダークベイジ0.5 480 10 13 函W 68.4 39.7 12.8
6 12	関西(57.1)56.3 ▲○▲::▲▲ 10.9	52 鮫島駿 初騎乗	ダイワメジャー 牡3 トップキャスト トップライナーII(米) 栗毛 サンダーガルチ (有)G1レーシング ノーザンF	高橋康 0.0.0.0 2-0-0-4 2.0.2.0.0 900 ⑩ 中4週0000	1東③2・5 1勝16ト16 五芝D1237石橋脩54△ M35.7-36.2 [4][5]中 シークルーズ1.8 428 15 16 栗坂 52.5 37.6 12.4	1阪③3・20 1勝9ト1 三芝内A1087坂井瑠54 H33.3-35.4 [1][1]外 0.1ニシノデフィ 426 8 18 栗坂 53.6 39.0 12.1	3中京①5・28葵S GIII 17ト10 三芝A1090坂井瑠54 H33.2-35.8 [1][1]外 ウインマーベ0.8 436 4 10 栗坂 53.7 38.5 12.6
7 13	(58.2)56.5 :▲:::△: 13.4	52 斎藤 初騎乗	シルバーステート 牡3 リトス カルディア① 鹿毛 ゼンノロブロイ ディアレストクラブ [illegible]	高橋裕 0.0.0.0 2-1-2-5 2.0.2.1.0 900 ③・⑬ 中2週0002	1東①1・29クロッカスL 9ト5 五芝D1222石川裕54 S36.3-33.6 [2][2]内 トウシンマカ0.4 408 10 17 美W 70.3 39.5 11.5	3中②5・8橘S(L)10ト3 五芝A1197秋山真54 M34.3-34.1 [4][3][4]内 ウインマーベ0.4 410 4 19 美W 83.4 37.8 11.9	1函①6・11日刊2勝14ト10 三芝A1088吉田隼52 H33.2-35.6 [2][2][2]内 オタルエバー0.8 406 6 12 函W 56.5 40.8 13.1
7 14	関西(56.0)59.0 20.4	55 松田 初騎乗	メイショウボーラー 牡4 メイショウツワブキ メイショウイザヨイ⑤ 栗毛 オレハマッテルゼ 松本好雄 赤田牧場	南井 0.0.1.0 2-5-3-3 0.0.3.2.4.0 900 ③ 中5週0000	5新④10・24 1勝14ト1 三ダ1102泉谷52○ H34.0-36.2 [2][2][2]中 ヴィグランドスト 482 2 11 栗坂 53.9 39.1 11.9	5阪④11・14ドン2勝15ト7 五ダ1256武豊54○ H34.3-39.2 [2][2][2]内 ランドボルケ1.0 484 5 14 栗坂 54.8 39.5 12.4	1新⑤5・22火打2勝15ト3 三ダ1119秋山真55○ H34.3-37.6 [6][4][3]内 ピップエレナ 496 6 13 栗坂 51.6 38.0 12.9
8 15	関西(58.9)59.6 △○○△▲△△ 5.7	55 藤岡佑 0100	リアルインパクト 牝4 メイショウエニシア ブリーズヴェール① 青鹿 バゴ 松本好雄 小野秀治	本田 0.0.0.1 2-3-2-9 1.5.0.2.0 900 ④・・④・・②・ 中1週1012	1新①5・7大日2勝13ト4 三芝内B1091荻野極55▲ M34.3-34.8 [1][1][1]外 ワンスカイ0.2 446 1 14 CW 49.9 35.2 11.4	1新⑧5・29 2勝16ト4 三芝内B1091泉谷55△ H33.7-35.4 [1][1][1]中 スイーツマジ0.2 450 13 12 CW 50.7 35.8 11.2	1函③6・18ST2勝12ト2 三芝A1080藤岡佑55○ H33.3-34.7 [1][1][1]内 ダークベイジ0.1 446 4 12 函W 51.8 37.8 12.7
8 16	(57.5)57.8 ▲△▲△△:▲ 11.2	52 横山琉 2010	アメリカンペイトリオット 牝3 エテルナメンテ メイビーフォーエヴァー(米) 青鹿 Zafonic ゴドルフィン ダーレーJF	小島茂 0.0.0.0 2-0-1-2 2.0.0.2.0 900 ・4カ月休養・ [illegible]0000	1中京④1・10 1勝10ト1 三芝A1089横山琉51○ M34.4-34.5 [1][1][1]外 0.2ピンクマクフ 456 8 13 美坂 54.7 39.8 12.5	1阪⑤2・27マーガレットS(L)13ト4 三芝内A1087岩田望54△ H33.6-35.1 [4][4]外 ジャングロ0.7 464 5 18 美坂 52.9 38.8 12.7	休み明け・放牧 乗り込み熱心 初戦①着 推定馬体468 中9週以上1000

着	馬名	騎手	タイム(差)	1角	2角	3角	4角	上がり	人気	前走
1	6 ⑪ バトーデュシエル	岩田康	1:09.4			6	3	34.9	6	函館芝1200
2	4 ⑧ モンファボリ	武豊	1.1/4			10	7	34.8	1	函館芝1200
3	3 ⑥ テーオーメアリー	古川吉	クビ			14	12	34.5	13	函館芝1200

単勝／1,330円　複勝／320円、150円、1,250円　馬連／1,330円
馬単／4,220円　三連複／15,650円　三連単／126,350円

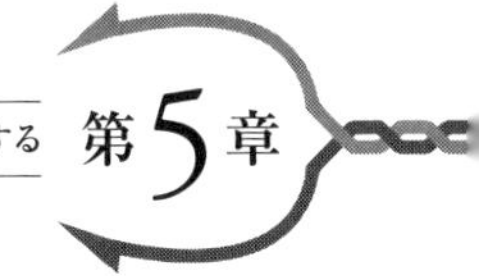

函館9R　函館道新スポーツ杯　芝1200m
レース質：外枠・差し・短縮・ハイペース

先行馬が外枠に固まって並び、位置取り争いが激しくなってハイペースに。馬場想定から差し有利だが、外から被せていく馬群になるので、位置を悪くする内枠は不利。外目の枠からマクリ気味に押し上げられる馬が差し切るレース質。

10.デルマカンノン
差して届かない馬キャラで、上がりが掛かる馬場でパフォーマンスを上げるタイプ。これまで馬券に絡んでいるのはほとんどが上がり3F34秒後半以上時計が掛かったとき。上がりが掛かる今の函館は向くので、先行馬の進路をトレースしてマクってほしい。

11.バトーデュシエル
伸びずバテずの馬キャラで、枠や馬場の後押しが必要なタイプ。前走は直線競馬からの距離延長で、いつもより位置を取ったが持続面で見劣った。洋芝は2回走って2着1回3着1回と問題なく、時計の掛かる馬場のほうが向く。外を行かせて控える競馬で。

Tips

ワンポイントアドバイス

金曜の雨の影響が残る含水率が高めの洋芝で、土曜から差しが決まるようになってきた馬場。その中で、外枠に先行馬がずらりと並んでいたため、一目でレース質を見抜くことができました。

12番枠から16番枠の馬が近走で初角1～2番手の競馬をしているという枠の並び。内枠にはテンに速い馬が少なく、外枠主導の隊列になることは明らかでした。外枠主導の隊列で馬群が凝縮すれば差し有利、かつ差し有利の馬場状態となれば、先行馬が止まって差しが届くことは間違いありません。

その際、外枠主導の隊列になることを考慮すれば、被せられて位置を悪くする内枠差し馬を後目に、先行した馬の進路をトレースできる外枠差し馬が恵まれることは容易に想像できました。

実際のレースでは、逃げ馬が後続を離して逃げる一方、番手以降は馬群が凝縮して一団の形に。3角から馬群の外をマクリ気味に押し上げた6番人気の⑪バトーデュシエルが直線入口では3番手につけ、直線半ばで先頭に立って差し切り。勝ち馬の後ろを通って差してきた1番人気⑧モンファボリが2着、一旦下げる形で外枠差し馬のさらに外に出して追い込んだ13番人気⑥テーオーメアリーが3着で3連単は12万馬券の高配当になりました。

外枠主導の隊列で差し馬勢の中で最も外枠の馬が勝利する形や、内枠の差し馬もうまく外に持ち出して差してこられた点など、隊列の妙が詰まったレースだと言えるでしょう。

マインドセットで
回収率を5%
底上げする
コラム

5

馬券の的中は最終的に「運」に左右されることを受け入れる

競馬はレース結果を「予想」して、的中・不的中を繰り返すゲームですから、競馬における「予想」とは具体的にどのような行為であるのかを定義しておく必要があります。例えば、馬券が的中すれば「予想」が当たったと判断する人もいるでしょう。また、想定した展開でレースが決まったときに「予想」が当たったと判断する人もいるかもしれません。

私は「予想」という行為を以下のように定義しています。

「予想」とは、「運」で勝ち負けできるラインまで勝算を引き上げる行為

競馬とは、ゲートを出て、位置取り争いをし、コーナーを4つ回って、直線で進路取りをして、追って追って2400mを走り切ってコンマ何秒差、時には数センチの差で結果が決まるものです。ここには不確定要素が多々存在します。

競馬は多くの「運」に左右されるものであり、馬券が的中するか否かはあくまでそうした「運」の積み重ねによる結果にすぎません。したがって、馬券が外れること自体は必ずしも「予想」の間違いとは言えないということです。

したがって、「予想」においては理論を組み立てる過程が重要であり、「正しく外れた予想」（レース質の設定ミスや馬場想定ミス等）以外は、その結果である馬券の的中・不的中は「運」の領域だと割り切り、深刻に捉えない方が回収率の向上に繋がります。

特に、予想どおりのレースになったのにもかかわらず軸馬が4～5着になるようなケースでは、予想のピントがあっている分、ヒモも上位に走っていることが多く、予想や買い方を工夫すればより的中率を上げられるように感じます。しかし、そこで予想のスタンスや自分の買い方を変えてしまうと、中長期的に見たときに自分の予想が正しいものであったのか、判断することができなくなってしまいますし、予想にブレが生じて回収率を下げることにつながりかねません。予想が「運」で外れたときには、小手先の工夫で当てにいくのではなく、同じスタンスで予想や馬券の組み立てを継続することをオススメします。

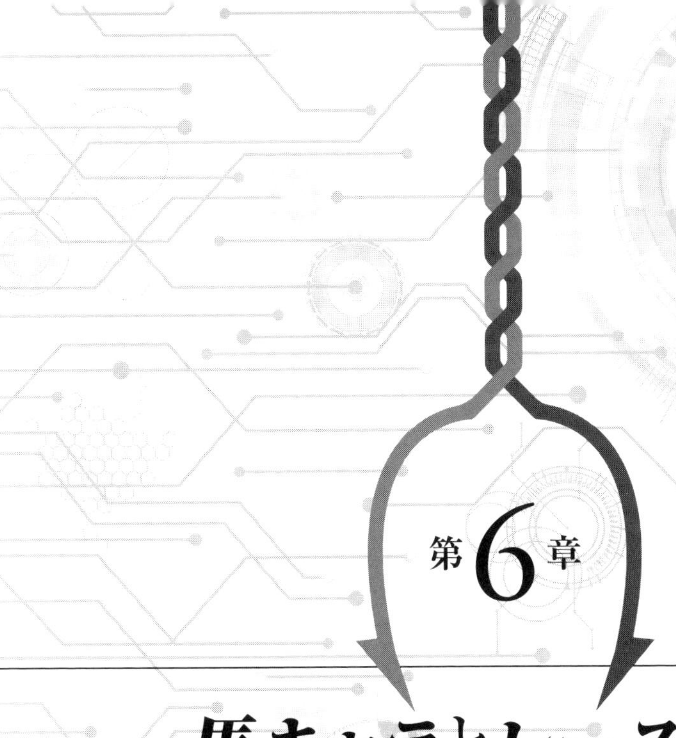

第6章

馬キャラとレース質で回収率を5%アップする

馬キャラとレース質

第1項 勝負レースは差し馬を軸にして回収率を底上げ

競馬は「逃げ・先行」有利が基本だが…

競馬を競技として見るなら、基本的に「逃げ・先行」が有利です。レースというものがほかよりも先にゴールラインに飛び込むことを勝利条件にしている以上これは当然のことで、何も競馬に限ったことではありません。また、後述するように、先行することで競走馬は多くの優位を得ることができます。したがって、大くくりでみてレースに勝ちやすい戦法が「逃げ・先行」であることは間違いありません。

ただし、予想として「逃げ・先行」と「差し・追込」のどちらを馬券の軸に据えるとよいかという点については、「差し・追込」であると考えます。

① 先行馬と差し馬がそれぞれ望んだ位置を取り切れる確率

「先行馬が先行できないケース」と「差し馬が差せないケース」とを比較したとき、望んだ位置を取れない可能性は前者のほうが高くなります。

表は2022年一年間を通した東京競馬場の芝全コースの脚質別成績です。これを見てどのような感想をもつでしょうか。「直線が長い東京でも逃げ・先行馬は回収率がプラスである」「ほかの競馬場と比べて見ないと分からない」など、様々かと思います。

では、感想の前に、このデータをどのように見るかを考えてみます。一般的には、次のように捉えている方が多いのではないかと思います。

Step 1 先行馬と差し馬が望んだ位置を取り切れる確率について考えよう

Step 2 先行馬と差し馬が望んだ位置を確保できなかったときの期待値の差を考えよう

Step 3 「先行馬」は過剰人気しやすく、「差し馬」は過剰不人気しやすいと覚えよう

東京競馬場芝レース 脚質別成績

分類	1着数	2着数	3着数	着外数	勝率	連対率	複勝率	単勝回収率	複勝回収率
逃げ	40	36	21	175	14.7%	27.9%	35.7%	223	141
先行	92	95	87	617	10.3%	21.0%	30.8%	106	84
中団	93	91	98	1211	7.7%	15.2%	23.3%	44	62
後方	34	34	49	902	3.3%	6.7%	11.5%	22	49

㋐逃げ馬の成績
㋑先行馬の成績
㋒差し馬の成績
㋓追い込み馬の成績

本データはよく集計に使われるTargetで出していますが、そこでは「逃げ」「先行」「中団」「後方」という項目名になっています。

私は、こうした脚質別成績を次のように捉えています。

㋐結果として逃げることになった馬の成績
㋑逃げなかったけれど、比較的前に位置取った馬の成績
㋒逃げも先行もしなかったけれど、それなりの位置を取った馬の成績
㋓逃げも先行もしなかったうえに、位置を取れなかった馬の成績

もう少し詳細に説明するとこうなります。

㋐逃げたくて逃げることができた馬＋先行するつもりが逃げることになった馬＋控えるつもりが押し出されて先頭に立った馬etc
㋑先行したくて先行することができた馬＋逃げたかったが逃げることができなかった馬＋控えるつもりが思いのほか前の位置取りになった馬etc
㋒差したくて差すことができた馬＋逃げたかったが逃げることができなかった馬＋先行したかったが先行することができなかった馬etc
㋓後方から追い込みに賭けるつもりで控えた馬＋逃げたかったが逃げることができなかった馬＋先行したかったが先行することができなかった馬＋理由があって後方に下がらざる得なかった馬etc

つまり、データ上で分類する際に便宜上「脚質」と呼んでいるものは、レース後に振り返った際の結果的な「位置」を表しているということです。「脚質」を「位置」として捉えた場合、「先行」と「差し」には、単純に席数の差があります。例えば、16頭立てであればこのような割合になるでしょうか。

逃げ1：先行4：差し7：追込：4

逃げ馬は1レースに1頭だけです。出走馬に何頭逃げたい馬がいても、これは変わりません。「レース質マトリックス」ではレース質を基に、好走できる馬キャラを網で捕えます。したがって、網に入る馬が1頭であるという時点で、レース質に合った馬キャラとして逃げ馬を推奨しづらいと感じます。もし「逃げ・先行することができる確率」をファクターに加えることができるなら話は別ですが、現段階では難しいでしょう。

加えて、アクシデントなどによる影響度の違いが考えられます。差し馬が「差し」の戦法を取れないケースは、気性面の問題などを除けばほとんどありません(直線詰まるなどは差した後の問題)。対して、先行馬が「先行」の戦法を取れないケースは「出遅れ」「接触」「他馬の動向」「不利な枠順」など枚挙に暇がありません。そこで問題になるのが、望んだ位置を取れな

「脚質」を「位置」として捉えたイメージ（16頭立ての場合）

逃げ 先行 差し 追込

かったときの期待値の差です。

② 先行馬と差し馬が望んだ位置を確保できなかったときの期待値の差

「差し馬が差しに回れなかった」ケースに比べて、「先行馬が先行できなかった」ケースのほうが、圧倒的に凡走率が高まります。
「先行」することの最も大きな優位性は、そのポジション自体にあります。例えば、次のようなものが考えられます。

- **物理的にゴールに近い**
- **コースロスなく最短距離（ラチ沿い）を走れる**
- **テンに出し切った後は不利を受けにくい（マクリ除く）**
- **直線で進路を選ぶことができる**

また、「先行」は競走馬のもつ欠点を補うために選択されることが多い戦法でもあります。例えば、掛かりクセがあったり、臆病だったり、砂を被るのを嫌がったりする馬が、その影響をできる限り避けるために必要なポジションを取るという側面があります。

したがって、先行馬が先行できない場合、自らの最も大きな優位性を手放すとともに、自らの欠点の影響を受けざる得ない状況に追い込まれるケースが多くなります。逃げ有利と予想して馬券を買った馬がハナを切れずに、スタート時点で外れ確定という経験や、内から先行してくれると考えて軸にした馬が、テンにもたついて包まれて終戦という経験をしたことがある人は少なくないと思います。加えて、位置をリカバリーするにしても外を回ったり、脚を使ったりしなくてはならず、最後に脚が上がるというパターンもあります。

対して、「差し」は「先行」に比べて優位性をほぼもたない反面、その優位を失う危険性がありません。この安定性こそが、「差し」の優位と言ってよいかもしれません。

以上の理由から、勝負レースなど、大きな金額を張る場合には、アクシデントなどの外的要因に影響を受けにくく、受けたとしてもその影響が少ない「差し」を軸に据えるほうがよいと言えます。

③「先行馬」は過剰人気しやすく、「差し馬」は過剰不人気しやすい

高速上がりで後続をちぎるなど、派手なパフォーマンスを見せる差し馬を除けば、基本的に芝・ダートともに先行馬は人気を背負いやすくなります。これは、前述したようなポジション面での優位性がある以上、当然のことです。問題は、それがどのようにオッズに折り込まれるかです。

私は、ダートの差し馬場の発生を常に注視しています。なぜなら、ダートの差し馬場は高配当になる可能性が高いためです。例えば、2023年7月22～23日の1回札幌1、2日目では、含水率の低いダートで強い差し馬場が発生しました。そのときのダート1700mの結果は以下のとおりです（新馬除く）。

土曜 札幌3R 3歳未勝利

1着	**ケイアイメキラ**	**6番人気**	**11-10-6-4**
2着	ホウオウプレシャス	1番人気	1-1-1-1
3着	ナイトスピアー	2番人気	14-14-4-3

日曜 札幌4R 3歳未勝利

1着	ダークモード	4番人気	12-12-8-2
2着	**ミスティックパワー**	**8番人気**	**11-9-6-6**
3着	**メイショウウナバラ**	**7番人気**	**13-14-11-7**

土曜 札幌8R 3歳以上1勝クラス

1着	**マテンロウアイ**	**5番人気**	**11-11-5-2**
2着	タマモタップダンス	2番人気	2-2-1-1
3着	イモータルフェイム	1番人気	5-5-3-2

日曜 札幌10R 大倉山特別

1着	**シルバーブレッド**	**9番人気**	**7-8-5-3**
2着	サヴァビアン	10番人気	5-5-5-3
3着	パーティーベル	1番人気	13-14-9-8

土曜 札幌12R 3歳以上1勝クラス

1着	フォーワンセルフ	2番人気	12-12-12-4
2着	オウギノカナメ	4番人気	4-2-2-2
3着	**カビーリア**	**7番人気**	**10-10-10-8**

（網掛け）1角7番手以下かつ5番人気以下

ダートの差し馬場は、
高配当を生む可能性大。
私は差し馬場の発生を
常に注視しています。

◆札幌競馬場の馬場想定

【芝】クッション値7.2　含水率11.8%
メインのTVh杯（1200m）で1.07.5が出ているように開幕週らしい高速芝。上がりも速いので、先行馬よりも上がり上位の馬が好走している。全体的には内枠のほうが有利ではあるが、近走上がり上位を使っている馬を重視する馬場を想定。

【ダート】含水率3.6%
土曜は乾いたダートで、1700mでは新馬を除く全3レースで初角二桁通過順の馬が差し切っており、外から押し上げが利いている。含水率が低いときには距離問わず外枠有利なので、日曜も外から長く脚を使える馬が恵まれる馬場を想定。

土曜のレースを観て、札幌ダートの差し有利傾向を、サロンやnoteの「馬場想定」で言及。

見て分かるとおり、ダートは「先行有利」であることも相まって、先行馬が人気を背負うレースが多くなります。しかし、この週は「差し有利」だったため、人気薄の差し馬が穴を連発しました。実際に、サロンやnoteなどでは、マテンロウアイ（単勝8.6倍）、シルバーブレッド（単勝32.7倍）などを推奨し、高配当を的中することができました。

ダートの差し馬場の中でも、上級条件は特に強烈な波乱を招きます。その理由は以下のとおりです（詳細は第5章第1項）。

Ⓐダートは基本先行有利
Ⓑダートで上級条件まで勝ち上がってくる馬には先行タイプが多い（有利だから）
Ⓒダートの先行馬は勝つときに着差がつきやすく、差し馬は負けるときに着差がつきやすい
Ⓓ上級条件はメンバーの能力が拮抗しやすい

その結果、上級条件では先行馬がそろいやすく、人気を背負い、ハイペースや差し馬場で前が止まって、人気薄の差し競馬になるというパターンがしばしば発生します。

ここでは最も極端な例として上級条件ダートの差し馬場を例に挙げましたが、重要なのはⒷとⒸです。競技としての競馬が基本「逃げ・先行」有利である以上、芝のレースなどほかの条件においても多かれ少なかれ、ⒷやⒸによるオッズの偏りが発生します。それが、先行馬の過剰人気、差し馬の過剰不人気を誘発するわけです。

このことから、馬券を買う際に、同様のオッズ帯の先行馬と差し馬のどちらかを軸にしようと考えているのであれば、先行有利がオッズに織り込まれている先行馬よりも、差し馬を軸に選ぶほうが期待値を取りやすいと考えられます。

回収率を上乗せする
黄金パターン

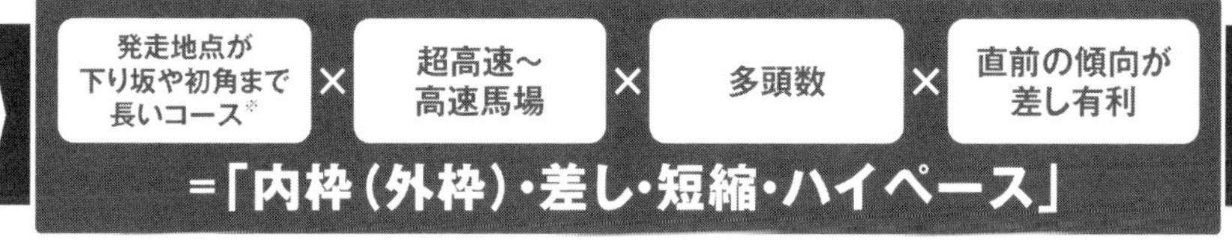

※阪神芝2200m、中京芝2200mなど

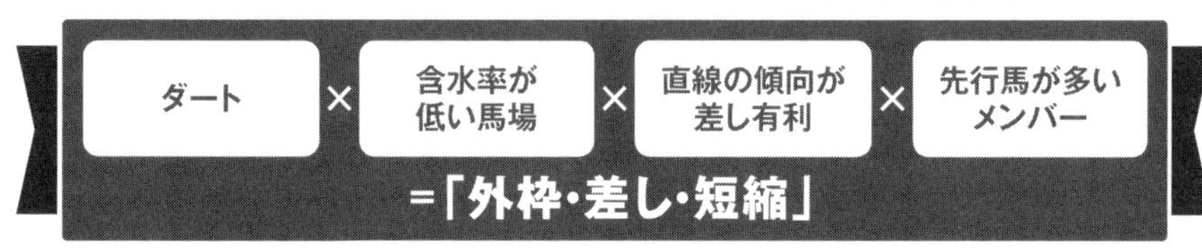

Sample Race

差し馬の安定感と妙味を再確認できるレース

2023/7/23 札幌10R大倉山特別（ダ1700m・3歳上2勝C）

枠	馬番	指数	オッズ	斤量	騎手	父	馬名	母	母父	性齢	毛色	馬主	生産者
1	1	(54.9)55.7	32.2	58	柴山	ダノンシャンティ	サイモンルモンド	プレゼンスウーマン	サクラローレル	セン6	栗毛	澤田昭紀	ヤナガワ牧場
2	2	(58.3)58.4	8.9	56	角田和	マクフィ	タガノリバイバー	タガノバトラ	フレンチデピュティ	牝5	鹿毛	八木秀之	新冠タガノファーム
3	3	B (57.4)57.4	6.5	58	吉田隼	ディープインパクト	ディサイド	ラヴェリータ	Unbridled's Song	牡4	芦毛	前田幸大	ノースヒルズ
4	4	(55.0)57.3	6.5	55	小林勝	ダンカーク	ニットウライジン	ドキドキガール	キングヘイロー	牡3	芦毛	日東牧場	日東牧場
4	5	(57.0)57.2	9.7	58	富田	シニスターミニスター	ヒデノレインボー	カリビアンセレブ	ゴールドアリュール	牡4	鹿毛	大石秀夫	中村雅明
5	6	(60.9)61.0	3.2	58	横山武	ハービンジャー	パーティーベル	パーティードレス	デュランダル	牡4	鹿毛	原禮子	社台ファーム
5	7	B (57.2)55.0	48.2	58	鮫島	キンシャサノキセキ	マサカウマザンマイ	イタリアンオリーブ	アフリート	牡5	鹿毛	鈴木経雄	フクオカファーム
6	8	(57.0)56.7	49.2	58	亀田	アイルハヴアナザー	エクストラノート	オメガフレグランス	ゴールドアリュール	セン6	栗毛	ノルマンディ	岡田スタッド
6	9	(54.2)55.1	47.3	58	小林凌大	カレンブラックヒル	サヴァビアン	アンローランサン	フサイチコンコルド	牡5	栗毛	岡田牧雄	岡田スタッド
7	10	(55.4)54.6	33.4	58	古川吉	オンファイア	デルマタモン	デルマトモエゴゼン	キングカメハメハ	牡5	栗毛	浅沼廣幸	ファニーヒルファーム
7	11	(59.4)57.5	3.8	56	小沢	ディスクリートキャット	メイショウホマレ	メイショウラクーナ	バブルガムフェロー	牝4	黒鹿	松本好雄	赤田牧場
8	12	(56.0)56.0	19.5	58	武豊	シルバーステート	シルバーブレッド	アルテーロ	ハービンジャー	牡4	鹿毛	大塚悠治郎	佐藤鉄也
8	13	(59.3)56.8	21.6	58	丹内	ヘニーヒューズ	オクトニオン	シュネーバル	Lonhro	牡4	鹿毛	小田吉男	北星村田牧場
8	14	B (54.6)56.7	15.3	58	岩田康	ベルシャザール	キョウワウォール	ツルハチクィーン	ラムタラ	牡7	黒鹿	浅川	協和牧場

着	馬名	騎手	タイム(差)	1角	2角	3角	4角	上がり	人気	前走
1	7 ⑫ シルバーブレッド	武豊	1:46.7	7	8	5	3	36.7	9	東京ダ1400
2	6 ⑨ サヴァビアン	小林凌	クビ	5	5	5	3	36.7	10	函館ダ1700
3	4 ⑥ パーティーベル	横山武	1/2	13	14	9	8	36.6	1	京都ダ1800

単勝／3,270円　複勝／680円、770円、130円　馬連／48,530円
馬単／95,600円　三連複／26,570円　三連単／406,960円

札幌10R　大倉山特別　ダート1700m
レース質：外枠・差し・短縮　　**人気該当馬：6.パーティーベル**

先行馬が内に並んだところに、外枠から被せて主張する馬がいるので先行馬に楽な流れにはならない。人気馬がマクリ気味に動いてくるので、先行馬や道中で内を通す馬は窮屈なレースを強いられる。マクリに合わせて馬群の外々を押し上げる馬が前を捕えるレース質。

12.シルバーブレッド
差して届かない馬キャラで、マクリが得意なタイプ。2走前は湿った小倉ダートのラチ沿い先行有利を後方からで度外視。前走は1400mの流れにはついていけなかった。好走パターンは1700mをマクる形なので、この外枠は僥倖。自身の内が逃げ馬なので発馬も決めやすい。

13.オクトニオン
伸びずバテずの馬キャラで、枠や馬場の後押しが必要なタイプ。砂を被るとダメな馬で、近走は内枠ばかりを引いていた。ようやく外枠を引いた前走が大出遅れとまともに走れていない。今回は8枠から外を押し上げる形が取れるので、一変が期待できる。

Tips

ワンポイントアドバイス

2023年7月23日（日）の札幌10R大倉山特別は、差し馬ねらいで大きく勝負できる条件がそろっていました。

この週の札幌ダートは含水率3%台と乾燥しており、前日土曜の結果から外枠差し有利の傾向が見て取れました。札幌競馬場はコーナー角が緩く、大回りのレイアウトになっているため、外からの押し上げが利きやすく、ローカルのイメージとは裏腹に差しが届きやすいコースでもあります。これらのことを考慮して、サロンやnoteで公開した予想は上記のとおり。

このレースでは先行馬の⑪メイショウホマレが2番人気、③ディサイドが4番人気に支持される一方で、マクリを得意とする馬が多く、先行馬がその優位性を生かせない可能性が高いと判断しました。また、先行馬が人気になることで、差し馬のオッズ妙味が高いレースになっていたことも推奨した理由の一つです。

実際のレースでは、見解のとおり内枠主導の隊列になったところを外枠の馬がマクリ気味に仕掛ける形で先行馬にとって苦しい流れになり、外枠から無理やり先行する形になった⑪メイショウホマレは早々に失速。外枠から発走して、馬群の大外を何の不利もなく押し上げてきた⑫シルバーブレッドが直線入口では先団に取り付き、そのまま押し切る形で押し切りました。

先行馬が自分の競馬をすることができないときの脆さや、差し馬の安定感や妙味を再確認できるレースだったと言えるでしょう。

馬キャラとレース質

第2項 距離短縮ローテのねらいどころを覚えて回収率を底上げ

距離短縮はどのような条件で買えばいいか

距離短縮ローテが競走馬の競走能力に対しプラスの影響を与えるケースが多いことは、今では常識の一つになっています。短縮有利はオッズに織り込まれるので、必ずしも回収率ベースでプラスになるわけではありませんが、現在でも予想において重要な要素の一つであることは変わりません。

本項では、距離短縮ローテにはどのような効果があるのか、また、どのような条件で買うとよいのかについて解説していきます。

① 距離短縮ローテが競走馬に及ぼす3つの効果

「レース質マトリックス」では、「枠順」「脚質」「ローテ」の3つのバイアスに、「ペース」を加えた4つの要素でレース質（当該レースがどのような傾向をもっているか）を設定しています。このうち「ローテ」とは、「前走と今走の使用距離の違い」を示しており、前走に比べて、今走の距離が短い場合は「距離短縮ローテ」、前走に比べて、今走の距離が長い場合は「距離延長ローテ」としています。

このうち、距離短縮ローテは主に以下の3つの効果を及ぼすものと定義しています。

■前走に比べてテン（発走直後）の速度が速くなるため、前走よりも自然に後方寄りの位置取りになりやすい

Step 1 距離短縮ローテが競走馬に及ぼす3つの効果を確認しよう

Step 2 距離短縮ローテが有利に働く条件を覚えよう

Step 3 距離短縮ローテが効果的に働く馬キャラを知ろう

ローテーション別成績（2021年～2023年6月30日）

芝

	1着数	2着数	3着数	着外数	勝率	連対率	複勝率	単勝回収値	複勝回収値
短縮	892	840	850	9278	7.5%	14.6%	21.8%	71	75
同距離	1778	1775	1752	15772	8.4%	16.9%	25.2%	71	74
延長	890	939	952	11866	6.1%	12.5%	19.0%	68	67

ダート

	1着数	2着数	3着数	着外数	勝率	連対率	複勝率	単勝回収値	複勝回収値
短縮	1050	1032	1073	13077	6.5%	12.8%	19.4%	69	74
同距離	2157	2149	2098	19314	8.4%	16.7%	24.9%	66	74
延長	847	877	872	12129	5.8%	11.7%	17.6%	71	69

■前走で今走よりも長い距離を経験していることから、高速持続戦や上がりが掛かる競馬で持続力を生かすことができる

■前走で今走よりも長い距離を経験していることから、操縦性（減速と加速への適応力）が高まる

一つ一つの事象の解説については前作をご参考いただくとして、端的に言えば、距離短縮ローテでは、自然と差す競馬になりやすく、ほかのローテに比べて長く脚を使えるようになるとともに、道中で息を入れやすくなると覚えておけば大きくは外れません。

なお、こうした考え方はかの有名な今井雅宏氏の「短縮ショッカー」に影響を受けていますが、本家のような体系化された天才的な理論でも、馬の生理に基づく画期的なショック療法でもなく、単に物理的で当然起こりうる影響を考慮しただけのものなのでご注意ください。

② 距離短縮ローテが有利に働く条件を覚えよう

距離短縮ローテが競走馬に及ぼす3つの効果を基に考えると、おのずから「短縮有利」になりやすい条件は見えてきます。例えば、以下のような条件が考えられます。

■今回差しに回ることがプラスに働く条件

・世代限定芝短距離戦及びダート戦（新馬・未勝利戦が先行有利のため、恵まれて勝ち上がった先行馬がそろいやすく、差し有利になりやすい）
・初角までが長いコース（先行争いが激しくなるため、差し有利になりやすい）
・発走地点が下り坂のコース（テンの速度が速くなるため、差し有利になりやすい）　など

■今回ペースが緩まなかったり、上がりが掛かったりする可能性が高い条件

・開催後半の芝コースや、含水率が低いor冬場のダートコース（時計や上がりが掛かりやすい）
・直線に急坂があるコース（坂加速→ゴール前平坦部分でラップを急激に落としやすい）
・発走地点から下り続けるコース（消耗ラップになりやすい）
・先行馬が多いレース（ハイペースになり、道中のラップが緩みにくい）　など

■操縦性（ペースチェンジ）がプラスに働く条件

・直線が長いコース（直線で進路取りしてから、加速する器用さが必要）
・スローペースからの高速上がり勝負（道中でしっかりと脚を溜めて、直線で末脚を生かす器用さが必要）　など

このように、距離短縮ローテは「差し有利」「上がりが掛かる」「加減速が必要」であるレースにおいて、競走能力を底上げする効果を期待できます。特に、「差し有利」に働くレース条件では、必然的に「上がりが掛かる」「加減速が必要」を内包しているケースが多いので距離短縮ローテが有効に働きます。

3 距離短縮ローテで走る馬キャラを覚えよう

距離短縮ローテが決まるレース質で、出走馬に複数いる短縮馬から買う馬を選ぶ際には、以下のような点に注目をします。

■差して好走した経験がある馬

距離短縮ローテでは、ほとんどの場合、今走で前走より位置取りを下げることになります。先行馬であっても、自然に差す競馬になることで差し有利のレース質に合わせることができる一方で、差す競馬を不得手にしている馬にとってはただ先行馬としての優位性を手放すだけになってしまうケースもあります。先行馬は「脚の遅い馬」ですから、せめて差しに回ったときに一定の速度を出せる末脚の担保がある馬を選ぶことが大切です。

22年マイルCS（芝1600m）　8番人気2着

馬	4走前	3走前	2走前	前走
ジャスタウェイ　牡4	2中②2・27中山記GII16ト7	3東②6・5安田記GI18ト6	3新⑫8・14関屋記GIII14ト3	4東②10・9毎日王GII10ト3
ダノンザキッド	天外A1478川田55〇	天芝C1325川田58△	天外A1334川田57〇	天芝A1443戸崎56▲
エピックラヴ　鹿毛	H37.5−37.2⑬ 12 8 8 外	S34.8−33.7 5 2 2 内	S37.1−32.6 6 6 6 中	M35.0−34.3 4 4 3 3 外
Dansili	パンサラッサ1.4 522 15 1.1	ソングライン0.2 526 4 1.7	ウインカーネ0.1 526 8 1.2	サリオス0.2 526 12 1.4
ダノックス　ノーザンファーム	CW 87.7 39.4 11.4 ○	栗坂 54.0 39.0 12.2 ○	栗坂 55.0 39.4 12.7	栗坂 55.8 40.2 12.5 ○

2走前の関屋記念で、メンバー最速の上がり32.6秒の脚を使って3着の実績アリ。マイルCSは毎日王冠から200mの距離短縮で、位置取りを4角9番手まで下げたが、メンバー3位の上がりを使って2着。

■前走先行していて、今回自然に差しに回れる馬

距離短縮ローテでは、テンの追走面で同距離ローテや距離延長ローテに対して劣ります。ハイペース戦やテンが速くなって差しが届くようなコースでは、距離短縮ローテが有利に働く一方で、テンについていけずに末脚が届かない位置まで位置取りを下げてしまう危険性があります。これを解決するのが前走の位置取りです。

前走で先行する競馬でテンに速い競馬を経験していた馬であれば、距離短縮ローテで差しに回っても位置を下げすぎたり、追走負け（速い流れを追いかけて末脚をなくすこと）したりせず、短縮の恩恵のみを享受することができます。

23年フィリーズR（芝1400m）　7番人気2着

⑧モーリス㊥　牝3	4阪⑦10・23未勝利11ト1	5阪⑧11・27白菊牝1勝11ト1	6阪④12・11阪JFGI18ト17	リフレッシュ・放牧
ムーンプローブ	天芝外A1340北村友54▲	天芝外B1342岩田望54△	天芝外B1359松山54	仕上がり良好
スマイリングムーン④　鹿毛	M35.2-34.8 3|3|3中	S36.5-34.3 2|2|2内	H34.1-38.6 7|2|4外	初戦⑤着 推定馬体470
フジキセキ㊥	0.1マイネルメモ470 11 7.5△	クィレッドヒルシ 468 7 1.4△	リバティアイ2.8 470 15 14△	中9週以上0000
吉田勝己　追分ファーム	栗坂 54.8 39.5 12.3 ⊟○	栗坂 51.2 37.0 12.2 ⊿○	栗坂 54.4 39.6 12.1 ⊿○	

前走の阪神JFは、テン3F33.7秒の激流を、7-2-4と先行する厳しい競馬。200mの距離短縮となったフィリーズRはテン3F33.2秒とさらに流れたが、道中9番手に踏みとどまり、差し込んで2着に。

■過去に距離短縮ローテで好走経験が豊富な馬

競走馬の中には、距離短縮ローテが得意な馬や苦手な馬がいます。当然、過去に距離短縮ローテで好走経験がある馬は、同様のローテで走りやすいのでプラス評価をすることになります。

予想家によっては血統や馬体などからそうした得手不得手を判断している方もいますが、私の場合は単純に馬個々の特性として過去にどれだけ距離短縮ローテで好走経験があるのかを確認するようにしています。全頭を確認するのは手間が掛かりますが、出走馬のうちの距離短縮ローテの馬で、かつ当該レースのレース質に合致している馬券対象内の馬を調べるだけですから、1レースでも多くて3～4頭、その程度であれば過去走を確認することは大きな手間ではないでしょう。

22年室町S（ダ1200m）　3番人気2着

アイルハヴアナザー㊥　牡6	3東④5・15欅S(L)16ト3	1函⑨7・9マリー14ト4	1札⑥8・7エルムSGⅢ14ト3	3カ月休養 推定馬体460
オメガレインボー	左ダ1231横山和⑮BA	左ダ1443横山和⑮BO	左ダ1444横山和56BO	馬体調整・放牧
ワイキューブ④　栗毛	H35.5-35.9 11|15|15外	M37.8-36.7⑧7|7|5外	M37.2-36.5 3|4|4|3内	仕上がり上々
アグネスタキオン㊥	レディバグ0.1 466 4 11.1△	フルデプスリ0.3 464 12 1.1△	フルデプスリ0.2 466 3 1.2△	9上3013初戦②
原禮子　岡田スタッド	CW 86.0 38.8 11.4 ⊟○	函W 66.8 39.0 12.3 ⊿○	札ダ 86.3 39.9 12.6 ⊿○	

1700m→1200mの大幅短縮だったが、同馬はこれまでに距離短縮で2-0-3-2という実績があり、短縮ローテを得意としていた。

■距離短縮ローテでも今回逃げ・先行できる馬

距離短縮ローテでは自然に位置取りを下げるのが通常ですが、例外的に短縮でも逃げ・先行できるパターンがあります。例えば、ほかの出走馬の

テンが遅く短縮でも先行できてしまうケース、芝発走のダート→ダート発走のダートの短縮で今回のテンが遅くなりやすいケース、長距離戦で騎手が無理にでも押して出していくケースなどが該当します。

こうしたケースでは、距離短縮ローテで持続力や操縦性を補完しているのに加え、逃げ先行馬が得られるポジション面での優位性も得られるので、非常に有利にレースを運ぶことができます。「先行有利」のバイアスが発生するレースで、距離短縮ローテでも逃げ先行することが可能な馬を見つけたら、迷わず買い目に加えておくことをオススメします。

23年目黒記念（芝2500m）6番人気2着

㉚ディープインパクト(中長)牡6	4阪③10・10京大賞GⅡ14ト5	5中①12・3ステSGⅡ14ト9	3中⑧3・25日経賞GⅡ12ト3	1京④4・30天皇賞GⅠ17ト9
ディアスティマ	三芝外A2251北村友56BΔ	三芝外A3472北村友56B○	三芝内A2382北村友57B	三芝外A3175北村友58B
スウィートリーズン(外)　青鹿	S36.2-34.6②②②②内	S39.0-37.0①①①①内	M37.2-38.0①②②②内	M36.2-35.9⑤⑥⑧⑩内
ストリートセンス(中)	ヴェラアズール0.8 486 8↑9	シルヴァーソニック0.9 486 1↑1	タイトルホルダー1.4 492 5↑7	ジャスティンパレス1.4 496 11↑11
サンデーRノーザンファーム	栗坂 55.5 40.2 12.6 ○	栗坂 53.4 39.0 12.4 ○	栗坂 55.4 40.1 12.6 ○	栗坂 57.5 41.3 13.3 ○

前走の天皇賞（春）こそ逃げられなかったが、それ以前の8走中7走が逃げ。ここは距離短縮とはいえ、徹底先行タイプも不在で、ハナが濃厚だった。想定通り、逃げの手に出て、タイム差なしの2着。

回収率を上乗せする
黄金パターン

芝短距離 × 内荒れ馬場 × 先行馬が多いメンバー × 今回短縮

=「外枠・差し・短縮」

芝ダート中距離 × 前走先行 × 先行馬が少ないメンバー × 今回短縮

=「内枠（外枠）・先行・短縮・スローペース」

短縮向きの馬場+短縮得意の馬キャラ

Sample Race

2023/8/12 札幌10R羊ヶ丘特別（芝1500m・3歳上2勝C）

枠・馬番	印・指数・オッズ	斤量・騎手	馬名・血統	厩舎・成績	前3走	前2走	前走
1 1 白	(56.2)58.9 ○○○○○○◎ 2.4	55 横山武 1010	フランケル レイベリング 牡3 鹿毛 ノイエル Docksider ビッグレッドF Nヌージェント	鹿戸雄 0.0.0.0 2-0-1-1 900 中2週0010	6阪⑥12・18朝FS GI 17ト3 天芝外B1340横山武55▲ H34.6-35.8 7 5 5 外 ドルチェモア0.1 470 14 3 68.8 37.8 11.7	1東⑥2・12共同通信GIII 12ト9 大芝D1481Mデムー56○ S36.7-34.2 9 9 9 8 ファントムシ1.1 472 9 4 85.6 38.4 12.0	1札①7・22北辰1勝9ト1 大芝A1474横山武55C S37.3-34.0 4 5 5 5 0.2キングロコマ 472 9 1 68.4 38.7 12.4
2 2 黒	B (58.6)58.4 ▲△：▲▲▲▲ 7.1	58 鮫島駿 初騎乗	ロードカナロア ライラスター 牡4 鹿毛 ハーブスター⑤ ディープインパクト キャロットF ノーザンファーム	木村 0.0.0.0 2-2-2-5 900 ・2カ月半休養・ 中10週0101	2東⑥5・7立川2勝10ト4 壬ダ1375レーン58C S37.6-35.0 6 8 7 外 サトノルフィ0.3 492 8 1 84.6 38.7 11.6	2東①5・27 2勝16ト4 壬ダ1376レーン58C M36.1-37.0 5 4 5 中 サクセスロー0.6 490 5 2 84.5 38.7 11.7	馬体調整・放牧 仕上がりまずまず 初戦③着 推定馬体496 中9週以上1113
3 3 赤	関西(55.2)56.2 ：：：：：：： 20.9	56 亀田 0002	ダイワメジャー テンメジャーガール 牝4 栗毛 サンヴァンサン③ クロフネ 天白泰司 白老ファーム	高柳大 0.0.0.0 2-2-1-11 900 中1週0001	1函⑥6・25HTB杯2勝13ト8 エ芝A1099亀田56△ H34.1-35.8 6 6 4 外 エイ・メイ0.9 490 12 8 64.6 38.1 12.8	1札②7・23HBC杯2勝9ト8 エ芝A1087亀田56B M34.6-34.1 7 7 7 外 エイシンフェ0.5 498 5 6 56.9 41.3 12.8	1札③7・29[illegible]2勝8ト4 エ芝A1288鮫島駿56 S35.9-34.8 1 1 1 1 コレペティト0.3 492 5 7 [illegible]
4 4 青	(54.5)53.6 ：：△：：◎： 19.1	58 武豊 0211	マクフィ ブランデーロック 牡4 栗毛 グローリールピナス④ マーベラスサンデー 新井利宣 川上牧場	小桧山 2.1.2.1 2-3-7-19 900 ・3カ月休養・ 中11週0000	1京④4・30[illegible]2勝12ト11 西芝外A1221 幸 58▲ S36.8-34.2 11 11 11 中 ラクスバラデ1.3 468 11 4 52.0 37.0 11.1	2東⑨5・20[illegible]2勝9ト8 西芝B1224吉田豊58 S37.5-32.9 9 9 中 ハギノメーテ0.3 474 4 6 82.1 36.4 11.3	リフレッシュ・放牧 本調子には今ひと息 初戦⑨着 推定馬体480 中9週以上0000
5 5 黄	(54.9)57.7 ○▲▲△▲△△ 5.5	53 吉田隼 1000	イスラボニータ セフィロ 牝3 栗毛 クリスプウインド① ハーツクライ 村野康司 社台ファーム	菊沢 0.0.0.1 2-2-0-2 900 中2週0000	2中④3・19フロ1勝8ト2 天芝A1362角田和54△ S37.3-34.4 2 2 2 内 ティニア 458 4 5 54.3 39.5 12.9	2東⑤5・6 1勝16ト11 西芝A1215戸崎54▲ M35.1-35.1 5 6 リサリサ0.9 452 1 4 67.6 38.5 12.2	1札②7・23 1勝14ト1 壬芝A1285吉田隼53△ M35.9-35.2 3 6 3 3 ウィステラパルセ 458 2 1 68.1 38.0 11.6
6 6 緑	(54.7)54.5 ：：◎：：：： 30.4	56 富田 初騎乗	エピファネイア ブルトンクール 牡4 栗毛 ファビュラスセンス① グラスワンダー 会田浩史 社台ファーム	新開 0.0.0.0 2-0-0-9 900 中3週0000	2阪⑥4・9 2勝10ト6 天芝外B1349横山武56A S36.6-34.6 5 6 7 中 トランキリテ1.2 448 10 4 54.4 39.7 12.7	1京④4・30鳳雛の杜2勝9ト8 大芝外A1485Mデムー56△ M35.5-35.6 2 3 4 シンシアウィ1.2 448 5 9 53.4 38.5 13.0	2函⑧7・15かもめ杜2勝14ト13 大芝B1543岩田康56 S37.1-39.7 1 1 1 2 カヨウネンカ3.0 454 14 1 70.1 40.0 12.6
6 7 緑	B (56.7)58.3 ：：：：△：△ 18.3	58 佐々木大 0002	ジョーカプチーノ メタルスパーク 騸6 芦毛 トーセンイレイシャ① Silver Hawk ディアレストクラブ 岡田スタッド	菊川 0.0.0.1 2-1-4-22 900 中2週0105	2東⑪5・21調布2勝10ト8 大芝B1465木幡巧58B M35.7-35.8 3 3 3 3 中 アドマイヤハ1.2 500 8 9 65.0 37.1 11.1	3東⑧6・25八岳2勝12ト6 大芝D1468木幡巧58B S35.8-34.9 1 1 2 2 ヴェールラン0.6 494 4 8 56.9 38.0 11.6	2福⑧7・23白河2勝15ト3 大芝B1493永野58B△ S37.3-35.6 3 3 3 3 セイウンプラ0.2 490 4 9 66.9 37.8 12.1
7 8 橙	B 関西(56.1)57.0 △△：△：▲： 12.7	56 丹内 0010	キズナ シロン 牝4 鹿毛 ケイティーズベスト① ファルブラヴ 山本彦 藤本直弘	小栗 0.0.0.1 2-1-3-10 900 中2週0001	1京⑧5・14 1勝13ト6 エ芝外B1094酒井学56B H33.5-35.9 2 1 中 フローレンス0.4 510 10 7 54.5 39.2 12.1	1函⑥6・25 1勝13ト1 エ芝A1090佐々木大54BA H33.8-35.2 1 1 1 0.5 7リントロッ 522 2 2 68.1 39.0 12.7	1札②7・23HBC杯2勝9ト3 エ芝A1083丹内56B△ M33.9-34.4 1 1 1 エイシンフェ0.1 514 6 3 71.7 40.1 12.5
7 9 橙	関西(56.9)56.0 ：：：：：：： 48.9	58 松田 初騎乗	ローエングリン セイイーグル 騸9 鹿毛 テクニカルラン③ アグネスタキオン [illegible]ホールディングス 社台F	宮本 0.1.0.3 2-7-4-32 700 中3週1116	2阪⑦4・15千種2勝13ト6 西芝外B1219和田竜58△ M35.1-35.3 4 3 4 内 メイショウド0.7 458 11 10 55.5 39.0 12.6	1京④4・30[illegible]2勝12ト5 西芝外A1214和田竜58 S35.9-34.2 6 6 6 内 ラクスバラデ0.6 452 2 8 55.2 39.8 12.8	3中京⑥7・16中京2勝14ト11 西芝B1211松若58 M35.1-34.7 3 5 5 内 サトノベルセ0.7 446 5 12 54.8 39.4 12.1
8 10 桃	(57.3)58.5 △▲△▲△△△ 8.5	58 浜中 0100	タピット バニシングポイント 牡5 芦毛 アンライヴァルドベル Unbridled's Song 長谷川祐司 ウイスパーヒルF社	加藤征 0.1.0.1 2-6-1-15 900 中1週0101	2東⑤5・6秩父2勝9ト7 三芝A2014戸崎58△ S37.8-34.5 8 9 8 8 外 ボーンディス1.5 476 4 4 68.0 37.9 12.5	2東①5・27湘南山2勝14ト6 天芝C1325戸崎58 M36.1-33.8 2 3 3 モズゴールド0.9 484 5 10 68.7 39.6 12.4	1札③7・29[illegible]2勝8ト2 壬芝A1286浜中58 S37.1-33.8 8 8 7 7 コレペティト0.1 478 6 6 67.1 39.0 12.9
8 11 桃	関西(56.9)57.6 ▲◎▲○○：○ 4.0	55 藤岡佑 0020	ミッキーロケット ジョウショーホープ 牡3 鹿毛 スターフォーユー アグネスデジタル 熊田義孝 福岡駿弥	新谷 0.0.0.1 2-0-2-5 900 中1週0011	2中⑧3・19スプSGII 16ト13 大芝外A1505石川裕56 H37.9-36.8 2 1 1 2 中 ベラジオオペ1.6 464 6 9 54.1 39.1 12.2	3中⑤4・8NZT GII 16ト8 天芝外B1343秋野[illegible]56 M35.3-36.2 4 4 4 4 中 エエヤン0.6 458 12 13 51.4 37.0 12.1	1札③7・29[illegible]2勝8ト3 壬芝A1287藤岡佑55C S36.3-34.5 2 2 3 3 コレペティト0.2 462 2 2 67.6 38.4 12.0

着	馬名	騎手	タイム(差)	1角	2角	3角	4角	上がり	人気	前走
1	1①レイベリング	横山武	1:28.1		5	6	6	34.7	1	札幌芝1800
2	8⑩バニシングポイント	浜中	3/4		10	9	9	34.4	4	札幌芝1500
3	6⑦メタルスパーク	佐々木	ハナ		3	3	2	35.4	8	福島芝1800

単勝／140円　複勝／110円、170円、460円　馬連／590円
馬単／640円　三連複／4,840円　三連単／10,120円

札幌10R　羊ケ丘特別　芝1500m
レース質：外枠・差し・短縮

先行馬がそろった1500m戦で、馬場が荒れてくると内枠有利から外枠有利へシフトしていくのがコースの特徴。荒れ気味の馬場で先行負荷は高くなるので、3～4角で馬群が凝縮して、外から押し上げられる馬が先行勢を飲み込むレース質。

7.メタルスパーク
伸びずバテずの馬キャラで、枠や馬場の後押しが必要なタイプ。追走力寄りの馬なので、距離短縮ローテで自然に差しに回って、一気にマクリ差す競馬は向く。2000→1800mの短縮でマクった5走前と同じようなアプローチが理想。

10.バニシングポイント
差して届かない馬キャラで、枠や馬場の後押しが必要なタイプ。札幌芝1500mは3戦して2着2回。中距離を使われているが、マイル以下で末脚を生かす競馬のほうが安定して走れる。上がりが速いと切れ負けするので、タフ目の荒れた洋芝は向く。

Tips

ワンポイントアドバイス

この週は、前週に大雨が降る中で競馬が行われたことで馬場の内目が荒れ、上がりが掛かることは明白でした。また、札幌1500mという距離は特殊で、1200mでは少し短いが1800mを使うには体力的に問題のある馬がそろうため、比較的1400m質に近いメンバーが集まるコースです。そのうえ、出走馬11頭中、前走初角4番手以内で競馬した馬が8頭もおり、初角までが短いコースでありながらもテンに流れることが予想されました。

1頭目に推奨した⑦メタルスパークは、前走1800m戦を使っており、今回1500mへの距離短縮ローテ。5走前には差して3着に好走した経験があり、短縮で差しに回ったとしても走れる担保がありました。また、前走は初角３番手の競馬をしており、追走面で今走あまり位置取りを下げすぎずにレースができると判断。加えて、差して3着に好走した5走前は、前走2000mからの距離短縮ローテだったことから、短縮での好走歴もあったのです。

短縮が利く馬場、短縮で走る馬キャラがそろっているここで8番人気の低評価は妙味が高く、馬柱を見てすぐに本命視することが決まったほどです。

実際のレースでは、距離短縮ローテながら初角3番手からの競馬ができ、「距離短縮ローテでも今回逃げ・先行できる馬」という穴パターンにも当てはまりました。結果、2着とハナ差の3着に好走。勝ち馬①レイベリングも差して好走経験のある距離短縮ローテで、惜しくもワンツーこそ逃しましたが、距離短縮ローテの効果がよく表れたレースであったと言えるでしょう。

馬キャラとレース質

第3項 距離延長ローテのねらいどころを覚えて回収率を底上げ

狙いにくいローテだからこそ穴になる

距離延長ローテは、距離短縮ローテに比べて競走馬の競走能力を底上げすることは多くなく、むしろ苦手にする馬も少なくありません。ただ、そうした中でも状況や馬キャラ次第ではねらえるパターンがあり、短縮馬に比べると人気になりにくい分、勘所を押さえれば大きな穴を捕えられるローテでもあります。

本項では、距離延長ローテにはどのような効果があるのか、また、どのような条件で買うとよいのかについて解説していきます。

1 距離延長ローテが競走馬に及ぼす3つの効果

「レース質マトリックス」では、「枠順」「脚質」「ローテ」の3つのバイアスに、「ペース」を加えた4つの要素でレース質（当該レースがどのような傾向をもっているか）を設定しています。このうち「ローテ」とは、「前走と今走の使用距離の違い」を示しており、前走に比べて、今走の距離が短い場合は「距離短縮ローテ」、前走に比べて、今走の距離が長い場合は「距離延長ローテ」としています。

このうち、距離延長ローテは主に以下の3つの効果を及ぼすものと定義しています。

■前走に比べてテン（発走直後）の速度が遅くなるため、前走よりも自然に前方寄りの位置取りになりやすい

Step 1 距離延長ローテが競走馬に及ぼす3つの効果を確認しよう

Step 2 距離延長ローテが有利に働く条件を覚えよう

Step 3 距離延長ローテが効果的に働く馬キャラを知ろう

ローテーション別成績（2021年～2023年6月30日）

芝	1着数	2着数	3着数	着外数	勝率	連対率	複勝率	単勝回収値	複勝回収値
短縮	892	840	850	9278	7.5%	14.6%	21.8%	71%	75%
同距離	1778	1775	1752	15772	8.4%	16.9%	25.2%	71%	74%
延長	890	939	952	11866	6.1%	12.5%	19.0%	68%	67%

ダート	1着数	2着数	3着数	着外数	勝率	連対率	複勝率	単勝回収値	複勝回収値
短縮	1050	1032	1073	13077	6.5%	12.8%	19.4%	69%	74%
同距離	2157	2149	2098	19314	8.4%	16.7%	24.9%	66%	74%
延長	847	877	872	12129	5.8%	11.7%	17.6%	71%	69%

■前走で今走よりも短い距離を経験していることから、テンに速くなる競馬で追走力を生かすことができる

■前走で今走よりも短い距離を経験していることから、平均ラップやハイペースへの適応力が高まる

一つ一つの事象の解説については前作をご参考いただくとして、端的に言えば、距離延長ローテでは、自然と先行する競馬になりやすく、ほかのローテに比べてテンにダッシュがつくとともに、速いラップや時計に対応できるようになると覚えておけば大きくは外れません。

なお、こうした考え方は距離短縮ローテと同様に、単に物理的で当然起こりうる影響を考慮しただけのものになっています。

② 距離延長ローテが有利に働く条件を覚えよう

距離延長ローテが競走馬に及ぼす3つの効果を基に考えると、おのずから「延長有利」になりやすい条件は見えてきます。例えば、以下のような条件が考えられます。

■今回先行することがプラスに働く条件

・世代限定芝中距離戦（スローからの上がり勝負になりやすく、先行有利のコースが多い）
・初角までが短いコース（隊列がすんなりと決まるため、先行有利になりやすい）
・先行馬の少ないレース（単純にスローペースになりやすい）　など

■今回テンの速度や速いラップについていく能力を求められる可能性が高い条件

・開催前半の芝コースや、含水率が高いダートコース（時計やテンが速くなりやすい）
・発走地点から下り続ける短距離コース（テンに追走する能力が求められやすい）
・超高速馬場で上がりが速いレース（テンに追走しながらも、末脚も求められやすい）　など

■一貫性（一本調子の流れへの対応力）がプラスに働く条件

・直線が短いコース（直線までに加速し切って、惰性で走り切れる我慢強さが必要）
・平均ラップで道中で緩みの少ないレース（ひたすら速い流れを振り落とされずに追走できる能力が必要）
・マクリが決まるレース（道中に一気に加速して先頭まで押し上げる加速力が必要）　など

このように、距離延長ローテは「先行有利」「テンが速い」「一気の加速が必要」であるレースにおいて、競走能力を底上げする効果を期待できます。なお、「マクリ差し」とは道中で一気に加速して惰性で粘り切る形になるので、「追走力が求められる差し」として定義しています。

3 距離延長ローテで走る馬キャラを覚えよう

距離延長ローテが決まるレース質で、出走馬に複数いる延長馬から買う馬を選ぶ際には、以下のような点に注目をします。

■当該距離に好走経験がある馬

距離延長ローテでは、前走より長い距離を走ることになります。競走馬の距離適性については、長い距離に適性がある馬は速度次第で短い距離も走れることもありますが、短い距離に適性がある馬は体力面で長い距離をこなすことが難しいことがほとんどです。せっかく有利な先行競馬ができても、直線早々に体力切れで止まってしまえば意味がありません。

今走で走る以上の距離で好走した経験については、距離短縮ローテよりもシビアに見ていく必要があります。

23年メイS（芝1800m）　7番人気1着

㊳ネオユニヴァース㊥㊢ 牡6	5中山⑥12・18ディセ(L)16ト2	1中山②1・7ニュー(L)13ト2	1東京④2・5東新聞G3 16ト14	馬体調整・放牧
サクラトゥジュール	天芝外A1485田 辺56	天芝外C1332田 辺57△	天芝D1329田 辺57	仕上がり万全
サクラレーヌ① 青鹿	H38.1-35.5③⑫⑫①中	S36.4-33.6⑩⑩⑩⑥外	M36.0-34.2 ⑬⑭⑬外	初戦①着 推定馬体512
シンボリクリスエス㊥㊢	ショウナンマ0.1 524 10ト10人	ウイングレイテ 526 4ト6人	ウインカーネ1.1 526 13ト10人	中9週以上0 4 0 3
㈱さくらコマース 谷岡牧場	南W 51.8 36.8 11.4 ⊟ 3 ○	南W 53.9 38.4 12.0 ⊟ 3 ○	南W 67.6 37.8 12.1 ⊟ 3 ○	

今回は1800mへの距離延長だったが、3走前に同距離のOPで2着の実績があり、さらに遡れば、3勝クラス勝ちは2000m。距離延長をこなす下地はできていた。

■前走差して速い上がりを使っていて、今回自然に位置取りを上げることができる馬

短い距離で差して好走していた馬は、速い上がりを使えることが多く、長い距離でのレースになったときに他馬に対して末脚の面で優位に立つことができます。特に、前走でメンバー上位の上がりを使っていた馬が距離延長ローテで自然と位置が取れるようになると、間に合う位置からスパー

トすることが可能になります。

差し馬にとって重要なのは、4角入口からゴールまでの間に逃げ先行馬とのポジション差をいかに埋め切るかですから、4角入口＝スタート地点で前走よりポジションを取れていることはそれだけで大きなアドバンテージになるのです。

23年ケフェウスS（芝2000m）　5番人気3着

ディープインパクト 牡5 ヤマニンサンパ ヤマニンパピオネ④ 芦毛 スウェプトオーヴァーボード 中京 土井肇	3東④6・12エプCG3 12ト7 天芝C1472川田56 S36.9-34.6 4 4 5 7内 ノースブリッジ0.5 472 4ト7 栗坂 52.5 38.4 12.7 ○	2新①7・30関越S 18ト8 天外A1453川田56○ M36.1-34.1 9 13 13中 イクスプロー0.5 472 15ト2 栗坂 54.0 39.1 12.4 ○	3東④6・11エプCG3 17ト8 天芝C1461杉原57 M36.3-34.8 13 13 11 14内 ジャスティン0.6 472 10ト15 栗坂 53.2 38.0 12.1 ○	2新①7・29関越S 18ト5 天外A1449団野57▲ M36.1-33.3 13 14 13外 ストーリア0.5 474 6ト5 栗坂 51.5 37.1 12.8 ○

前走の関越Sでは、メンバー 2位となる上がり33.3秒を繰り出したものの、4角13番手から5着まで。1ハロン延長のケフェウスSは4角6番手からメンバー 3位の上がりを使って3着に。

■過去に距離延長ローテで好走経験が豊富な馬

競走馬の多くは、距離延長ローテを苦手にしています。前走より長い距離を走らなければならない負荷は大きいものなので、これは仕方のないことでしょう。

距離短縮ローテと同様に、血統や馬体などからそうした得手不得手を判断している方もいますが、私の場合は単純に馬個々の特性として過去にどれだけ距離延長ローテで好走経験があるのかを確認するようにしています。全頭を確認するのは手間が掛かりますが、出走馬のうちの距離延長ローテの馬で、かつ当該レースのレース質に合致している馬券対象内の馬を調べるだけですから、1レースでも多くて3～4頭、その程度であれば過去走を確認することは大きな手間ではないでしょう。

22年目黒記念（芝2500m）　6番人気2着

スクリーンヒーロー 牡6 マイネルウィルトス マイネボヌール④ 黒鹿 ロージズインメイ ラフィアン ビッグレッドF	5東②11・7ア共杯G3 15ト2 三芝B2328Mデムー56△ S39.1-34.1 7 6 6外 オーソリティ0.4 470 12ト4 CW 81.6 36.8 12.0 ○	6阪①12・4チャレG3 11ト6 二外B2019Mデムー56▲ S40.0-34.4 9 9 4 5外 ソーヴァリアント0.9 474 4ト3 CW 80.5 37.5 11.9 ○	1中京⑤1・16新春杯G2 16ト6 三芝A2127川須56△ S37.2-35.8 8 7 4 4内 ヨーホーレイク1.0 482 3ト5 栗坂 52.2 37.5 12.4 ○	リフレッシュ・放牧 仕上がりまずまず 初戦③着 推定馬体480 中9週以上0201

同馬のこのレースまでの距離延長時の成績は1-4-2-1。福島民報杯（L）1着、AR共和国杯2着などの実績を持っていた。得意の距離延長ローテとなったここは、9-8-3-3から2着。

■前走差していた馬で今回逃げることができる馬

このパターンは結果としてそうなることも少なくないので、ねらいとし

ては難しいのですが、ハマったときの破壊力は満点です。例えば、大幅距離延長や先行型の騎手に乗り替わったときなどにまれに見られます。特にアツいのが、中長距離の先行馬が少ないレースで自然に押し出される形です。こうしたケースでは、まずスローペースになることが多く、その流れを元々末脚を使える差し馬が逃げているわけですから有利にならないわけがありません。

こうしたいわゆる奇襲逃げが起こりやすいのが距離延長ローテで、実際に2022年以降、前走初角10番手以下から今回逃げて勝った馬は21頭、そのうちの12頭が距離延長ローテでした。

23年垂水S（芝1800m） 3番人気1着

㊀モーリス㊥ 牡4	5東⑤11・19秋色3勝16ト6	1阪④2・19武庫3勝14ト10	2阪④4・2心斎3勝15ト4	リフレッシュ・放牧
アルナシーム	天芝C1324福永560	天芝外A1352鮫島駿580	三芝外A1202坂井瑠58A	仕上がり上々
ジュベルアリ㈱ 鹿毛	S35.4-33.7 ⑦⑧⑧内	S36.9-34.4 ⑨⑩⑫外	M35.7-33.1 ⑪⑪⑩外	初戦①着 推定馬体446
ディープインパクト㊥㊚ 橋口	ジャスティン0.4 440 1 1 1	セルバーグ1.2 446 14 1 1	メイショウホ0.2 442 5 1 1	中9週以上2002
ライオンRH ノーザンファーム	栗坂 53.3 38.4 12.0 ②○	栗坂 53.4 38.4 12.8 ②○	栗坂 53.8 38.7 11.9 ⊟○	

気性面も考慮して短い距離を使われていた印象がある同馬。前進気勢が旺盛で、距離延長のここは自然とハナを切る形になった。1倍台の人気馬を降しての逃げ切り。

回収率を上乗せする
黄金パターン

芝ダート中長距離 × 前走差し × 先行型騎手※への乗り替わり × 今回延長
=「内枠（外枠）・先行・延長・スローペース」

※坂井騎手、岩田望騎手、和田竜騎手など

超高速馬場（芝・ダート問わず） × 直線の短いコース × 前走差し × 今回延長
=「内枠・差し・延長」

メンバーに2頭だけの延長馬がワン・スリー

2023/8/13 小倉10R博多S（芝1800m・3歳上3勝C）

枠・馬番	印・オッズ	斤量・騎手	馬名・血統	厩舎・成績	前3走	前2走	前走
1 白 1	関東(56.7)59.6 ：：：：：：： 25.9	52 酒井学 0001	⊗トゥザグローリー㊥ 牡7 エターナルヴィテス テツムーン⑪ 鹿毛 アドマイヤムーン 永井康郎 錦岡牧場	松山将 0.0.0.2 3-2-2-33 1500 ・・・④・・・・ 中4週 0005	2中京④3・5 3勝18ト11 三芝A2133 田中勝58 S38.2-34.7 5 5 5 4 パラジ1.0 490 1 11 8 美W 68.6 38.9 12.4 △	1京②4・23 セン 3勝14ト14 天芝A1467 水口 52 M36.4-34.7 3 3 4 エンペザー1.3 476 4 11 4 南W 85.7 39.2 11.9 △	2福③7・8 阿武 3勝11ト4 天芝A1483 田中勝 52 M35.7-36.7 2 2 2 1 内 シンボ0.3 472 5 1 9 美W 68.4 39.3 12.3 △
2 黒 2	(62.9)59.3 ：：△：：▲： 17.4	55 岩田望 0001	⊗ハーツクライ㊥ 牡5 ハートオブアシティ トレラピッド 青鹿 Anabaa Blue 吉田千津 社台ファーム	森田 1.0.0.2 3-4-0-15 1500 ・3カ月半休養・ 中14上6月 0000	2阪⑥4・9 難波 3勝16ト2 芝外B1591 北村友 55 S37.3-34.9 3 3 3 3 セイウンハー0.2 438 1 11 4 栗坂 55.0 40.4 12.5 ○	2東③4・29 府中 3勝11ト11 芝A2001 坂井瑠 58 S36.6-35.9 3 3 3 3 中 レインフロム2.3 430 8 11 0 栗坂 54.7 39.7 13.3 ○	リフレッシュ・放牧 仕上がり良好 初戦②着 推定馬体430 中9週以上 1201
3 赤 3	(61.5)59.3 ：▲▲★：：： 16.8	53 和田竜 2113	⊗キズナ㊥ 牝5 イリマ ヴェントス① 鹿毛 ウォーエンブレム㊥ 前田幸治 ノースヒルズ	高橋亮 0.0.0.3 3-1-2-10 1500 ・・・⑨・・・・ 中4週 0000	2中京⑤3・11 中京S 14ト9 天芝A1476 大野 51 S37.9-34.8 2 10 10 10 外 スルーセブン1.1 462 13 11 1 栗坂 60.6 42.6 11.5 ○	1京⑨5・20 シド 3勝11ト5 芝外B1594 鮫島駿 56△ S38.2-34.6 9 9 9 8 外 ローゼライト0.5 464 5 1 7 栗P 41.0 12.2 ○	2福③7・8 阿武 3勝11ト9 天芝A1492 三浦 53 M38.0-35.9 10 10 10 10 外 シンボ1.2 458 7 1 2 栗坂 72.2 39.3 12.0 ○
4 青 4	(61.7)59.1 ▲△◎▲▲：▲ 5.3	54 松山 2422	⊗ルーラーシップ㊥ 牝5 トウシンモンブラン トウシンハンター① 鹿毛 エンパイアメーカー㊥ サトー 千代田牧場	杉山晴 1.0.1.1 3-5-3-7 1500 ・3カ月休養・・ 中11週 0000	1京②4・23 セン 3勝14ト2 天芝A1454 松山 54 M35.2-34.4 4 3 3 中 エンペザー 494 11 1 8 栗坂 56.0 40.1 12.3 ○	1京⑨5・20 シド 3勝11ト9 芝外B2002 岩田望 56 S37.4-35.9 3 3 3 3 中 ローゼライト1.3 500 8 1 1 栗坂 55.2 39.8 12.3 ○	リフレッシュ・放牧 仕上がり良好 初戦③着 推定馬体500 中9週以上 1210
4 青 5	(60.4)62.1 △△：▲△△△ 11.3	56 松若 3503	⊗エピファネイア㊥ 牡5 ウインリブルマン ウインリバティ⑤ 栗毛 ダンスインザダーク㊥ 福島 ウイン コスモヴューファーム	飯田祐 0.0.0.0 3-7-0-7 1500 ・⑥・・・・・・ 中6週 0001	4小②8・14 不知 3勝13ト2 天芝A1486 松若 56△ S37.8-34.4 3 3 3 3 中 エスコーラ0.2 512 9 1 4 CW 82.8 36.8 11.6 ○	5中京1 9・10 ムーン 3勝11ト 左前肢跛行のため 出走取消 CW 85.4 38.1 11.8 ○	3東⑦6・24 江の島 3勝14ト6 芝D2003 松岡 58 S37.0-34.1 1 1 1 1 内 ドゥラドーレ0.2 506 9 1 2 栗坂 52.1 37.5 12.5 ○
5 黄 6	(55.8)55.7 ◎◎▲○○○○ 3.0	55 川田 2100	⊗エピファネイア㊥ 牡3 チャンスザローゼス ヴィンテージローズ② 鹿毛 ゼンノロブロイ㊥ 中京 藤田晋 ノーザンファーム	中内田 0.0.0.0 2-1-0-0 1200 ・10カ月休養・・ 9カ月以上 0000	5中京1 9・10 未勝利 8ト1 芝A2014 川田 54 S37.9-33.5 6 6 7 7 外 0.6トーホウガレ 480 8 1 1 CW 81.0 36.7 11.7 ○	4東⑥10・22 アイS 8ト1 天芝A1475 川田 55 M35.5-34.6 1 1 1 1 内 0.3シャンドゥレ 478 2 1 1 CW 84.3 38.2 11.9 ○	脚部不安・放牧 乗り込み入念 初戦②着 推定馬体488 中9週以上 1000
5 黄 7	(63.2)60.5 ：：：◎：△： 19.2	54 田口 初騎乗	⊗キズナ㊥ 牝5 アサケレディ メルセンヌナンバー 黒鹿 ワイルドラッシュ㊥ 大橋公輔 ムラカミファーム	大橋 0.0.0.0 3-3-3-18 1500 ・2カ月放牧・・ 中9週 0000	1中京②1・7 豊S 3勝13ト4 芝A2006 菱田 56△ S36.8-34.3 5 5 8 8 ヤマニンサル0.4 492 2 1 7 栗坂 53.7 39.2 12.3 ○	1京⑨5・20 シド 3勝11ト 芝外B 中止 武豊 56▲ S37.6- 3 5 6 11 ローゼライト 500 11 1 5 CW 82.3 36.7 11.4 ○	3阪②6・4 摩耶 3勝11ト8 芝外B1596 菱田 56 S37.3-34.3 6 6 5 5 中 テーオーソラ0.3 494 3 1 5 栗坂 53.2 37.9 11.9 ○
6 緑 8	(58.7)59.1 ：○：：：▲： 16.3	55 角田河 初騎乗	⊗キズナ㊥ 牡6 オールザワールド エピッククラウ 鹿毛 Dansili㊥ 前田晋二 ノーザンファーム	中竹 0.0.0.1 3-9-3-16 1500 ・・・・⑨・・・ 中3週 1102	5阪④12・11 オリ 3勝12ト9 三芝外B2146 鮫島駿 57△ M37.4-36.3 9 9 10 10 スタッドリー1.5 474 7 1 8 栗坂 53.9 39.9 12.8 ○	2中京 3・25 鈴鹿 3勝16ト16 天ダ2002 秋野 56 S38.1-38.2 9 9 7 7 外 マリオロード2.8 476 10 11 2 栗坂 52.6 38.6 13.3 ○	3中京⑤7・15 豊橋 3勝11ト9 芝B2022 幸 58 S38.3-33.9 7 8 7 7 ファユエン0.8 468 4 1 9 栗坂 52.6 38.6 12.9 ○
6 緑 9	(58.4)58.0 ：：：△△：△ 11.9	57 坂井瑠 0001	⊗キングカメハメハ㊥ 牡4 ダンテスヴュー クロウキャニオン① 鹿毛 フレンチデピュティ㊥ 金子真人HD ノーザンF	友道 0.0.0.1 1-3-0-6 1200 ・・⑫・・・・・ 中5週 0000	1東②1・29 節分 3勝12ト8 天芝D1343 坂井瑠 57▲ S35.9-34.2 1 1 1 1 内 レッドモンレ0.7 470 5 1 3 栗坂 55.2 40.9 13.0 ○	2阪⑥4・9 梅田 3勝15ト13 天ダ1546 岩田望 58△ M37.7-39.3 7 8 4 4 中 テイエムベン2.5 466 8 1 3 栗坂 53.7 38.7 12.1 ○	3中京❶7・1 白川 3勝13ト12 天芝A1354 岩田望 57 M35.6-36.2 4 7 5 外 アスクコンナ1.3 474 7 1 8 栗坂 56.4 41.0 12.5 ○
7 橙 10	(61.5)58.8 ▲△○：▲△▲ 11.0	56 藤岡康 1211	⊗キタサンブラック㊥ 牡4 ブラックシールド ゴールドエッセンス③ 鹿毛 キングカメハメハ㊥ 吉田勝己 ノーザンファーム	武幸 0.0.1.0 3-3-4-3 1500 ・4カ月休養・・ 中14上6月 0000	1阪⑦3・4 千里 2勝10ト1 芝外A1593 戸崎 58 M36.3-34.8 6 6 5 5 中 0.4モカフラワー 458 4 1 1 CW 84.4 37.6 11.8 ○	2阪⑥4・9 難波 3勝16ト12 芝外B1597 戸崎 58△ S37.7-35.1 5 8 6 7 中 セイウンハー0.8 452 9 1 1 CW 85.5 38.0 11.6 ○	リフレッシュ・放牧 仕上がり良好 初戦③着 推定馬体454 中9週以上 2001
7 橙 11	(60.5)58.3 △：：：：：： 26.7	55 団野 初騎乗	⊗ハーツクライ㊥ 牡6 ハーランズハーツ ハーランズロマン① 黒鹿 Harlan's Holiday㊥ 林正道 服部牧場	樋口慎 0.0.0.1 3-3-4-14 1500 ・3カ月休養・・ 中12週 0000	1京②4・23 セン 3勝14ト6 天芝外A1459 北村友 52 M36.0-34.1 1 1 1 2 エンペザー0.5 440 10 1 9 CW 70.3 37.5 11.4 ○	1新⑤5・14 弥彦 3勝13ト12 天芝外B1470 富田 58 M37.2-34.6 12 12 12 グランスラム1.1 440 10 11 2 栗坂 53.3 38.7 12.3 ○	リフレッシュ・放牧 乗込み仕上がり順調 初戦⑦着 推定馬体440 中9週以上 2222
8 桃 12	(64.8)59.7 △：：△△：△ 14.7	55 秋山真 初騎乗	⊗キングカメハメハ㊥ 牝5 タガノパッション アドマイヤシルク① 鹿毛 シンボリクリスエス㊥ 八木良司 新冠タガノファーム	武幸 1.0.1.1 2-1-7-8 1600 ・5カ月休養・・ 中14上6月 0001	1東⑤2・12 初音 3勝15ト2 天芝D1467 川田 56 S37.2-34.1 1 1 6 6 コスタボニー0.1 474 1 1 3 CW 51.5 36.5 11.6 ○	2中京 3・18 豊橋 3勝12ト11 天芝A1382 武豊 56▲ S38.4-35.2 12 10 10 アヴェラーレ1.0 478 11 1 3 CW 53.1 37.3 11.7 ○	リフレッシュ・放牧 仕上がり良好 初戦③着 推定馬体480 中9週以上 0002
8 桃 13	(59.6)60.2 ○△△：◎◎◎ 4.5	54 西村淳 初騎乗	⊗ドゥラメンテ㊥ 牝4 セントカメリア アドマイヤテレサ⑤ 鹿毛 エリシオ㊥ 福島 シルクレーシング ノーザンF	高野 2.0.0.0 3-2-0-4 1500 ・3カ月半休養・ 中14上6月 0001	5阪①11・5 2勝10ト1 芝外A1597 Cデムーロ 53 S37.1-35.2 2 2 2 2 内 0.5グランスラム 444 9 1 1 栗坂 55.0 39.8 12.5 ○	2東③4・29 府中 3勝11ト6 芝A1586 横山武 56△ S36.8-33.9 7 7 7 7 中 レインフロム0.8 452 5 1 5 栗坂 55.7 40.4 13.0 ○	馬体調整・放牧 仕上がり上々 初戦②着 推定馬体460 中9週以上 0102

着	馬名	騎手	タイム(差)	1角	2角	3角	4角	上がり	人気	前走
1	6 ⑨ ダンテスヴュー	坂井	1:46.7	5	5	5	7	35.8	7	中京芝1600
2	4 ⑤ ウインリブルマン	松若	1.3/4	2	3	3	3	36.4	4	東京芝2000
3	8 ⑫ タガノパッション	秋山真	ハナ	7	7	2	2	36.6	5	中京芝1600

単勝／2,600円　複勝／620円、240円、380円　馬連／8,570円
馬単／18,900円　三連複／30,450円　三連単／195,710円

Tips
ワンポイントアドバイス

2023年8月13日（日）の小倉10R博多S（1800m）は高速芝の延長有利で決着したレースなので振り返ってみましょう。

この週は夏の小倉開幕週、例年高速馬場でスタートする開催です。今年も3歳1勝クラスの1200mで1.07.7、1800mで1.45.6が出るような高速馬場でした。日曜は土曜に比べると少し時計が掛かってはいましたが、まだまだ時計が出る馬場。その中で行われたのが博多Sです。

このレースは予想を公開していなかったのですが、ZOOMで観戦会をしており、サロンでは延長馬に注意するように呼び掛けていました。まず小倉開幕週の高速馬場は追走力が求められやすく、延長差しが走りやすい条件であること。そして、小倉芝1800mは初角までが約272m、直線も約293mとともに短く、テンに位置を取ることが有利に働くコースだったためです。

メンバー 13頭中、距離延長ローテの馬は⑨ダンテスヴューと⑫タガノパッションの2頭のみ。このうち、⑫タガノパッションは前走差して上がり3位→今回位置が取れるパターンだったことと、過去に距離延長ローテで勝ち星があったことから、開幕週では不利な8枠でも押さえておくことをオススメしました。

実際のレースでは、テン3F35.1→上がり3F36.4という前傾ラップで1.46.7というこの日の馬場にしては速い決着。その中で、外枠からでもテンに出して初角5番手でラチ沿いを確保した7番人気の⑨ダンテスヴューが、同距離ローテや短縮ローテが末脚をなくす中、直線で内を割って伸びて差し切り。8枠が不利だった5番人気の⑫タガノパッションは、いつもは初角二桁通過順が多い馬ですが、距離延長ローテを生かして初角7番手と位置を取り、そこから早めにマクり気味に2番手まで押し上げてハナ差の3着と好走しました。

メンバーに2頭しかいなかった距離延長ローテが7番人気と5番人気で激走した背景には、距離延長ローテによる競走能力の底上げがあったわけです。なお、この2頭は1600m→1800mの距離延長でしたが、どちらも1800m以上の距離で好走経験があったことも付け加えておきます。

馬キャラとレース質

第4項 レース質好走馬と反レース質好走馬を確認して回収率を底上げ

競走馬のパフォーマンスを測る基準も「レース質」

「レース質マトリックス」は、該当のレースがどのようなレースになるのかを予想する「レース予想」です。したがって、競走馬単体の血統や馬体、調教などはあまり考慮していません。極端に言えば、16頭の同程度の能力の馬がヨーイドンで走り、コース形態や馬場状態、ペースなどによって着順が入れ替わるようなイメージです。

では、各競走馬のプロフィールについてまったく考慮しないのかと言うとそうではありません。実際の予想においては、各競走馬の馬柱、近走のレースでのパフォーマンスは重視しています。そのパフォーマンスを測る基準となるのも、また「レース質」になります。

1 近走レース質に反して凡走した馬の巻き返しをねらう

一般に浸透している表現を使えば、近走で「不利なレースを強いられた馬」をねらうということです。

「レース質マトリックス」では、全てのレースを「枠順」「脚質」「ローテ」「ペース」の4つの要素の組み合わせで分類しています。例えば、2023年の春のGＩを例に取れば、各レース質は以下のようになります。なお、内枠有利の馬場で外枠から先行するパターンや、外枠有利の馬場で内枠から大外に持ち出して差すパターンなどがあるため、必ずしもレース結果とはリン

Step1 近走レース質に反して凡走した馬の巻き返しをねらおう
Step2 近走レース質に合致して好走した馬の過剰人気を軽視しよう
Step3 近走レース質に反して好走した馬はストックしておこう

クしません。

■フェブラリーS ――「外枠・差し・短縮・ハイペース」
■高松宮記念 ――「外枠・差し・短縮」
■大阪杯 ――「外枠・先行」
■桜花賞 ――「内枠・先行」
■皐月賞 ――「外枠・差し・ハイペース」
■天皇賞春 ――「外枠・差し・スローペース」
■NHKマイルC ――「外枠・差し・短縮・ハイペース」
■ヴィクトリアマイル ――「内枠・先行・短縮」
■オークス ――「外枠・差し」
■ダービー ――「外枠・差し」
■安田記念 ――「外枠・差し・短縮」
■宝塚記念 ――「外枠・差し・短縮・ハイペース」

極端なレース質になった2023年の皐月賞を例に考えてみましょう。このレースは、重馬場でタフな馬場状態の中、テン3F35.1→上がり3F37.2という2秒以上の前傾戦で差し決着、つまりハイペースの前崩れとなりました。初角通過順が9番手以下の馬が上位を占める結果で、直線では馬場のよい外を通す馬が恵まれていました。

こうしたレースでは、先行した馬は大きな不利となり、凡走しても仕方ありません。レース質が違えば、違った結果になったものと捉えます。例えば、このレースで3番人気に支持されながら10着に大敗した⑮ベラジオオペラの通過順は「2-2-3-4」、先行不利の馬場で先行し徐々に位置取りを落としていったことが分かります。また、外枠の馬とは言え、初角2番手まで出していけば、道中や直線は内を通ることになります。むしろ、「外枠・差し・ハイペース」のレース質の中で先行馬最先着の10着に粘ったことは、能力面では上位であることの証明でしょう。

実際に次走のダービーでは9番人気の低評価となりましたが、「外枠・差し」のレース質の中で1番枠と不利な状況ながら勝ち馬と着差なしの4着に好走。私自身、ベラジオオペラを本命にしていたので、悔しい思いをしたことを覚えています。

このように、近走でレース質に反して負けていた馬の巻き返しをねらうことで、人気落ちした妙味のある馬をピックアップすることができるのです。これらは以下のように個別のバイアスに分けて判断するとより分かりやすくなります。

バイアスに反して凡走する例

- ■内枠有利のレースの外枠馬、外枠有利のレースの内枠馬
- ■先行有利のレースの差し馬、差し有利のレースの先行馬
- ■短縮有利のレースの延長馬、延長有利のレースの短縮馬
- ■ハイペースのレースの先行馬、スローペースのレースの差し馬　など

② 近走レース質に合致して好走した馬の過剰人気を軽視

こちらも一般に浸透している表現を使えば、近走で「有利なレースで好走した馬」を割り引くということです。

同じように皐月賞を例に取れば、「外枠・差し・ハイペース」のレース質に合致して上位に好走した馬を軽視することになります。具体的には、

外マクリの流れに乗った1番人気3着⑦ファントムシーフや13番人気4着⑰メタルスピードなどが該当するでしょう。この2頭は、次走のダービーでは「外枠・差し」のレース質で14番枠と8番枠という外目の枠に入りましたが、恵まれた中でも3番人気8着、13番人気12着と着順を大きく落としました。

皐月賞の例ではそれほど人気はしませんでしたが、通常のレースでは近走好走馬はそれだけで人気を背負いやすくなります。近走でレース質に恵まれて好走した馬は、能力に対して過剰に人気をすることになるので注意が必要です。

バイアスに合致して好走する例

- ■内枠有利のレースの内枠馬、外枠有利のレースの外枠馬
- ■先行有利のレースの先行馬、差し有利のレースの差し馬
- ■短縮有利のレースの短縮馬、延長有利のレースの延長馬
- ■ハイペースのレースの差し馬、スローペースのレースの先行馬　など

有利なレース質で好走した馬は、次走以降でパフォーマンスを落とすことが多いですが、特に以下のようなケースでは人気を裏切ることが多くなるので覚えておいてください。

今走期待値が激減するケース

- ■近走「先行有利」のバイアスで先行して好走したケース
- ■近走ダート戦の「差し有利」のバイアスで差して好走したケース
- ■近走内荒れ馬場の「外枠有利」のバイアスで外枠に入って好走したケース
- ■前走レース質に恵まれて勝ち上がり、今走昇級戦でレース質に反する枠や脚質、ローテになるケース

23年皐月賞とダービーの全着順と位置取り

	皐月賞		ダービー	
	馬	位置取り	馬	位置取り
1着	①ソールオリエンス	15-15-15-17	⑫タスティエーラ	4-4-4-4
2着	⑭タスティエーラ	5-6-6-4	⑤ソールオリエンス	6-6-6-6
3着	⑦ファントムシーフ	11-10-10-10	⑪ハーツコンチェルト	16-14-6-6
4着	⑰メタルスピード	9-9-8-8	①ベラジオオペラ	8-8-11-11
5着	④ショウナンバシット	13-13-10-4	⑮ノッキングポイント	6-7-9-9
6着	⑪シャザーン	12-12-14-10	③ホウオウビスケッツ	2-2-2-2
7着	⑧トップナイフ	16-16-15-16	⑬シーズンリッチ	3-3-3-3
8着	⑥ウインオーディン	13-13-13-10	⑭ファントムシーフ	12-10-9-9
9着	⑤フリームファクシ	10-10-10-10	⑩シャザーン	11-10-12-12
10着	⑮ベラジオオペラ	2-2-3-4	⑦フリームファクシ	10-10-14-12
11着	③グリューネグリーン	3-4-3-3	⑱サトノグランツ	14-15-14-15
12着	⑬グラニット	1-1-1-2	⑧メタルスピード	4-4-4-4
13着	⑯タッチウッド	5-2-2-1	⑯パクスオトマニカ	1-1-1-1
14着	⑱マイネルラウレア	16-17-18-18	④トップナイフ	15-16-16-17
15着	②ワンダイレクト	18-17-15-15	⑨グリューネグリーン	8-8-12-12
16着	⑩ラスハンメル	8-8-8-8	⑥ショウナンバシット	17-17-16-15
17着	⑨ホウオウビスケッツ	5-6-6-4	②スキルヴィング	12-13-6-6
18着	⑫ダノンタッチダウン	3-4-5-10	⑰ドゥラエレーデ	(競走中止)

3 近走レース質に反して好走した馬はストックしておこう

レース質に反して走った馬の中には、その不利を覆して好走する馬がいます。こうした馬は現級では能力面で上位であることが多いので、ストックしておくとレース質に合致した際にねらいやすくなります。

繰り返しになりますが、皐月賞の例で言えば、初角通過順が9番手以下の馬が上位9頭を占める中で、唯一初角5番手の競馬をして2着に好走したのが5番人気の⑭タスティエーラでした。タスティエーラは14番枠だった

ので、「外枠・差し・ハイペース」のレース質に照らせば、外枠から道中外目のよい馬場を通せたことは確かですが、ハイペースの前崩れで先行馬が壊滅する中、2着に好走したことは大きく評価することができます。
実際、同馬は次走のダービーで「外枠・差し」のレース質の外枠に入って、見事に世代トップの称号を戴冠しました。

全てのレースを分類して、レース質に反して好走した馬を確認していく作業は負担が大きいですが、皐月賞のように強烈なレース質が発生したときにチェックをしておくだけでも十分に回収率アップに効果があります。以下のような条件は、ストック馬を増やすチャンスなので少しだけ手間を掛けてみてはいかがでしょうか。

強烈なレース質が発生しやすい条件の例

- ■内荒れ馬場で内枠の不利が大きな芝の「外枠・差し・短縮(・ハイペース)」
- ■含水率が高くて、時計が速い決着となったダートの「内枠・先行・延長」
- ■初角まで長いコースで、先行馬が多いメンバーだったときの「外枠(内枠)・差し・短縮・ハイペース」
- ■初角まで短いコースで、先行馬が少ないメンバーだったときの「内枠・先行・延長」
- ■芝発走のダートで、含水率が低い馬場だったときの「外枠・先行・短縮」

回収率を上乗せする
黄金パターン

芝 × 前走「外枠・差し・短縮・ハイペース」を内枠先行で敗退 × 先行馬の少ないメンバー
=「内枠・先行・スローペース」

ダート × 前走「内枠(外枠)・先行・スローペース」を差して敗退 × 先行馬の多いメンバー
=「内枠(外枠)・差し・短縮・ハイペース」

Sample Race
含水率によるレース質の出し入れが強烈!
2023/5/28 京都9R與杼特別(ダ1900m・4歳上2勝C)

枠	馬番	印・指数	斤量・騎手	馬名・血統	調教師・成績	前走(3走前)	前走(2走前)	前走(1走前)
1	1	関東 (57.4)56.8 ☆	58 [illegible] 初騎乗	ファイヴレター 父タイムパラドックス 騸6 母ピンクサプライズ 母父ネオユニヴァース	佐藤吉 0.1.2.2 2-3-4-26 ・2カ月放牧・・	1中京 1・29 2勝16ト14 天ダ1562 荻野極58 S39.9-38.5⑭⑬⑭⑭内 サンライズア2.4 472	1阪④2・19 2勝11ト6 天ダ1539 藤岡康58 M39.6-38.3⑩⑩⑨⑧外 ジャスパーグ1.1 476	1阪 3・19 2勝16ト9 天ダ1539 松田58 H38.0-39.7⑪⑪⑫⑫内 エナハツホ1.8 472
1	2	関東 (56.2)56.0 ☆	58 泉谷 1010	レイメイ 父ザファクター 牡4 母タイムピース 母父ルーラーシップ	的場 0.0.0.3 2-1-1-8 サンデーヒル	2小倉 3・18 1勝10ト5 天ダ1586 古川奈54 M39.1-36.1⑧⑧⑨⑨外 インテンスフ1.2 480	3中京⑤4・9 1勝14ト1 天ダ1544 三浦58 H39.7-38.5⑫⑪⑧⑤外 0.4エターナルブ 478	1新潟 4・30 五泉 2勝15ト8 天ダ1540 吉田隼58 M39.5-37.2⑮⑤⑮⑭中 ワールドタキ1.8 482
2	3	B 関東 (54.0)55.1 ☆	58 中井 初騎乗	ルーパステソーロ 父ゴールドシップ 牡5 母ハピネスフォーユー 母父A.P.Indy	加藤士 0.0.0.1 2-3-1-14 了徳寺健二HD 藤本ファーム	6中京⑤12・18 1勝11ト1 天ダ2031 ムルザバエフ57 H37.6-41.0②①①①内 0.3バイス 548	1東京①1・28 2勝16ト14 三ダ2151 木幡巧58 M36.8-40.3②②②③内 ホウオウパリ3.9 548	1新潟⑤5・14 中岳 2勝15ト12 天ダ1544 佐々木大56 M39.0-38.4⑤⑤③⑤外 アルムブラー1.9 544
2	4	B (58.2)55.9 ▲・・○▲・・ 10.1	58 鮫島駿 1112	ヴォルゴグラード 父リアルインパクト 牡4 母マトリョーシカ 母父クロフネ	牧田 0.0.0.1 2-1-1-5 サンデーR ノーザンファーム ・2カ月放牧・・	1中京③1・8 濃尾 2勝16ト6 天ダ1548 Dイーガン57B M36.9-39.8②②②①内 ジロー0.8 512	1阪⑤3・5 2勝12ト5 天ダ1548 鮫島駿58B M40.0-37.8⑨⑨⑧⑤外 マリオロード0.5 510	2中京 3・26 天白 2勝13ト12 天ダ2000 戸崎58B M37.7-38.5⑥⑥⑤⑤外 セブンスレタ1.7 512
3	5	(57.5)56.1 △◎◎○○▲◉ 3.5	58 西村淳 初騎乗	グーデンドラーク 父ハーツクライ 牡4 母ベルスリーブ 母父シンボリクリスエス	池添学 1.0.0.0 2-0-0-3 サンデーR ノーザンファーム	1函館⑤6・25 恵山 1勝14ト8 芝A1487 武豊54 S37.7-35.0④③⑩⑦外 ハーツラプソ0.8 534	2中京 3・19 1勝10ト1 天ダ1514 鮫島駿58 M37.5-36.2②②②②中 1.2ローズピリオ 520	2阪⑥4・9 吹田 2勝11ト8 天ダ1553 鮫島駿58 S38.2-38.5②②④④中 シゲルバクハ2.3 512
3	6	(56.0)58.2 ・・△・・★・ 20.7	58 藤岡佑 0001	レイクリエイター 父クリエイターII 騸5 母レインボーローズ 母父アグネスタキオン	浜田 0.1.1.2 2-2-2-12	1中京 1・29 2勝16ト6 天ダ1554 浜中58 S38.8-38.7④③④④外 サンライズア1.6 486	1阪①2・11 2勝10ト7 三ダ2099 福永58 S38.6-37.5③③③③内 ジューンアマ1.2 484	1京 5・14 2勝14ト4 天ダ1560 藤岡康58 M38.7-39.3⑧⑧⑦⑦内 タガノエスコ2.2 482
4	7	B (58.9)55.7 △▲・▲△△▲ 9.4	58 藤懸 0101	カズロレアアート 父スピルバーグ 牡5 母センティナリー 母父フレンチデピュティ	安田隆 0.1.0.1 2-3-0-3 ノーザン ・9カ月休養・・	2札幌 7・23 2勝15ト2 毛ダ1450 藤懸57B M37.7-37.8⑩⑪⑪⑪外 ロードインファ 478	3新潟 8・20 瀬波 2勝15ト9 天ダ1538 藤懸57B M37.0-38.7⑪⑪⑪⑪外 ウェルカムニ1.3 478	骨折・放牧 仕上がり上々 初戦②着 推定馬体480 中9週以上0002
4	8	(53.9)53.2 24.5	58 菱田 2105	フォルツァンド 父ドゥラメンテ 牡5 母スピニングレディ 母父ハードスパン	高橋亮 0.0.0.2 2-1-3-11 カナヤマ 大島牧場	6阪⑤12・17 2勝11ト11 天ダ1558 丸山57C M39.1-39.3⑦⑧⑨⑨内 キングズソー2.6 518	2阪③4・1 2勝10ト9 天ダ1561 角田河56 M38.4-40.3⑥⑥④④内 マルプソプラ2.9 518	2阪 4・16 2勝8ト7 西ダ1249 河原田54B H36.1-37.3 ⑦⑦⑧外 クリノクラー1.3 518
5	9	B (55.6)57.1 33.2	58 幸 初騎乗	シュガーコルト 父ヘニーヒューズ 騸4 母フェミニンガール 母父Kingmambo	寺島 1.0.0.2 2-0-1-15 千代田牧場	2阪 3・25 1勝9ト1 天ダ1540 岩田望58B M39.3-37.4⑤⑧⑨⑨中 0.5スピリトーゾ 498	2阪⑥4・9 吹田 2勝11ト7 天ダ1550 岩田望58B S39.4-37.3⑦⑦⑨⑨外 シゲルバクハ2.0 496	1京 5・14 2勝14ト6 天ダ1565 田口55B M39.0-39.6⑩⑩⑨⑩外 タガノエスコ2.7 498
5	10	(53.3)52.8 44.3	58 角田和 初騎乗	(地)ニャンチンノン 父ヴィクトワールピサ 牡4 母ネガノ 母父Miswaki	中竹 0.0.0.0 0-1-0-9 藤春修二	大井 3・31 八丈島 12ト10 天外1430 本田正56B S38.5-40.4③④⑨⑨外 マイネルロッ2.4 460	船橋⑤4・14 ハルジ 7ト1 三ダ外2302 笠野57 S41.9-40.7①①①①外 0.1リンクスアイ 459	4月28日生 地方成績9戦3勝 2着3回3着1回
6	11	(60.5)60.5 ○△▲△◎◎△ 3.7	58 団野 初騎乗	キタノセレナード 父ホッコータルマエ 牡4 母ツルマルサンチャン 母父ディープインパクト	坂口智 0.0.1.1 2-3-3-5 北所直人 村上欽哉 ・2カ月放牧・・	6阪⑧12・25 鳥取 2勝15ト4 天ダ1543 Dイーガン56C M37.6-39.4⑦⑥⑦⑦内 サンマルレジ1.3 444	2中京②2・26 2勝16ト4 天ダ1554 吉田隼57C M39.5-39.3⑨⑨⑩⑧外 ブレイクフォ1.2 442	1阪 3・19 2勝16ト3 天ダ1526 川田58C H36.9-39.1⑥⑤⑦⑥内 エナハツホ0.5 440
6	12	(54.2)56.4 ▲△・・△・△ 12.3	56 和田竜 初騎乗	レディベル 父キズナ 牝4 母レディインディ 母父A.P.Indy	矢作 0.1.0.1 2-2-2-7 ヒダカBU 服部牧場	1中京①2・4 1勝11ト7 天ダ2035 坂井瑠55 M38.1-40.9④③③③外 イシュタルゲ2.5 512	1新潟 4・30 牝1勝9ト4 天ダ1539 古川奈52 M37.4-38.8③③⑥⑥内 クーシフォン0.3 518	1京 5・7 1勝9ト1 芝外A2036 古川奈52 M36.9-36.2②②②②内 0.2ゴルトシュミ 512
7	13	(59.5)59.1 ◎△▲△・▲△ 9.6	58 松若 0003	ワセダハーツ 父ハーツクライ 牡5 母パーソナルレジェンド 母父Awesome Again	[illegible] 0.0.1.4 2-2-3-16 社台F	1中京①1・5 2勝16ト5 天ダ2008 浜中58 H38.0-38.7⑩⑪⑪⑪内 バハルダール0.8 442	2中京 3・26 天白 2勝13ト6 天ダ1590 浜中58 M38.6-37.4⑩⑪⑦⑧外 セブンスレタ0.7 436	1京 5・7 2勝12ト5 天ダ1576 松若58 M38.7-37.0⑩⑨⑧⑦外 アスクドゥラ0.6 438
7	14	B (57.7)55.8 ☆	58 酒井学 初騎乗	サイモンメガライズ 父ケープブランコ 牡5 母テーオーヴィーナス 母父ディープインパクト	小林 0.0.0.1 2-4-3-21 澤田昭紀 ヤナガワ	2阪⑥4・9 2勝10ト4 天内B1347 松山58B S37.3-34.1 ⑨⑨⑨中 トランキリテ1.0 508	2東②4・23 2勝16ト7 天ダ1387 石川裕58B H37.4-37.2 ⑪⑪⑪外 グリュースゴ0.9 502	1京⑤5・6 2勝14ト11 天内A1344 幸58B M36.2-35.7 ⑦⑦⑧外 タイゲン1.2 502
8	15	(57.8)57.8 △○○△▲○○ 5.0	58 藤岡康 0314	インテンスフレイム 父パイロ 牡5 母ティップトップ 母父Dubawi	千田 1.0.2.2 2-7-9-10 ゴドルフィン ダーレーJF ・2カ月半休養・	1阪⑦3・4 1勝8ト2 天ダ1539 岩田望58 M37.8-38.6④④⑤④中 テーオーサン0.6 526	2中京 3・18 1勝10ト1 天ダ1574 岩田望58 M37.7-36.2②②②②内 0.3シャンバラ 522	リフレッシュ・放牧 仕上がり良好 初戦③着 推定馬体524 中9週以上0004
8	16	(56.5)56.2 42.2	58 和田翼 1001	ハイラブハンター 父メイショウサムソン 牡5 母エスケイミネルバ 母父メイショウボーラー	谷 0.0.0.4 2-5-5-17 服部新平	3福島④11・13 1勝15ト3 右ダ1473 古川吉57 M37.2-38.1⑪⑪⑧⑦外 ウインアウォ1.2 484	6中京⑤12・17 1勝11ト1 天ダ1551 和田翼57 M38.7-37.6④③②③外 0.1マイレッドス 494	1京 5・14 2勝14ト9 天ダ1566 和田翼58 M38.8-39.7⑨⑨⑨⑩中 タガノエスコ2.8 494

着	馬名	騎手	タイム(差)	1角	2角	3角	4角	上がり	人気	前走
1	7 ⑬ワセダハーツ	松若	2:00.2	13	14	13	12	37.9	5	京都ダ1900
2	5 ⑨シュガーコルト	幸	1.3/4	8	7	9	7	38.7	9	京都ダ1800
3	8 ⑮インテンスフレイム	藤岡康	1/2	3	3	3	2	39.4	2	中京ダ1900

単勝/670円　複勝/180円、1,000円、180円　馬連/17,970円
馬単/29,210円　三連複/20,580円　三連単/159,120円

京都9R　與杼特別　ダート1900m
レース質：外枠・差し・短縮・ハイペース

先行馬が何頭かいて、延長になりやすく初角まで長めのコースだけにややペースは流れる。先行馬が苦しくなる競馬になれば内はごちゃつくので、スムースに外を通すほうがよい。馬群の外をマクリ気味に押し上げる馬が前を飲み込むレース質。

13.ワセダハーツ
差して届かない馬キャラで、枠や馬場の後押しが必要なタイプ。ステイヤーコースで末脚を生かす競馬が得意なので、乾いた京都でペースが流れる1900m戦は合う。前走は不良馬場で4角1～3番手が1～4着を独占する中で差し馬最先着の5着は評価。差し届く馬場なら上位。

11.キタノセレナード
差して届かない馬キャラで、枠や馬場の後押しが必要なタイプ。前走は外マクリ決着を1枠から正攻法の差しで3着に好走。阪神ダート2000mで2、4着があり、ステイヤーコースへの対応も問題なさそう。上がりは掛かるほうがよいので、流れるレースも合うはず。

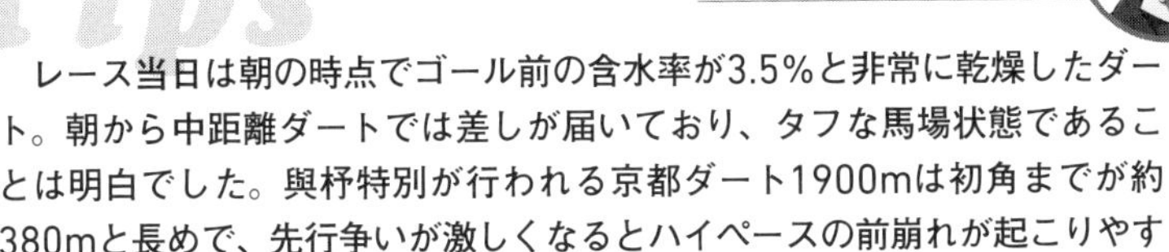

ワンポイントアドバイス

レース当日は朝の時点でゴール前の含水率が3.5%と非常に乾燥したダート。朝から中距離ダートでは差しが届いており、タフな馬場状態であることは明白でした。與杼特別が行われる京都ダート1900mは初角までが約380mと長めで、先行争いが激しくなるとハイペースの前崩れが起こりやすいコースです。メンバーを見てもテンに主張する先行馬が複数いて、ペースが流れるだろうと想定できました。

このレースのポイントは1頭目に推奨した⑬ワセダハーツの前走です。同馬は3週前に同じ京都ダート1900mを走って5着に負けていました。当時の馬場は不良で含水率の高いダート、レースでは内枠の馬が逃げ、初角1～3番手を追走した3頭が1～3着を独占する「内枠・先行・延長」のレース質。ワセダハーツはその中で、8番枠から初角10番手の競馬で勝ち馬と0.6秒差の5着、差し馬最先着に好走していたのです。強烈なレース質が発生する含水率の高いダートの先行決着であったため、迷わずストックすることにしました。

迎えた與杼特別では、含水率の低い馬場の「外枠・差し・短縮・ハイペース」と条件は一気に好転。自信の推奨となり、ワセダハーツは4角12番手という追い込み競馬で5番人気ながら2着に0.3秒差をつけて快勝しました。

含水率によるレース質の変化と、その中での有利不利を理解していれば、誰でも容易に届く結論であったと思います。

レース質マトリックス

用語	解説および定義
レース質	解説 枠・脚質・ローテの3つのバイアスとペース診断を組み合わせた4つの要素を、それぞれ2択で表した当該レースの質
枠のバイアス	解説 「内枠有利」or「外枠有利」の2択で表現される 定義 出走馬同士を比較して、好走しやすい条件を満たしている枠、あるいは好走しにくい条件を満たしている枠はどこか 例）内枠が好走しやすい条件を満たしているor外枠が好走しにくい条件を満たしている＝内枠有利
脚質のバイアス	解説 「先行有利」or「差し有利」の2択で表現される 定義 直線入口で逃げ・先行馬が築いているポジション差を、直線距離の中で差し・追い込み馬がどれだけ詰めることができるか 例）逃げ・先行馬が差し馬に差を縮められにくい馬場やコース形態、馬群の形、レースの流れなどがそろう状態＝先行有利
ローテのバイアス	解説 「短縮有利」or「延長有利」の2択で表現される 定義 前走に比べて、今走の距離が短い場合は「距離短縮ローテ」 前走に比べて、今走の距離が長い場合は「距離延長ローテ」
ペース判断	解説 「スローペース」or「ハイペース」の2択で表現される **■ペース判断の要素の例** ①出走馬における先行馬の割合 「先行馬が少ない＝ペースダウン」 「先行馬が多い＝ペースアップ」 ②逃げ先行馬の枠の並び 「逃げ候補が内枠や外枠に固まる＝ペースアップ」 「外枠有利（内枠有利）のコースやレース質で内枠（外枠）に逃げ・先行馬が入る＝ペースアップ」 「外枠有利（内枠有利）のコースやレース質で外枠（内枠）に逃げ・先行馬が入る＝ペースダウン」 ③発走地点の地形 「発走地点が下り坂＝ペースアップ」 「発走地点が上り坂＝ペースダウン」
内枠主導	解説 内枠に入った馬のテンの速度が速く、内枠勢が先手を取る隊列。縦長の馬群になるとともに、外枠勢のロスが大きくなるため、内枠有利に傾く

レース質マトリックスの基本用語を網羅

用語解説

用語	解説および定義
外枠主導	解説 外枠に入った馬のテンの速度が速く、外枠勢が先手を取る隊列。馬群が凝縮するとともに、内枠勢が位置を悪くするため外枠有利に傾く
持続力	定義 レースの後半で、各競走馬がもつ最高速度を長期間保つことができる能力。距離短縮ローテで補完される
追走力	定義 直線で再加速する脚を残すことを前提に、直線入口で先頭に届く位置を確保できる能力。距離延長ローテで補完される
馬キャラ	定義 競走馬の競走成績を基に分類した、レース質に合致する好走モデル
差して届かない馬キャラ	解説 長所▶「直線で確実に差を詰められる」「レース展開に影響されにくい」、短所▶「発走後に位置を取れない」「物理的に間に合わないレースではノーチャンス」、有利なレース質▶芝・ダート問わず「差し・短縮・ハイペース」／芝の超高速馬場の「内枠・差し」／芝の内荒れ馬場の「外枠・差し」／ダートの差し馬場の「外枠・差し」
伸びずバテずの馬キャラ	解説 長所▶「どんな流れでも自分の時計は走る」「内枠有利のときの安定度が高い」、短所▶「スローペースの末脚勝負で切れ負けする」「外枠有利の外枠で位置を取れないときに脆い」、有利なレース質▶芝・ダート問わず「内枠」／芝の超高速馬場の「内枠・差し」／芝の高速馬場の「内枠・先行」／ダートの先行馬場の「外枠・先行」／ダートの雨馬場の「先行・ハイペース」
逃げれば簡単に止まらない馬キャラ	解説 長所▶「逃げることの優位を生かせる」「単騎逃げ濃厚のときの信頼度が高い」、短所▶「逃げられないとその段階で終戦する」「過剰人気になりやすい」、有利なレース質▶芝・ダート問わず「先行」／芝の高速馬場の「内枠・先行」／芝の内空け馬場の「外枠・先行」／ダートの先行馬場の「外枠・先行」／ダートの雨馬場の「先行・延長・ハイペース」
追走力特化の馬キャラ	解説 長所▶「時計の速い馬場で強さを発揮する」「芝の開幕週やダートの重など、使える場面が多い」、短所▶「最初のポジショニングが重要で、騎手の腕の影響が大きい」「芝・ダート問わず、時計が掛かる馬場ではほぼ用なし」、有利なレース質▶芝・ダート問わず「延長・ハイペース」／芝の高速馬場の「内枠・先行」／ダートの先行馬場の「外枠・先行」／ダートの雨馬場の「先行・ハイペース」

おわりに

「レース質」の概念の広まりとともに

「レース質マトリックス」とは、今回の「レース質」に合った「馬キャラ」の馬を買う予想法です。

これは、前作『レース質マトリックス　競馬は全て二択である』の冒頭の一文です。前作を記した際には、「レース質」とは何か、「馬キャラ」とは何か、どのようにみなさんにお伝えするのが適切か、悩みながら筆を進めていったのを覚えています。

当時、予想理論を『競馬王』誌面に掲載いただくに当たり、メジャーではなかった「レース質」という表現の是非が編集部で問題になったと聞きました。インターネット上で検索してもワードとしてあまり引っかからなかったのです。「このレースはどのようなレースになるか？」を予想すること、それは単なる「馬場読み」ではなく、「トラックバイアス」でもなく、「展開予想」でもない、「レース質」という概念であるということをお伝えし、担当編集の方の力添えもあって、予想理論を「レース質マトリックス」として公表することになりました。

現在では、少しずつですが「レース質」という表現を使用している文章を目にするようになりました。あるレースがもつ総合的な傾向を表す競馬用語として、「レース質」が一定の市民権を得ることができたのだろうかとうれしく感じることがあります。

おわりに

「レース質」がメジャーになっていく過程で、私自身のフィールドも広がっていきました。前作を上梓した当時は、2020年8月からスタートした『競馬王』のコンビニプリントで週末予想を公開しているだけでしたが、noteなどのweb媒体で予想を提供するようになり、2021年9月には「競馬と共に人生を歩むサロン」を開設しました。「丸のり！パラビ」や「競馬魂」「お台馬ケイバオー」などのメディアに出演させていただき、様々な競馬メディアから予想やコラムの依頼をいただけるようになりました。そして、こうして2作目を発行する機会まで。

私のサロンは「競馬と共に人生を歩むサロン」と称しています。毎週末の競馬を楽しんで続けていけるような予想力を身に付けたり、仲間を見つけたりする場を目指して立ち上げました。競馬は楽しいものでなくてはいけません。当たらずに悩んだり、資金が枯渇して苦しんだりせずに、今週末の競馬を楽しみに待つことができる。本書はそのための一助となるように、今の私の予想技術を詰め込みました。

これまで立川優馬を応援してくださった皆様にお礼申し上げるとともに、本書が皆様の期待に応えるものとなっていれば幸いです。

を歩むサロン

競馬ライフを豊かにするコンテンツが盛り沢山!!

- サロン限定版 穴馬トッピング
- 平地全重賞のレース質診断表
- 毎週火金にzoomで展望・回顧をお届け
- 多彩なゲストが出演するオンライン観戦会
- プロへの道が開ける予想家育成プログラム
- WIN5、予想大会等の参加型企画多数
- 現地観戦会、オフ会等、リアルイベントも
- 魚谷智也の障害レース見解
- ゲスト予想家の予想・見解
- ここでしか見れない「レース質分析ツール」ほか

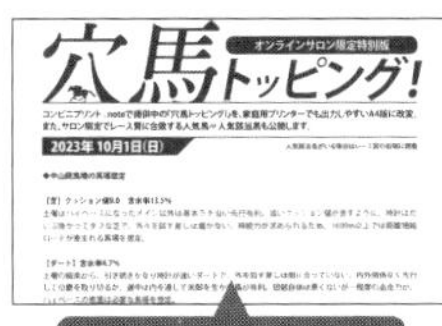

「人気該当馬」を読めるのはサロンだけ!

観戦会ゲストの山本昌氏と歓喜のW的中!

現地観戦会。レース後はもちろん飲み会

サロン発の予想家がぞくぞく活躍中!

「競馬で人生に彩りを。一緒に最高の娯楽である競馬を楽しみましょう。」

立川優馬

Yuma Tachikawa

大学在学中に競馬を始め、その後、競馬誌の編集や取材に携わる。「全レース買って回収率100%超を達成する」の信条のもと予想理論『レース質マトリックス』を考案した。note、コンビニプリントで『穴馬トッピング』を提供中。著書に『レース質マトリックス 競馬は全て二択である』。主宰するオンラインサロン『競馬と共に人生を歩むサロン』は欠員が出てもすぐに埋まってしまう盛況ぶり。

X（旧ツイッター） @tachikawayuma

note note.com/tachikawayuma/

回収率を5%ずつ底上げしていく

レース質マトリックス 馬券教本

実践編

2023年11月15日初版第一刷発行

著者	立川優馬
発行者	松丸仁
装丁	雨奥崇訓（oo-parts design）
写真	橋本健
印刷・製本	株式会社 暁印刷
発行所	株式会社 ガイドワークス

編集部 〒171-8570 東京都豊島区高田3-10-12 03-6311-7956
営業部 〒171-0033 東京都豊島区高田3-10-12 03-6311-7777
URL http://guideworks.co.jp